Buddhismus im Westen

Waxmann Verlag GmbH
Steinfurter Straße 555, 48159 Münster
info@waxmann.com

Religionen im Dialog

Eine Schriftenreihe der
Akademie der Weltreligionen
der Universität Hamburg

Band 6

Waxmann 2011
Münster / New York / München / Berlin

Carola Roloff, Wolfram Weiße,
Michael Zimmermann (Hrsg.)

Buddhismus im Westen

Ein Dialog zwischen Religion und Wissenschaft

Waxmann 2011
Münster / New York / München / Berlin

Bibliografische Informationen der Deutschen Nationalbibliothek
Die Deutsche Nationalbibliothek verzeichnet diese Publikation in der
Deutschen Nationalbibliografie; detaillierte bibliografische Daten sind
im Internet über http://dnb.d-nb.de abrufbar.

Dieser Band entstand in Zusammenarbeit der Akademie der Weltreligionen,
dem Zentrum für Buddhismuskunde der Universität Hamburg und dem
Tibetischen Zentrum e.V.

Religionen im Dialog, Band 6

Eine Schriftenreihe der
Akademie der Weltreligionen der Universität Hamburg

ISSN 1867-1292
ISBN 978-3-8309-2555-2

© Waxmann Verlag GmbH, Münster 2011
Postfach 8603, D-48046 Münster

www.waxmann.com
info@waxmann.com

Umschlaggestaltung: Pleßmann Design, Ascheberg
Umschlagfoto: © Christof Spitz
Satz: Stoddart Satz- und Layoutservice, Münster

Gedruckt auf alterungsbeständigem Papier,
säurefrei gemäß ISO 9706

Printed in Germany

Inhalt

Buddhismus, interreligiöser Dialog, Bildung, Migration und Integration

Möglichkeiten der Rezeption des Buddhismus im Westen

Carola Roloff, Wolfram Weiße, Michael Zimmermann

Einleitung

Über Jahrzehnte ist im akademischen wie im öffentlichen Bereich angenommen worden, dass die Säkularisierung einen unumkehrbaren Prozess zumindest in Westeuropa darstelle. Selbst international renommierte Experten haben eine solche Entwicklung angenommen und haben sich – wie der Bostoner Religionssoziologe Peter L. Berger – eines Besseren belehren lassen: „Die heutige Welt ist keineswegs säkularisiert, sondern im Gegenteil voller massiver religiöser Explosionen in nahezu jeder der großen religiösen Traditionen auf fast der ganzen Welt" (Berger & Weiße 2010, 17). Pointiert formuliert Peter L. Berger weiter: „Dass Modernität säkularisiert, notwendigerweise säkularisiert, ist falsch. Punkt Das ist empirisch falsch. Was Modernität notwendigerweise tut, ist: sie pluralisiert. Das heißt, die traditionellen Inhalte werden relativiert, sind nicht mehr so sicher, sind nicht mehr so selbstverständlich" (Berger & Weiße 2010, 19). Diese generelle Situationsbeschreibung in Sachen Religion erscheint als wegweisend. Im Bereich Wissenschaft und Öffentlichkeit gibt es ein neues Interesse an Religion: „religion matters".

Für diese generelle Entwicklung mag das Interesse des Philosophen Jürgen Habermas seit seiner Rede bei der Verleihung des Preises des deutschen Buchhandels im Herbst 2001 gelten. Vorher hat sich Habermas nicht zu religiösen Fragen geäußert. Seit Jahren bringt er die Diskussion aus philosophischer Warte und im Interesse an öffentlichen Fragen entscheidend weiter. Für die Gegenwart sieht Habermas eine Herausforderung darin, zur Überwindung eines „säkularistisch verhärteten und exklusiven Selbstverständnisses" (Habermas 2005, 145) beizutragen. Ebenso ist ein neues Interesse im öffentlichen Rahmen zu beobachten. Als Beispiel sei auf den ehemaligen Bundeskanzler Helmut Schmidt verwiesen, der die Rolle von Religionen für die Erhaltung des Friedens im globalen Maßstab im Spannungsfeld von Anspruch und Praxis für eines der zentralen Themen der Weltpolitik im 21. Jahrhundert hält. Bei aller Kritik an Religionen unterstreicht Helmut Schmidt auch die positiven Möglichkeiten von Religionen: „In allen heute noch lebendigen Religionen besteht das Gebot des Friedens, auch im Christentum und im Islam, am stärksten wohl ausgeprägt im Buddhismus" (Schmidt 2011, 243f.).

Dieser Hinweis auf den Buddhismus kommt nicht von ungefähr. Der Buddhismus, der als eine der vier größten Weltreligionen gilt, hat zwar in Ländern wie Deutschland eine vergleichsweise geringe Verbreitung, das Interesse am Buddhismus sowie an der Auseinandersetzung mit ihm, ist jedoch groß und wird immer größer. Dies war für uns auch der Anlass für eine Tagung mit dem Titel „Buddhismus im Westen: Ein Dialog zwischen Religion und Wissenschaft", die am 28. November 2010 an der Universität Hamburg stattfand und auf so großes Interesse stieß, dass wir uns entschlossen haben, die Beiträge in überarbeiteter Form und durch weitere Analysen ergänzt zu publizieren. Die zentralen Fragen waren darauf gerichtet, ob es sich beim Buddhismus um eine Religion oder um eine Philosophie handelt, oder ob es möglich ist, gleichzeitig Christ und Buddhist zu sein, und welchen Beitrag der Buddhismus zum interreligiösen Dialog leisten kann. Unter diesen Perspektiven ist das vorliegende Buch auch gegliedert.

Die Veranstaltung war von Aussprüchen S. H. des 14. Dalai Lama von Tibet inspiriert, der seit 1977 Schirmherr des Tibetischen Zentrums e. V. ist. 1982 stellte der Dalai Lama bei seinem ersten Vortrag an der Universität Hamburg die These auf: „Im Buddhismus und Jainismus liegt das Gewicht nicht so sehr auf Glauben, sondern mehr auf logischen Begründungen und auf Rationalität. So erscheint der Buddhismus denjenigen, die eine Religion des extremen Glaubens verfolgen, als eine Art Atheismus, und von der Seite des Materialismus wird er als eine Form des Spiritualismus betrachtet. Daraus kann man schließen, dass sich der Buddhismus tatsächlich in der Mitte befindet." Lässt sich diese Sicht, heute, nach fast 30 Jahren interreligiösem Dialog, noch weiter aufrecht erhalten? Solche und andere Fragen werden in dieser Publikation offen und ohne Tabu aufgenommen.

Beiträge des Buches

Im ersten Teil stehen zwei Texte, die sich mit dem Buddhismus im Westen auseinandersetzen und Einblick geben in Erfahrungen mit dem Buddhismus in Europa und seine Anpassung hier.

Michael Zimmermann skizziert in seinem Beitrag „Buddhas Wege sind vielfältig – die Wissenschaft erforscht den Buddhismus" das akademische Studium des Buddhismus in Deutschland und die wissenschaftliche Herangehensweise an die Vielzahl buddhistischer Traditionen und Schriften. Für die Buddhismusforschung, so Zimmermann, gibt es nicht „den" Buddhismus oder „den" buddhistischen Standpunkt. „Faktisch müssen wir davon ausgehen, dass es eine fast unbegrenzte Vielfalt von buddhistischen Traditionen gibt, geprägt von regionalen, kulturellen, sozialen und sprachlichen Besonderheiten." Eine Eigenheit der Ausbreitung des Buddhismus in den Westen sieht er vor allem in der fehlenden Rolle der Staatsmacht. Er stellt anhand konkreter Beispiele Überlegungen zur künftigen Entwicklung des Buddhismus im Westen an und ermutigt Buddhisten, den großen Gestaltungsspielraum, der sich in der Geschichte des Buddhismus hier im Westen nun biete, zu nutzen und die Vielfalt des Buddhismus zu bewahren und inter-buddhistische Dialoge zu intensivieren: „Nicht Vereinheitlichung, Reglementierung oder Abgrenzung sind geboten, sondern Austausch und das aufrichtige Interesse daran, die anderen Traditionen gründlich zu verstehen."

Stephen Batchelor, der sich selbst als buddhistischen Atheist bezeichnet, hielt den hier erstmals in deutscher Übersetzung abgedruckten Vortrag „Eine buddhistische Stimme für Europa" 2010 in Budapest auf der Vollversammlung der Europäischen Buddhistischen Union. Buddhisten in Europa, so Batchelor, geben der Stimme des Buddhismus etwas Besonderes, das erst im Laufe der Zeit entsteht und zwar durch Gespräche und Dialoge. In einem „Gedankenexperiment" versetzt er uns zurück in die Zeit kurz vor dem Ersten Weltkrieg und führt uns von dort durch die letzten 100 Jahre Entwicklungsgeschichte des Buddhismus in West- und Osteuropa. Dabei stellt Batchelor den Buddhismus in Europa in einen größeren historischen Zusammenhang, wobei er davon ausgeht, dass der Buddha im 5. Jahrhundert v. Chr. lebte und somit ein Zeitgenosse von Sokrates war. Die ersten Versuche von Europäern, Buddhismus zu verstehen, sieht er im 16./17. Jahrhundert bei den Jesuiten-Missionaren in Asien. Zu Beginn des 20. Jahrhunderts begannen erste Europäer, den Buddhismus zu praktizieren. Doch erst nach dem Zweiten Weltkrieg haben buddhistische Ideen begonnen, im europäischen Bewusstsein Wurzeln zu fassen. In den letzten 40 Jahren habe die Menge und Qualität an Informationen über Buddhismus enorm zugenommen. Batchelor kommt zu dem Schluss: „Damit der Buddhismus in Europa mit einer unverkennbaren und vitalen Stimme auftreten kann, müssen Buddhisten mehr Gespräche miteinander führen und sich für und im Dialog mit der weiteren nicht-buddhistischen Welt engagieren."

Das Thema „Der Buddhismus: Eine Religion oder eine Philosophie" bildet den zweiten Teil dieser Publikation. Es gibt viele wissenschaftliche Ansätze, um den Begriff „Religion" zu definieren, aber keine scheint allgemein anerkannt zu sein. Eine gängige, gleichwohl nicht unumstrittene Erklärung ist, dass der Begriff Religion auf lat. *religare*, „rückbinden" zurückzuführen ist und eine Vielzahl unterschiedlicher kultureller Phänomene bezeichnet, die menschliches Verhalten, Handeln, Denken und Fühlen prägen und Wertvorstellungen normativ beeinflussen.

Spätestens seit der europäischen Aufklärung verbindet man mit dem Begriff Religion den schwerlich mit den Naturwissenschaften in Einklang zu bringenden Glauben an „übernatürliche" Vorstellungen. Ein verbindendes Element aller Religionen sind allgemein anerkannt ihre jeweiligen Heilslehren, Symbolsysteme, Kulte und Rituale. Vergleichen wir diese Beschreibung mit der eingangs erwähnten Auffassung des Dalai Lama, so würde solch eine Definition von Religion aus seiner Sicht nur auf eine „Religion des extremen Glaubens" zutreffen, nicht aber auf den Buddhismus. Dies ist einer der Gründe, warum manche Wissenschaftler und selbst manche bekennende Buddhisten es ablehnen, den Buddhismus als Religion zu bezeichnen und vielmehr diskutieren, inwieweit er vielleicht doch eher eine „atheistische Religion" sei (vgl. Grieder 2003 und Payer 2011).

Michael von Brück vertritt dagegen den Standpunkt, dass der Buddhismus eine Wissenschaft, eine Philosophie, eine Religion und ein praktisches Meditationssystem ist und vor allem ein Lebensweg, der, wenn er praktiziert wird, alle Lebensbereiche erfasst, durchdringt und transformieren will. Bevor er in seinem Beitrag ausführlich die Frage „Buddhismus – Philosophie oder Religion?" diskutiert, gibt von Brück seine eigenen Definitionen von Philosophie und Religion, die nicht nur Platon und Aristoteles, sondern auch dem Buddhismus genügen. Er beschreibt Religion als Antwort auf zwei Grunderfahrungen: Leidensbewältigung und Ekstaseerfahrung. Ekstatische Erfahrung von Schönheit und Vollendung wird von Religion im Sinne der Wiederholung und des symbolischen Verweises in ihren Ritualen zelebriert. Basierend auf der kantischen, aber auch buddhistischen Philosophie argumentiert er, dass Ritus *kausale Erlebensmuster* produziert, wodurch der jeweilige Ort des Ritus mit einer besonderen Kraft aufgeladen wird. Ritualisierung in kausalen Mustern kann in der Religionswissenschaft als Struktur des Mythischen bezeichnet werden. Mythen sind, so führt von Brück präzise aus,

„kulturelle Kodierungen, die auf unmittelbare Erfahrung verweisen, d.h. Mythen eröffnen Perspektiven des Erlebens, nicht Wege des Denkens. Das tut die Philosophie, die Mythen reflektiert." Mythen stellen sich dar in Symbolisierungen, wodurch Kultur überhaupt erst möglich wird. Doch wie alles, das aus Ursachen und Umständen entsteht, sind auch Religionen der Unbeständigkeit unterworfen. Sie verschwinden und es entstehen neue Formen der Religion. Der Buddhismus sei eine Religion, gleichzeitig aber auch eine Philosophie und eine Alternative, das System einer Praxis und ein Meditationssystem, so sein Schluss.

Christof Spitz definiert in seinem Beitrag „Religiosität und Philosophie im buddhistischen Selbstverständnis" Religion (tib. *chos,* skt. *dharma*) aus der Sicht des tibetischen Buddhismus basierend auf indischen Quellen der Tradition des Klosters Nālandā. Für ihn ist, wie er auch bildlich belegt, Buddhismus in jedem Fall eine lebendige Religion. Aus buddhistischer Sicht ist es jedoch schwierig, da dieser Begriff von unserem abendländischen Verständnis und eben dieser Kulturgeschichte geprägt ist, weshalb westliche Buddhisten gern auf den Begriff Spiritualität ausweichen. Im Sinne des Gottesverständnisses ist der Buddhismus keine Religion, von seiner Erscheinungsform her jedoch schon. Sich auf Wittgenstein und Nāgārjuna berufend zieht Spitz eine Definition in ihrem Verwendungszusammenhang, oder in anderen Worten, im Sinne des Abhängigen Entstehens und der Leerheit (tib. *stong pa nyid,* skt. *śunyatā*) vor. Buddhismus ist nicht nur ohne Frage eine Religion, sondern auch eine Philosophie, so sein Schluss. In diesem Zusammenhang erklärt Spitz aus dem buddhistischen Selbstverständnis heraus, was es überhaupt heißt, Buddhist zu sein, sowohl vom Verhalten als auch von der Ansicht. Buddhist wird man durch das Ritual der Zuflucht zu Buddha, seiner Lehre und seiner Gemeinschaft. Ursache ist das Erfahren von Leidhaftigkeit, die unbefriedigende Natur unserer Existenz. Spitz setzt die verschiedenen Arten des Leidens wie sie im Buddhismus erklärt werden in Bezug zu den existenziellen Grundbedrohungen unseres Daseins nach Paul Tillich. Demgegenüber zeigt er anhand verschiedener Textstellen die vielschichtige Bedeutung des Begriffs *dharma* auf, die bei seinen Überlegungen mitschwingt, und schließt sich der Ansicht des Dalai Lama an, dass der Buddhismus unterschiedliche Anteile hat, die wir als Wissenschaft, Religion und Philosophie verstehen können.

Michael Zimmermann ist der Ansicht, dass der Buddhismus weder nur Religion noch allein Philosophie ist, sondern beide Komponenten in sich trägt, und betont, dass eine strikte Trennung dem Selbstverständnis der Tradition nicht gerecht würde und diese deshalb unbedingt mit einbezogen werden muss, wie es auf dem Panel auch geschehen ist. Er kritisiert, dass in Europa der Religionsbegriff zu lange auf die abrahamischen Religionen beschränkt und der Buddhismus auf eine Philosophie reduziert wurde. Anhand einiger kanonischer Quellen belegt er, was aus Sicht der Buddhismuskunde das frühe Verständnis der buddhistischen Lehre gewesen sein könnte. Die Praxis scheint dabei im Vordergrund gestanden zu haben, nicht etwa die philosophische Spekulation. Generell warnt Zimmermann vor einer Pauschalisierung und Generalisierung der Vielfalt der buddhistischen Strömungen und überhaupt vor dem Bemühen, allgemeingültige Definitionen für Religion und Philosophie zu finden. Er findet die Oder-Frage des Panels streng genommen falsch und plädiert dafür, den Buddhismus als eine Einheit von Religion, Philosophie und anderen Elementen zu sehen.

Carola Roloff schlägt eine Brücke zwischen Tradition und Wissenschaft. Sie unterstreicht, wie wichtig es ist, das buddhistische Selbstverständnis der heute lebendigen Traditionen mit einzubeziehen, hebt aber gleichzeitig die Notwendigkeit für die Anhänger einer Religion hervor, nicht aus den Augen zu verlieren, dass ihre Traditionen über Jahrhunderte gewachsen sind und nicht von Anfang an waren wie sie heute sind. Aus dieser Sicht betont sie, wie sich Buddhisten aller Traditionen im Rahmen der Deutschen Buddhistischen Union auf der Grundlage des Buddhistischen Bekenntnisses verstehen, das eine Art Minimalkonsens darstellt und sich seit mehr als 25 Jahren bewährt hat. Unter Einbeziehung des in der philosophischen Debatte Tibets beliebten Tetralemmas (tib. *mu bzhi,* skt. *catuṣkoṭi*) untersucht sie, inwieweit sich „Philosophie" und „Religion" miteinander in Verbindung setzen lassen und kommt zu dem Schluss, dass tibetisch Tschö (*chos,* skt. *dharma*), der Begriff, der in dieser Tradition für „Religion" steht, sowohl Verhalten als auch Ansicht oder in europäischer Sprache sowohl Religion als auch Philosophie einschließt.

Einen weiteren Schwerpunkt dieser Publikation bildet die Fragestellung nach der Möglichkeit religiöser Bi-Identität: „Kann man gleichzeitig Christ und Buddhist sein"?

Alle religiösen Traditionen sind bemüht, ihre Überlieferung möglichst authentisch zu bewahren und der Nachwelt zu vermitteln, doch mit zunehmender Globalisierung und einem klaren Trend zur multikulturellen Gesellschaft wird offensichtlich, dass Religionen Elemente anderer religiöser Überlieferungen in sich aufnehmen und sich mit ihnen vermischen. Christen machen Yoga, Juden sind als buddhistische Lehrerinnen und Lehrer aktiv. Welchen Einfluss werden solche Entwicklungen langfristig auf die Religionen haben? Wie gehen wir um mit dem Spannungsverhältnis zwischen religiöser Toleranz und Formen von Synkretismus? Wie nähert man sich dem Buddhismus am besten an?

Der *Dalai Lama* (2009) betont in seinen Reden vorzugsweise die Gemeinsamkeiten der Religionen, ohne ihre Unterschiede zu leugnen. Eine seiner bekanntesten Aussagen ist, dass es gut ist, viele Religionen zu haben, weil die Menschen unterschiedlich veranlagt sind, und deshalb eine Religion allein diese unterschiedlichen individuellen Bedürfnisse nicht erfüllen kann. Trotz der Vielzahl philosophischer Ansichten und Konzepte haben viele religiöse Traditionen ein gemeinsames Ziel: einen Weg zur Entfaltung eines friedvollen Geistes voller Mitgefühl aufzuzeigen und zu entwickeln. Der Dalai Lama hält es für wichtig, alle Traditionen und Religionen zu respektieren, auch dann, wenn wir die Religion, in die wir hineingeboren wurden, verlassen, weil eine andere uns bei der Suche nach dem Sinn unseres Lebens besser unterstützt. Selbst wenn die Religionen einen großen und prägenden Einfluss auf das kulturelle Erbe der Menschheit gehabt haben, wäre es aus seiner Perspektive doch falsch, an ihren kulturell bedingten Äußerlichkeiten zu haften und diese für das Wesen der Religion zu halten. Er meint, dass es speziell im 21. Jahrhundert nicht mehr ausreicht, einfach nur Ritualen zu folgen, die man von der älteren Generation übernommen hat.

Perry Schmidt-Leukel geht dagegen weiter. Er vertritt den Standpunkt, dass Religionen schon immer synkretistisch waren. Auf dem Hintergrund der Geschehnisse vom 11. September 2001 macht er deutlich, dass Religion nur dann zum Frieden beitragen kann, wenn sie erkennt, dass sie auch zum Konflikt beiträgt. Wichtig ist es, echte Wertschätzung für andere Religionen zu entwickeln, denn etwas, was man wertschätzt, kann man nicht ablehnen (Schmidt-Leukel 2009). In seinem Beitrag „Kann man gleichzeitig Christ und Buddhist sein" widmet er sich vorrangig dem Thema religiöser Mehrfachzugehörigkeit, die nicht neu ist, sondern schon in den 1970er Jahren diskutiert wurde und im Gegensatz zu christlich geprägten Ländern in Kulturen des indischen oder ostasiatischen Raumes durchaus bekannt ist. Sie ist im Zuge sich intensivierender Religionsbegegnung von konkreter Bedeutung. Anhand konkreter Beispiele macht Schmidt-Leukel deutlich, dass man die Frage zwar scheinbar leicht mit einem klaren ‚Ja' beantworten könnte, gäbe es nicht auch viele Gegenbeispiele, zu denen auch der Dalai Lama gehöre, der sagt, „man solle nicht versuchen, dem Körper eines Schafs einen Yak-Kopf aufzusetzen." Dagegen sagt ein führender Theravāda-Buddhist, Bhikkhu Buddhadāsa, dass man sehr wohl gleichzeitig Christ und Buddhist sein kann, wenn man die Essenz beider Religionen verstanden hat. Schmidt-Leukel diskutiert vor allem zwei Gründe, wie es zu so unterschiedlichen Antworten kommen kann: das unterschiedliche Verständnis von dem, was es überhaupt heißt, Buddhist oder Christ zu sein, und die unterschiedliche Einschätzung der Kompatibilität beider Religionen. Ähnlich wie Michael Zimmermann betont er dabei, dass es weder „den Buddhismus", noch „das Christentum" gibt. Trotz vieler Ähnlichkeiten stellt er fest, „dass die Religion eines jeden Menschen ‚Patchwork-Religiosität' ist." Umfassend geht er der Frage nach, worauf sich die Haltung stütze, dass „echtes" Christ-Sein oder Buddhist-Sein eine exklusive Zugehörigkeit bzw. Praxis verlange. Für Schmidt-Leukel sind Buddhismus und Christentum dann kompatibel, „wenn die entsprechenden, auf Transzendenz verweisenden Konzepte als *Ausdruck unterschiedlicher Erfahrungen* mit derselben letzten Wirklichkeit verstanden werden." Auch ist seine These, dass buddhistische Anhaftungslosigkeit und christliche Liebe keinen Gegensatz bilden, ohne etwa zu behaupten, dass beide Religionen dasselbe seien. Er kommt zu dem Schluss, „dass die gleichzeitige Integration verschiedener religiöser Traditionen zu ebenso profunden wie beeindruckenden Lernprozessen führen kann."

Eva-Maria Koch dreht die Frage für sich um: „Kann man gleichzeitig Buddhist und Christ sein?" Mit gewinnender Offenheit legt sie dar, wie sie diese Frage fast schon ein Leben lang beschäftigt. In den Worten Schmidt-Leukels könnte man Koch zu jenen zählen, „die aus beiden Traditionen heraus leben" und deren „religiöse Sozialisation sich aus zwei verschiedenen Traditionen speist". Sie gibt konkrete Beispiele aus ihrer Kindheit und erzählt, wie sie den im Dialog mit ihrer dogmatischen Religionslehrerin entstandenen Fragen während einiger Semester Theologie-Studium nachgeht. Sie lässt uns teilhaben an ihrer Erfahrung einer nun schon über 30 Jahre währenden interreligiösen Ehe mit einem Theologen. Ihre Überlegungen ranken sich dabei um drei Themenkomplexe: das Spannungsfeld zwischen Wahrheit und Wahrheitsanspruch, die Frage nach der Schnittmenge beider Religionen sowie praktische Aspekte der Selbsterkenntnis und Geistesschulung. Den Grund für das Festhalten an einem hinderlichen, konzeptuellen Wahrheitsanspruch sieht sie als Psychologin generell in Angst begründet: „Je intensiver unsere Angst ist, desto starrer halten wir an ‚unserer Wahrheit‘ fest." Koch kommt zu dem Schluss, dass in der Frage von Karma vs. Rechtfertigungslehre rein praktisch kein Sowohl-als-Auch möglich ist, es aber eine lange gemeinsame Wegstrecke gibt.

Ulrich Dehn versteht die Frage nach der Möglichkeit von Bi-Identität rhetorisch, da „zahlreiche biografische Narrative beweisen, dass diese Frage eindeutig beantwortet werden kann", erklärt aber gleichzeitig, inwieweit sie „nicht nur mit religionswissenschaftlichen oder spirituellen bzw. theologischen/philosophischen Komponenten zu tun hat, sondern auch mit normativen und Machtaspekten sowie Beziehungs- und Vernetzungskomponenten." Auf der weit verbreiteten normativen und Machtebene können wir eigentlich nur in *einer* Religion wirklich authentisch und wahrhaft sein. Auf der deskriptiven und religionswissenschaftlichen Ebene beobachten wir multiple religiöse Identitäten. Dieser Begriff als solcher scheint ihm jedoch nur heuristisch sinnvoll. Er denkt nicht, „dass es so viele Christentümer gibt, wie es Christen gibt, oder so viele Buddhismen, wie es Buddhisten gibt." Die Beantwortung der Frage religiöser Bi-Identität hängt seines Erachtens von zwei unterschiedlichen Religionsverständnissen ab. Dehn sieht hier ein weites „Feld möglicher religiöser Mosaike". An welcher Stelle ein Religionsverständnis sinnvoller Weise anzusiedeln ist, muss weiter bearbeitet werden. Anhand biografischer Narrative macht er deutlich, wie religiöse Elemente miteinander vereinbar werden und sich authentische Identitäten ausbilden lassen. Dehn kommt zu dem Schluss, dass „die Frage danach, ob jemand gleichzeitig Christ und Buddhist sein kann, nicht im wissenschaftlichen Diskurs beantwortet werden kann".

Christof Spitz, wissend, dass er von seiner katholischen Erziehung nachhaltig geprägt ist, bezeichnet sich als vielleicht 70% Buddhist und 30% Christ. Jesus interpretiert er für sich als Bodhisattva. Meditation ist für ihn keine Entspannungsmethode. Denn im tibetischen Buddhismus gäbe es auch viele Arten analytischer Meditation. Er bezweifelt, „dass sich eine Einsicht in die Wirklichkeit ohne jede Begrifflichkeit entwickeln kann". Die Aussage des Dalai Lama, man solle dem Körper eines Schafs keinen Yak-Kopf aufsetzen, versteht Spitz, der den Dalai Lama seit 1991 quer durch Europa als Dolmetscher begleitet, als Bild für die negativen Seiten des Synkretismus, die Vermischung verschiedener religiöser Traditionen. Er hält es für falsch, die Warnung buddhistischer Meister vor solch einer Vermischung vorschnell als Sektierertum zu verurteilen. Auch wäre die Versuchung groß, sich nicht den eigenen Problemen zu stellen, sondern einfach davon zu laufen und nach etwas anderem zu suchen, wenn bei der individuellen Geistesschulung vermehrt Hindernisse auftauchten. Spitz kommt zu dem Schluss: „Für die einen passt dies, für andere jenes und für wieder andere beides. So gibt es eine große Bandbreite. Jeder sollte diese Frage für sich beantworten, ernsthaft und seriös mit sich selbst ausmachen können."

Rose Drew nahm sozusagen indirekt an dem Symposium teil. Ihr Beitrag gehörte zum Vorbereitungsmaterial des Symposiums. Auch bezieht sich Perry Schmidt-Leukel mehrfach auf sie. Drew hat eine empirische Untersuchung durchgeführt, in der sie sechs Personen mit zweifacher Religionszugehörigkeit befragt hat, darunter den 2007 verstorbenen Roger Coreless, Prof. em. der Religionswissenschaft von der Duke University, und Sallie King, Professorin für Philosophie und Religionswissenschaft an der James Madison University. Drew kommt zu dem Schluss, dass zweifache Religionszugehörigkeit keine „Supermarkt-Spiritualität" sei. Sie stellt fest: „Ohne Zweifel gibt es Menschen mit multireligiöser Identität, die aufgrund eines nur oberflächlichen Verständnisses der Traditionen, aus denen sie schöpfen, viele wenig bedachte und inkompatible Ansichten pflegen und nur die Elemente der Tradition auswählen, die ihnen gefällt, während sie den Rest ablehnen, insbesondere jene Verpflichtungen, die ihnen zu viel abverlangen. Aber trifft dies nicht ebenfalls für viele zu, die nur einer Tradition angehören?"

Ein weitere Themenblock dieses Buches beschäftigt sich mit der Rolle des Buddhismus im interreligiösen Dialog und der Bildung sowie mit der Frage von Migration und Integration am Beispiel vietnamesischer Buddhisten.

Das Interesse am Buddhismus ist in den letzten Jahrzehnten deutlich gewachsen. Im schulischen Religionsunterricht spiegelt sich diese Entwicklung bislang jedoch nur zum Teil wider. Deshalb stellt sich die Frage, welchen Platz der Buddhismus in der Bildung, vor allem im Religionsunterricht einnehmen kann und welche Stellung der Buddhismus im interreligiösen Dialog hat.

Wolfram Weiße weist in seinem Beitrag „Interreligiöser Dialog im öffentlichen und akademischen Diskurs. Dialogansätze im Bildungsbereich und die Ziele einer Akademie der Weltreligionen der Universität Hamburg" auf die große Bedeutung von Religionen für den Zusammenhalt in Gesellschaften und die Lösungsmöglichkeiten von sozialen Konflikten im Dialog mit ihnen hin. Weiße klärt theoretische Vorannahmen zu Dialog und Identität, die eine Öffnung hin auf andere Positionen erlauben, und rekurriert auf drei Ansätze im Bildungsbereich: Auf Ergebnisse eines europäischen Forschungsprojektes zu Religion und Dialog, auf den dialogorientierten Religionsunterricht in Hamburg und auf die Akademie der Weltreligionen der Universität Hamburg, die darauf ausgerichtet ist, dialogorientierte Ressourcen der Weltreligionen im universitären Bereich aufzubauen. Dabei geht er ausführlich darauf ein, wie Religionen in ihrer Vielfalt positiven Nährboden für menschliches Zusammenleben darstellen können anstatt Ursache für starre Abgrenzung zu bilden, und stellt sein europäisches Forschungsprojekt REDCo vor, das Möglichkeiten und Grenzen von Religion im Bildungsbereich europäischer Länder untersucht und miteinander vergleicht und dabei hermeneutische und empirische Methoden verbindet, um mehr über die Haltung von Jugendlichen in Europa zu religiöser Differenz zu erfahren.

Oliver Petersen spricht als Buddhist über seine mehr als 25 Jahre Erfahrung im interreligiösen Dialog in Hamburg. Er war von Anfang an dabei, zunächst als Dolmetscher für den geistlichen Leiter des Tibetischen Zentrums, Geshe Thubten Ngawang (1932–2003), und später auch mit eigenen Beiträgen. Er gibt Beispiele für die Lebendigkeit des Dialoges: Bis heute werden pro Semester ca. zwölf Termine angesetzt, an denen zu je einem theologischen und gesellschaftlichen semestrigen Schwerpunktthema in jeweils zwei Sitzungen die verschiedenen Religionen zu Worte kommen, miteinander in den Dialog treten und Studierende die Möglichkeit haben, ihre Fragen zu stellen. Gründe für das Engagement im Dialog aus buddhistischer Sicht sieht er in den Gemeinsamkeiten, insbesondere im Bereich der Ethik. Auf dieser Grundlage sieht er Möglichkeiten der Zusammenarbeit, z.B. im Bereich des Friedens, der Ökologie und der Gerechtigkeit. Er glaubt daran, „dass die gemeinsamen Werte der Religionen Vertrauen verdienen, weil diese Traditionen im Kern der Lehre ihrer Stifter hilfreich für den Dialog sind." Ein echtes Hindernis für den Dialog sieht er in dem Absolutheitsanspruch. Eine Einheitsreligion ist aus seiner Sicht nicht erstrebenswert. Er kommt zu dem Schluss, dass „der Buddhismus mit seiner skeptischen Tradition eine besondere Brücke zwischen Wissenschaft und den theistischen abrahamitischen Religionen bilden kann, weil er sich hier von anderen Religionen unterscheidet und sich eher als eine Wissenschaft vom Geist versteht, gleichwohl aber eine Transzendenz beinhaltet."

Olaf Beuchling informiert in seinem Beitrag „Sozialisation und Erziehung in der buddhistischen Diaspora. Eine ethnografische Perspektive" über buddhistische Migranten in Deutschland. Er befasst sich dabei exemplarisch vor allem mit dem vietnamesischen Buddhismus in Deutschland. Menschen vietnamesischer Herkunft bilden in Deutschland seit Längerem die zahlenmäßig größte Gruppe von Migranten aus Ländern, die kulturgeschichtlich vom Buddhismus beeinflusst wurden. In seinem Beitrag stellt Beuchling dar, wie der Buddhismus im Kontext von Zuwanderung durch Diasporagemeinschaften fortgeführt und weiterentwickelt wird. Ausgehend von der Prämisse, dass die Tradierung und Aneignung von religiösen Kenntnissen, Einstellungen und Praktiken Grundvoraussetzung für den Fortbestand einer jeden Religionsgemeinschaft ist, stehen im Mittelpunkt dieses Artikels Prozesse der buddhistischen Sozialisation und Erziehung. Schwerpunktmäßig arbeitet Beuchling „die Verschränkung der religiösen Sozialisation und Erziehung in vietnamesisch-buddhistischen Familien, in den an Pagoden, Andachtsstätten oder Ortsgruppen angeschlossenen vietnamesisch-buddhistischen Gemeinden sowie innerhalb der vietnamesisch-buddhistischen Ordensgemeinschaft heraus. Andere Instanzen der (religiösen) Sozialisation und Erziehung bleiben ausgespart." Er kommt zu dem Schluss, dass Buddhistisches im häuslichen Sozialisations- und Erziehungsgeschehen oft beiläufig und unterschwellig ist und sich mit volksreligiös-synkretistischen und v.a. anzestralen Traditionen vermischt. Eine zunehmende Zahl junger Menschen vietnamesischer Herkunft spiele „ernsthaft mit dem Gedanken, Mönch oder Nonne zu werden. Damit greifen sie aus eigenem Antrieb eine Tradition ihres Herkunftslandes auf und versuchen, den Pfad der Kultivierung buddhistischer Tugenden, der aus religiöser Sicht zur Erlösung führt, konsequent weiter zu gehen."

Am Ende dieser Publikation stehen unter dem Titel „Buddhismus in der Moderne – Möglichkeiten der Rezeption des Buddhismus im Westen" ein Resümee und ein Ausblick. Der Text geht auf Plenumsgespräche des Symposiums zurück. Wir haben ihn bewusst in Dialogform belassen. Er soll keinen abschließenden Charakter tragen, sondern Impulse zu ausgewählten Themenaspekten unserer Publikation vermitteln, u. a. zur Frage von Spiritualität und Religion, zum Stellenwert von Glauben oder Vertrauen im Buddhismus, zu den Möglichkeiten des Praktizierens von Buddhismus im Westen und schließlich zur Frage, ob Religion auch ohne Philosophie auskommen kann.

Dank der Herausgeber

Wir bedanken uns bei allen, die zu diesem Buch beigetragen haben. Als erste seien die Autorinnen und Autoren genannt. Wir bedanken uns auch bei den Mitarbeitenden der Akademie der Weltreligionen der Universität Hamburg, des Zentrums für Buddhismuskunde an der Universität Hamburg sowie des Tibetischen Zentrums e.V. Hamburg. Die Kooperation dieser drei Organisationen trug wesentlich dazu bei, dass eine umfassende, interdisziplinäre Auseinandersetzung mit den Themen dieser Publikation in die Wege geleitet werden konnte.

Für die Tagung, die dieser Publikation vorausging, ist vielen zu danken. Im Blick auf das Tibetische Zentrum gilt großer Dank Daniela Mieritz mit ihrem Team, besonders Judith Kaulbers, Sarah Hochnisch, Gisa Stülpe und Margret Waldmann. Weiter sagen wir Dank den studentischen Tutorinnen und Tutoren Monika Beck, Felix Baritsch, Dierk Eberhardt, Nadja Grotefendt, Jürgen Manshardt, Martina Averesch und Ted Lim. Aus der Akademie der Weltreligionen ist Dorothea Grießbach ebenso zu danken wie Dr. Andreas Lohmann, Katharina Fried und Hamida Behr. Den beiden zuletzt Genannten gilt ein besonderer Dank für die Bearbeitung der Manuskripte. Dank gilt auch dem Waxmann Verlag für eine bewährt gute Unterstützung der Drucklegung sowie der Gustav Prietsch-Stiftung für die Förderung unserer auf interreligiöse Verständigung gerichteten Interessen. Ebenso gilt unser Dank der Udo Keller Stiftung Forum Humanum. Im Zentrum für Buddhismuskunde geht unser besonderer Dank an die Co-Direktorin Dr. Barbara Schuler.

Wir hoffen, dass unsere Publikation mit zu mehr Klarheit über die Formen, Möglichkeiten und Perspektiven eines im Westen gelebten Buddhismus beiträgt.

Literatur

Berger, P. L. & Weiße, W. 2010. Im Gespräch: Religiöse Pluralität und gesellschaftlicher Zusammenhalt, in: Weiße, W. & Gutmann, H.-M. (Hrsg.). *Religiöse Differenz als Chance? Positionen, Kontroversen, Perspektiven.* Münster: Waxmann. 17–26.

Dalai Lama. 2009. *Buddhismus aktuell* 4. 7-20.

Grieder, P. 2003. *Buddhismus – Eine atheistische Religion? Ost und West im Zwiegespräch.* Rikon/Zürich: Tibet-Institut Rikon.

Batchelor, S. 2010. *Confession of a Buddhist Atheist.* New York: Spiegel & Grau.

Habermas, J. 2005. *Zwischen Naturalismus und Religion. Philosophische Aufsätze.* Frankfurt a.M.: Suhrkamp.

Payer, A. 2011. „Der Buddhismus – eine atheistische Religion." http://www.payer.de/einzel/buddhath.htm (Zugriff am 28. April 2011).

Schmidt, H. 2011. *Religion in der Verantwortung. Gefährdungen des Friedens im Zeitalter der Globalisierung.* Berlin: Propyläen.

Schmidt-Leukel, P. 2009. *Transformation by Integration. How Inter-faith Encounter Changes Christianity.* London: SCM Press.

Die Auseinandersetzung mit dem Buddhismus im Westen

Michael Zimmermann

Buddhas Wege sind vielfältig –
die Wissenschaft erforscht den Buddhismus[1]

Die Buddhismuskunde erforscht die Vielzahl
buddhistischer Traditionen und Schriften

Das akademische Studium des Buddhismus in Deutschland hat eine lange Geschichte, man konnte es aber bisher nur an den Universitäten in Göttingen, München, Heidelberg, Mainz und Hamburg betreiben. Das Ziel ist, wissenschaftliche Erkenntnisse über den Buddhismus zu gewinnen: über seine geschichtliche und geistesgeschichtliche Entwicklung, seine Literatur, seine soziale Dimension und Ausbreitung über Asien bis hin nach Europa.

Buddhas Wege sind vielfältig, das gilt auch für die Buddhismusforschung. Denn es gibt nicht „den" Buddhismus, „den" buddhistischen Standpunkt. Faktisch müssen wir davon ausgehen, dass es eine fast unbegrenzte Vielfalt von buddhistischen Traditionen gibt, geprägt von regionalen, kulturellen, sozialen und sprachlichen Besonderheiten. Nehmen wir Japan als Beispiel: Auf der einen Seite gibt es in Japan buddhistische Traditionen, die an die Kraft und grenzenlose Wirkfähigkeit der eigenen Buddhanatur glauben, während andere ganz auf die Gnade des übermächtigen Buddha Amida setzen, der allein die Erlösung aus dem Saṃsāra ermöglicht.

Auch das politische und soziale Umfeld variiert je nach Land: In Thailand etwa steht der Saṅgha unter staatlicher Kontrolle und empfindet sich als Wächter des Dharma. So schloss die oberste Führung des Saṅgha die Gruppierung „Santi Asok" aus, weil sie sich für strengere asketische Lebensformen (Vegetarismus, Barfüßigkeit) entschieden hat, was sie auf den Buddha zurückführt. In Europa und den USA hingegen praktizieren Buddhisten völlig losgelöst von der staatlichen Organisation, es gibt eine klare Trennung von Staat und Religion.

Wichtig bei der Erforschung des Buddhismus ist, ihn in seinen historischen und gegenwärtigen Ausformungen zu erfassen und zu erklären. Dabei sollte man sich nicht von Tendenzen zur Vereinheitlichung und Reduktion leiten lassen. Die Forschungsarbeit kann das Studium vergangener buddhistischer Traditionen umfassen, aber auch die Auseinandersetzung mit buddhistischen Gruppen, die heute weniger bekannt sind.

Ein Wissenschaftler hat die Freiheit, in bestimmten Punkten, etwa in der Frage der Entstehung der Schriften, ein von der buddhistischen Tradition abweichendes Modell anzunehmen. Indologen beispielsweise gehen davon aus, dass der größte Teil der traditionellen Schriften, so wie er heute vorliegt, nicht vom Buddha selbst stammen kann, sondern erst in den folgenden Jahrhunderten und Jahrtausenden von seinen Anhängern niedergeschrieben wurde. Dies kann zu Konflikten mit den lebendigen Traditionen führen.

---

1   Wiederabdruck mit freundlicher Genehmigung der Zeitschrift „Tibet und Buddhismus".

Buddhisten können mit Spannungen leben

Die Vielfalt der buddhistischen Traditionen und Lehren wertzuschätzen und sowohl in der Forschung als auch im Unterricht hervorzuheben, ist eine der herausragenden Aufgaben der Wissenschaft.

Die Ergebnisse der Forschung zur frühen Phase des Buddhismus in Indien belegen, dass es dort schon Positionen gab, die in einer gewissen Spannung zueinander standen. So sahen einige das Unwissen als Wurzel allen Leidens an und verfolgten einen eher intellektuell-analytischen Weg; andere, die mystisch-meditativ ausgerichtet waren, betrachteten das Anhaften, die Gier, als Grundübel.

Die Buddhisten können auf den Reichtum ihrer Tradition stolz sein. Die Tatsache, dass wir bis heute Einblick in die gesamte Bandbreite nehmen können, dass die Vielfalt nicht totgeschwiegen oder gar ausgemerzt wurde, macht die Stärke des Buddhismus aus. Diese Religion kann offenbar mit den Spannungen und den kontrovers zueinander stehenden Ansichten und Entwicklungen gut leben.

Nicht nur das macht den Buddhismus zu einer der weltgeschichtlich bedeutsamsten geistigen Strömungen. Dabei handelt es sich um ein spirituelles, ethisches und philosophisches Übungssystem, in dessen Fundament bereits die Vielfalt angelegt ist. Über die Jahrhunderte wurde sie sorgsam ausgearbeitet zu einer spezifisch „buddhistischen Hermeneutik", d.h. zu einer Methode, die verschiedenen Strömungen innerhalb der buddhistischen Traditionen zu harmonisieren und in ein sinnvolles Verhältnis zueinander zu setzen. So wurde das „Recht auf Vielfalt" quasi systematisiert.

Im historischen Verbreitungsprozess und der Rezeption des Buddhismus in den neuen Kulturen wird dies in ganz besonderer Weise sichtbar. Ausgehend von Nordostindien nahm der Buddhismus im 5./4. Jh. v. u. Z. eine rasante Entwicklung. Schon unter Kaiser Aśoka im 3. Jh. v. Chr. gelangte er nach Sri Lanka und breitete sich seit dem 1./2. Jh. entlang der Seidenstraße über Zentralasien nach China aus. Im 7./8. Jh. fasste er, gefördert durch den königlichen Hof, in Tibet Fuß, also etwa zeitgleich mit seiner Ankunft in Japan. Zuvor hatte er sich schon ab dem 3. Jahrhundert in Vietnam verbreitet und seit dem 4. Jahrhundert auch in Korea.

In ganz Südostasien gab es buddhistisch geprägte Reiche, wobei unklar ist, wann genau der Buddhismus dort Einzug hielt – vermutlich schon früh in der zweiten Hälfte des ersten Jahrtausends nach der Zeitenwende, wie z.B. auf Java (Borobodur). In Thailand und Burma wird der Buddhismus ab dem 11. Jahrhundert historisch greifbar, im Westen erst im 19. Jh.

In der westlichen Literatur heißt es oft, dass das Zusammentreffen des Buddhismus mit einer so reichen und alten Kultur wie die der westlichen Hemisphäre, eine geschichtliche Besonderheit sei. Aber auch in China traf er im 1./2. Jh. auf eine zivilisatorisch hoch entwickelte Kultur, die bereits über Jahrhunderte tradierte philosophische, ethische und spirituelle Traditionen verfügte. Im Austausch mit der heimischen Kultur musste sich der Buddhismus in China neu entwickeln und anpassen.

Heute beobachten wir in Europa und den USA einen ähnlichen Prozess. Hier sieht sich der Buddhismus mit einer kulturellen und religiösen Tradition konfrontiert, die in den vergangenen Jahrhunderten zur weltweit dominierenden Kraft geworden ist, sowohl in ihrer materiellen als auch in ihrer geistigen Dimension – im Guten wie im Schlechten.

Fragt man nach der Eigenheit der Ausbreitung des Buddhismus in den Westen, so ist vor allem die fehlende Rolle der Staatsmacht auffällig. Geschichtlich ist es ein seltener Fall, dass der Buddhismus im Zuge seiner Ausbreitung in eine neue Kultur nicht auf die Interaktion mit der Staatsmacht angewiesen ist. Weder muss er sich hier gegenüber staatstragenden Elementen als nützliche Kraft beweisen, noch besteht die Gefahr, dass der Buddhismus als herrschaftsstützende oder sogar herrschaftslegitimierende Einrichtung verstanden und usurpiert wird.

Praktizierende gestalten den Buddhismus im Westen

Die buddhistischen Traditionen, die seit einigen Jahrzehnten in Europa Fuß gefasst haben, treffen auf eine besondere Ausgangssituation. Vielleicht ist es das erste Mal in der Geschichte des Buddhismus, dass Buddhisten ohne äußere Zwänge durch übergeordnete herrschaftliche Einflussnahme darüber nachdenken können, wie eine adäquate Form des praktizierten Buddhismus umgesetzt werden kann.

Ein Buddhismus, der *nicht* von oben verordnet ist und *nicht* den Interessen einer staatlichen Macht dienen muss, der auch nicht an deren finanziellen Tropf hängt, verfügt über einen großen Gestaltungsspielraum. Diesen zu nutzen und kreativ zu erschließen wird in den kommenden Jahrzehnten die Aufgabe der Buddhisten hier im Westen sein. Das ist eine Herausforderung, und es ist ungewiss, wie das Experiment ausgehen wird. Sicher ist nur, dass die Umsetzung wohl mehr als eine Generation in Anspruch nehmen wird.

Wir befinden uns bereits mitten in diesem Prozess, in dem entscheidende Fragen, die die Rezeption des Buddhismus hier im Westen dominieren, zu klären sein werden. Es geht um Fragen wie die des grundlegenden Verhältnisses zwischen Laien und „hauptberuflich" Praktizierenden, also Nonnen und Mönchen. Wird sich der Buddhismus in Europa primär als eine Bewegung etablieren, in der Laien ähnliche oder sogar gleiche „Rechte" wie Ordinierten eingeräumt werden? Wird es auf Dauer überhaupt möglich sein, in Europa klosterartige Gemeinschaften zu gründen und aufrechtzuerhalten, die, ganz wie in vielen Teilen Asiens, von der Laienschaft unterstützt werden?

Oder nehmen wir die Frage nach den Strukturen der Macht in religiösen Gemeinschaften. Wer soll die Leitungsfunktion ausüben? Sollen sich – und wenn ja, wie? – spirituelle Errungenschaften Einzelner in der Besetzung der organisatorischen Leitungsgremien reflektieren? Werden hier die Standards der jeweiligen Traditionen übernommen, oder wird es eine Verteilung nach „demokratischen" oder anderen Kriterien geben?

Wie werden Fragen der geschlechtlichen Gleichstellung in den buddhistischen Traditionen des Westens formuliert? Sollen Strukturen, die einer gleichberechtigten Stellung zwischen Frau und Mann entgegenstehen, aus Verpflichtung zur „authentischen Überlieferung" dennoch übernommen werden? Oder wird man hier eigene Wege gehen, der Diskriminierung von Frauen Einhalt zu gebieten?

Obenan steht die Frage nach der Wiedereinführung der vollen Nonnenordination in vielen buddhistischen Traditionen. Der 2007 an der Universität Hamburg ausgerichtete Kongress über die Rolle der Frau im Saṅgha war ein deutliches Signal: Wenn es in absehbarer Zeit nicht zu einem konstruktivem Bemühen der traditionellen Würdenträger kommt, ist fraglich, ob der Buddhismus im Westen wirklich heimisch werden kann. Die Mehrheit der Buddhisten im Westen sind Frauen, und sie werden sich auf Dauer nicht mit einer Diskriminierung abfinden. Hier wird sich zeigen, ob sich „westliche" Ansätze zu einer konstruktiven Interpretation der historischen Quellen zur Vollordination von Nonnen umsetzen lassen, ohne dass es zu einem offenen Bruch mit den eher konservativen Teilen des Saṅgha kommt.

Eine weitere Frage wird sein, ob westliche Formen des Buddhismus mehr als bisher auch sozial in Erscheinung treten wie der Engagierte Buddhismus. Wir kennen das karitative Engagement aus den christlichen Traditionen und erwarten es auch von europäisierten Formen anderer Religionen. Werden die buddhistischen Traditionen in Europa die Befreiung des Individuums aus dem Wiedergeburtenkreislauf in den Vordergrund stellen, oder werden andere Aspekte betont, etwa eine eher diesseitsorientierte, sozial-gestaltende Dimension?

Religion ist ständig im Fluss, ihre Geschichte ist eine Geschichte der Anpassung und Veränderung. Genauso ist es in dieser Phase der Rezeption des Buddhismus im Westen. Viele Entwicklungen der kommenden Jahrzehnte sind jetzt noch nicht absehbar. Die Praktizierenden sind nicht nur Zeitzeugen dieser für die Ausformung des Buddhismus in Europa so wichtigen Epoche, sondern sie sind aktive Mitgestalter.

Es wäre wünschenswert, wenn sie diese Aufgabe im Sinne der buddhistischen Überlieferung erfüllen und der Verpflichtung zur Vielfalt und zum friedlichen Nebeneinander der Traditionen gerecht würden. Denn genau diese Vielfalt gilt es zu bewahren. Verschiedene Antworten auf Fragen verkörpern nur verschiedene Aspekte der Lehre, die in der jeweiligen Tradition in den Vordergrund treten. Nicht Vereinheitlichung, Reglementierung oder Abgrenzung sind geboten, sondern Austausch und das aufrichtige Interesse daran, die anderen Traditionen gründlich zu verstehen.

Gerade der inter-buddhistische Dialog scheint mir dabei eine bedeutsame Rolle einzunehmen, eine Rolle, die bisher kaum Beachtung gefunden hat, obwohl viele buddhistische Gruppen Dialog mit anderen Religionsgemeinschaften betreiben. Dialoge unter Buddhisten verschiedener Traditionen scheinen dagegen eher selten zu sein. Nicht zuletzt aber am Umgang der buddhistischen Gruppierungen miteinander wird sich der Buddhismus im Westen messen lassen müssen. Denn es geht auch um die Frage, ob die Buddhisten die Ideale, für die der Buddhismus steht, in die Tat umsetzen.

Hier wird sich zeigen, ob die zukünftige Entwicklung des Buddhismus im Westen so gestaltet werden kann, dass er in seiner Vielfalt den Herausforderungen der westlichen Gesellschaften langfristig und auf allen sozialen Ebenen gewachsen ist und selbst zu einer neuen gestalterischen Kraft im Westen werden kann, wie wir es aus seiner Geschichte in anderen Ländern kennen.

Lesetipps

Bechert, H. 1999. *Der indische Buddhismus und seine Verzweigungen*, Stuttgart: Kohlhammer.

Brück, M.v. 2007. *Einführung in den Buddhismus*, Frankfurt am Main: Verlag der Weltreligionen.

Zimmermann, M. & D. Wangchuk 2008. Zur Geschichte der Abteilung für Kultur und Geschichte Indiens und Tibets, in: *Vom Kolonialinstitut zum Asien-Afrika-Institut. 100 Jahre Asien- und Afrikawissenschaften in Hamburg*, Ludwig Paul (Hrsg.), Gossenberg: Ostasien Verlag, 106–127.

Stephen Batchelor

Eine buddhistische Stimme für Europa[1]

Die Idee einer „*Stimme*" ist im Buddhismus sehr zentral. Wir sprechen z.B. vom *Buddhavācā,* dem Wort des Buddhas. Als der Buddha begann, dem Dharma eine Stimme zu geben – Buddhas Lehren – da sprach er nicht in einem Vakuum, sondern immer zu einer Zuhörerschaft, die entweder eine ganze Gruppe oder eine einzelne Person sein konnte. Seine Stimme war der erste Schritt, einen Dialog zu beginnen. Eine Stimme bittet um eine Antwort und wenn diese Antwort gegeben wurde, ist der Empfänger gezwungen nachzudenken, vielleicht zu überdenken, was sein Handeln ausmacht und dann vielleicht noch einmal mit anderen Worten zu antworten. In dieser Hinsicht geben wir Buddhisten in Europa unserer Stimme etwas, was unabhängig von unseren verschiedenen Traditionen, Schulen und Interessen ist.

Über ganz Europa entwickeln wir uns langsam als eine Stimme, die etwas Besonderes zu sagen hat, als eine buddhistische Stimme, die in einem System von Werten begründet ist, die nicht zu den traditionellen Werten Europas gehören aber nun doch von Europäern formuliert werden. Diese buddhistische Stimme ist jedoch nicht irgendwo in uns verborgen und wartet bloß darauf, auftauchen zu können, sie entsteht vielmehr im Laufe der Zeit durch Gespräche und Dialoge. Diese finden nicht nur zwischen Individuen statt, sondern auch zwischen Buddhismus und anderen Religionen, wie dem Christentum, oder mit säkularen Disziplinen, wie der Psychologie und den Naturwissenschaften. Diese Gespräche finden sowohl privat als auch öffentlich statt und im Verlauf ihrer Entwicklung erhalten wir vielleicht ein klareres Gefühl für die Besonderheiten einer modernen buddhistischen Stimme in Europa.

Ich möchte mit einem Gedankenexperiment beginnen. Lassen Sie uns unseren Geist in das Jahr 1910 zurückwenden, genau vor hundert Jahren, und uns fragen, wie der Zustand des Buddhismus in Europa damals war. Für uns hier Anwesende war das lange vor unserer eigenen Geburt. Diese Zeit, vier Jahre vor dem Ausbruch des Ersten Weltkrieges, können wir uns schwerlich klar vorstellen. Aber es ist die Zeit, in der sich in Europa zum ersten Mal ein echtes, persönliches Interesse am Buddhismus zu regen begann. Gelehrte hatten natürlich bereits seit Mitte des 19. Jahrhunderts buddhistische Schriften studiert, aber erst Anfang des 20. Jahrhunderts begannen Europäer, Buddhismus so ernst zu nehmen, dass sie ihn auch persönlich in ihrem Leben praktizieren wollten.

Wie viele Buddhisten gab es 1910 in Europa? Da wären nur sehr wenige zu nennen. Einer von ihnen war ein Mann namens Karlis Tennisons (1873–1962), ein Lette, der 1923 durch den 13. Dalai Lama zum buddhistischen Erzbischof

---

[1] Dies ist ein editiertes Transkript eines Vortrages, der bei der jährlichen Vollversammlung der Europäisch Buddhistischen Union in Budapest, Ungarn, am 25. Sept. 2010, gehalten wurde. Ein Großteil des historischen Materials findet sich in Stephen Batchelors Buch „Das Erwachen des Westens: Die Begegnung von Buddhismus und westlicher Kultur" („The Awakening of the West: The Encounter of Buddhism and Western Culture". London: Aquarian/Berkeley: Parallax, 1994 [vergriffen]).

von Lettland ernannt wurde. Tennisons war unter den allerersten Europäern, die buddhistische Mönche wurden. Er erhielt 1893 seine Mönchsgelübde in Burjatien, eine mongolische Gegend um den Baikalsee in Russland. (Obwohl es dafür keine bestätigenden Anhaltspunkte gibt, behauptet Tennisons, dass er von einem buddhistischen Mönch namens Kunigaikshtis Gedyminas ordiniet wurde, der unter dem Namen Mahācārya Ratnavajra bekannt war und angeblich im Kloster Ganden in Tibet studiert hatte. Wenn das wahr ist, dann wäre Gedyminas der erste moderne Europäer gewesen, der buddhistischer Mönch wurde. Der erste Europäer, der als buddhistischer Mönch andere ordinierte, war ein Grieche namens Dharmarakṣita, von dem belegt ist, dass er ein Gesandter des Kaisers Aśoka im Indien des 3. Jahrhunderts v. Chr. war.) Tennisons hatte einen kleinen Tempel in Riga und dort war er wahrscheinlich 1910 aktiv und hatte vermutlich eine kleine Gruppe von Anhängern um sich.

Ein anderes aufstrebendes Zentrum des Buddhismus in Europa war zu dieser Zeit St. Petersburg. 1909 begann dort die Konstruktion des ersten buddhistischen Tempels in Europa. Die Leitung hatte dabei Agvan Dorzhiev (1854–1938), ein Burjat-Mongole, der im Kloster Drepung in Lhasa studiert hatte und ein Berater des 13. Dalai Lama geworden war. Er war es auch, der die Gelder für diesen Tempel in mongolisch-tibetischem Stil aufgetrieben hatte, der bis zum heutigen Tag existiert. Wir wissen auch, dass 1910 der berühmte russische Orientalist Theodor Stcherbatsky (1866–1942) den 13. Dalai Lama in Urga (auch in Burjatien) getroffen hat. Jetzt heißt der Ort Ulan Ude. Es gab in St. Petersburg eine blühende Schule orientalistischer Studien, an der Stcherbatsky und andere Gelehrte forschten, lehrten und schrieben. Auf Stcherbatskys Bücher über buddhistische Logik bezieht man sich noch heute. 1910 diskutierte Stcherbatsky jedoch in Urga mit dem 13. Dalai Lama, ob es möglich sei, dass er nach Tibet ginge, um direkt mit tibetischen Lamas zu studieren. Er wollte über die Texte hinausgehen und Zugang zu lebenden Repräsentanten des Buddhismus haben. Obwohl der Dalai Lama seinem Ansinnen positiv gegenüberstand, haben es zuletzt die tibetischen Behörden nicht erlaubt, vielleicht auf Druck der Briten, die den Tibetern 1904 ein Handelsabkommen aufgezwungen hatten und auf der Hut vor russisch imperialistischen Absichten in Tibet waren.

Wie stand es nun zu dieser Zeit um den Buddhismus in Westeuropa? 1910 vollendete Alexandra David-Neel (1868–1969) ihr erstes Buch, *Der Buddhismus des Buddha und die buddhistische Moderne*, (*Le modernisme bouddhiste et bouddhisme de Bouddha*. Paris: Alcan 1911), ein Titel der heute auch noch völlig angebracht wäre. Obwohl Alexandra David-Neel am meisten durch ihre Bücher über tibetischen Buddhismus bekannt wurde, war sie zu jener Zeit noch eine eher traditionelle Theravāda-Anhängerin, die Buddhismus aus der Perspektive ihrer Studien des Pāli-Kanons wahrnahm. In diesem Buch nun versuchte sie, die frühesten bekannten Lehren des Buddhas einzubringen und auf dieser Grundlage in einen Dialog mit der Moderne einzutreten. David-Neel war politisch aktiv und glaubte, dass eine buddhistische Moderne nur einen Schritt weit vom Sozialismus entfernt sei. Sie war mit einem italienischen Sozialisten befreundet, Benito Mussolini (1883–1945). Als ihr Buch fertig war, reiste sie nach Ceylon und begann ihre eigene Reise in die buddhistischen Länder. In Ceylon wurde sie von

Anagārika Dharmapāla (1864–1933) empfangen, der der große Reformer des cey-lonesischen Buddhismus war und der Schützling von Blavatsky (1831–1891), der Begründerin der Theosophie. Aber langsam machte David-Neel ihren Weg durch Indien hinauf bis in den Himalaya. 1912 war sie in Sikkim und fand Interesse am Mahāyāna- und Vajrayāna-Buddhismus in seiner tibetischen Form.

Auch in Großbritannien gab es nur sehr wenige Buddhisten. 1908 lud eine kleine Gesellschaft namens „Buddhistische Gesellschaft Englands und Irlands" Allan Bennett (1872–1923) ein, der als Mönch Ānanda Metteyya 1901 in Bur-ma ordiniert worden war, und bat ihn, in seine Heimat zurückzukehren, um dort eine buddhistische Gemeinschaft aufzubauen. Leider wurde nichts daraus. Binnen sechs Monate nach seiner Rückkehr versagte seine Gesundheit und er kehrte zu-rück nach Burma.

In Deutschland gab es zu dieser Zeit zwei besonders wichtige Menschen: Paul Dahlke (1865–1928) und Georg Grimm (1868–1945). Dahlke lebte in Berlin, während Grimm in Bayern lebte. Beide waren buddhistische Laienanhänger, die Pāli-Texte studierten und übersetzten und damit versuchten, die Worte Buddhas bekannt zu machen. Auch dies geschah nur in sehr bescheidenem Maßstab. Erst 1920 gründete Paul Dahlke das Buddhistische Haus in Berlin, das heute noch existiert.

Die herausragendste Figur aber war Anton Gueth (1878–1957), der 1904 in Burma als Bhikkhu Nyānatiloka ordiniert wurde. 1910 wurde er mit dem Ziel nach Lausanne eingeladen, in der Schweiz ein kleines buddhistisches Kloster auf-zubauen. Wie mit Bennett in England blieb dies fruchtlos und Nyānatiloka kehrte zurück nach Ceylon, wo er im darauffolgenden Jahr die „Island Hermitage" grün-dete – die erste Mönchsgemeinschaft für Westler. Auch diese existiert bis heute.

Die Bewegung, die Europäer 1910 wohl am wahrscheinlichsten als „bud-dhistisch" angesehen hätten, war die Theosophie. Heutzutage erscheint Theoso-phie ein ziemlich merkwürdiges Gemisch aus östlichen und westlichen Ideen zu sein, mit viel Okkultismus und Mystizismus, aber damals handelte es sich um eine wichtige kulturelle und spirituelle Bewegung, die führende Intellektuelle und Künstler aus ganz Europa anzog. Heute fällt es uns schwer, die Wirkung anzuer-kennen, die Theosophie damals auf die europäische Gesellschaft hatte. Die Be-gründerin der Theosophischen Gesellschaft, Helena Blavatsky und der Amerika-ner Henry Steel Olcott (1832–1907), hatten beide in Ceylon die buddhistischen Laiengelübde empfangen und betrachteten sich selber als Buddhisten. Nichts-destotrotz war Blavatskys Version des Buddhismus in höchstem Grade exzent-risch. Sie bestand darauf, dass ihr die „Geheimlehre" von „Meistern in Tibet" te-lepathisch übermittelt worden war. 1909 erklärte die Theosophische Gesellschaft, dass sie den nächsten Welten-Lehrer Maitreya, in dem elf-jährigen indischen Jun-gen Kriṣṇamūrti (1895–1986) entdeckt hätte. Auf diese Weise eignete sie sich den alten buddhistischen Mythos des zukünftigen Buddha Maitreya an und be-gann Kriṣṇamūrti für seine Rolle als zukünftigen Buddha auszubilden.

Somit haben wir eine Skizze Europas zu der Zeit, als Europäer gerade anfin-gen, Buddhismus ernst genug zu nehmen, ihn praktizieren zu wollen. Aber sie waren sehr schlecht informiert, was die Tradition als ganze anzubieten hatte. Zen und andere Formen ostasiatischen Buddhismus waren damals in Europa weitestgehend unbekannt. Wenig war von den tibetischen Traditionen bekannt und selbst das Wenige war durch die verzerrenden Brillengläser der Theosophie gefiltert. Die Theravāda-Tradition war damals bekannter, und man nahm an, sie repräsentiere die authentischen Lehren Buddhas. Innerhalb Europas interessierte sich nur eine Minderheit für den Buddhismus. Ich bezweifle, dass die Menschen sich zu jener Zeit vorstellen konnten, dass sich der Buddhismus in Europa einmal so entwickeln und verbreiten würde, wie wir es im Verlauf unseres Lebens erlebt haben. Aber wir sollten uns auch bewusst sein, dass 1910 noch gar nicht so lange zurückliegt. Meine Mutter wurde 1913 geboren, und ich habe gestern mit ihr gesprochen, sie ist 97. Das scheint lange Zeit zurückzuliegen und wie eine ganz andere Welt, aber wenn man seinen Zeitrahmen nur etwas ausdehnt, ist es tatsächlich nur der Moment eines Augenzwinkerns.

Eurasien: Frühe Verbindungen zwischen Asien und Europa

Jetzt möchte ich den Zeitrahmen etwas ausdehnen und versuchen, den heutigen „Buddhismus in Europa" in den größeren historischen Zusammenhang, der Beziehungen „Buddhismus und der Westen" zu stellen. Gelehrte, insbesondere Richard Gombrich (*1937) in Großbritannien und Heinz Bechert (1932–2005) in Deutschland haben kürzlich die historischen Daten des Buddha überprüft und nun gibt es eine große Übereinstimmung unter denjenigen, die in diesem Themenbereich arbeiten, dass der Buddha ungefähr von 480–400 v. Chr. gelebt hat (die traditionelle Datierung war 563–483 v. Chr.). Dadurch war der Buddha fast genau ein Zeitgenosse von Sokrates (469–399).

Wir müssen uns gewahr sein, dass in der Periode des 5. Jahrhunderts v. Chr., ein sehr viel größerer Sinn für die Verbundenheit zwischen dem indischen Subkontinent, dem persischen Reich und Griechenland bestand. Ein ausgezeichnetes Buch zu diesem Thema ist von Thomas McEvilley: *Die Gestalt antiker Gedanken: Vergleichende Studien griechischer und indischer Philosophien.* (*The Shape of Ancient Thought: Comparative Studies in Greek and Indian Philosophies.* New York: Allworth Press, 2002). Diese alte Welt teilte viele gemeinsame Ideen und Glaubenssätze, wie den der Reinkarnation. Wenn wir von dieser Zeit sprechen, müssen wir von Eurasien sprechen, statt in Begriffen wie Asien und Europa oder Ost und West. Unglücklicher Weise ist durch das Aufstreben des Christentums in Europa und des Islam in Arabien und Persien diese Verbindung, die ehedem in der alten Welt existiert hatte, verloren gegangen, so dass Indien und Europa für viele Jahrhunderte voneinander abgeschnitten waren. Kolonialismus hat dieses Auseinanderdriften von Ost und West noch verschärft. Zur Zeit des Buddhas war das persische Imperium unter den Achämeniden die vorherrschende Großmacht, die sich von Ägypten bis ganz nach Gandhara, dem heutigen Pakistan, ausbreitete. Obwohl der Buddha 1000 km östlich davon lebte, verbanden wichtige Handelsstraßen seine Heimat im Gangestal, das ungefähr dem heutigen Uttar Pradesh und Bihar in Indien entsprach, mit Gandhara. Ich denke, es ist durchaus möglich, dass der Buddha in seinen jungen Jahren selber bis Taxila gekommen ist, der damaligen Hauptstadt von Gandhara.

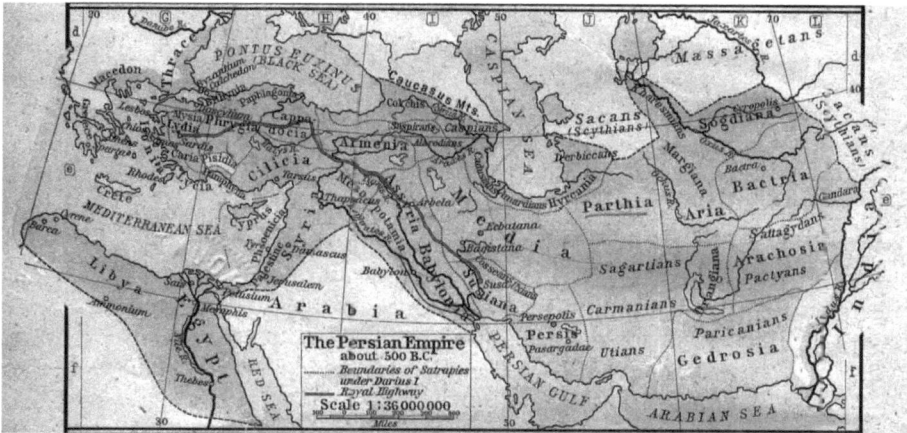

Das Perserreich um 500 v. Chr. (William Shepherd, Historical Atlas, 1923)

Im Jahr von Buddhas Geburt, 480 v. Chr., kämpften indische Soldaten aus Gandhara in der Ersten Schlacht bei den Thermopylen, die etwa 240 km nordwestlich von Athen stattfand. Durch sein Expansionsstreben hatte das persische Imperium zur Zeit Buddhas Inder und Europäer in Kontakt gebracht. Es gibt einen Abschnitt im Pāli-Kanon, in dem der Buddha explizit griechische Gemeinden benennt und deren soziale Organisation mit dem Kastensystem Indiens vergleicht (Assalāyana Sutta, Majjhima Nikāya, 93). Im Jahrhundert nach seinem Tod entstanden dann die hellenistischen Philosophieschulen der Pyrrhoneer, der Epikureer und der Stoiker. Pyrrhon von Elis (360–270 v. Chr.) war ein Philosoph, der Alexander den Großen (356–323 v. Chr.) nach Indien begleitete, wo sie ungefähr 325 v. Chr. ankamen. Später kam Pyrrhon nach Griechenland zurück und gründete dort die Schule des Pyrrhonismus, die sehr gut direkt von buddhistischem Gedankengut beeinflusst worden sein kann. Als ich kürzlich in Cambridge war, begegnete mir ein Buch von dem Gelehrten Adrian Kuzminski mit dem Titel *„Pyrrhonismus: Wie die alten Griechen den Buddhismus neu erfanden"* (*Pyrrhonism: How the ancient Greeks reinvented Buddhism*. Nanham, MD: Lexington Books 2008). Es ist ziemlich akademisch, führt aber einige zwingende Argumente dafür an, dass Buddhismus eine Rolle in der Bildung der zentralen Ideen von Pyrrhon gespielt haben muss.

Nach der Zeit von Buddha und Sokrates finden wir eine ganze Reihe von Gemeinschaften in der hellenistischen Welt, die Ideen lehrten und spirituelle Übungen praktizierten, die denen überraschend ähnlich sind, die wir als buddhistisch bezeichnen würden (s. z.B. Hadot 1995). Sie hatten eine Auffassung von Philosophie, die mehr die Pflege der Seele betonte als das Streben nach abstraktem Wissen. Lehrer wie Epikur (341–270 v. Chr.) betonten, dass Philosophie völlig nutzlos sei, wenn sie nicht die Seele heile und zu menschlichem Wohlergehen und Erblühen (*Eudämonie*) führe. Sie entwickelten spirituelle Übungen und lebten auf einfache Weise in kleinen Gemeinschaften – gerade so, wie buddhistische Mönche und Nonnen in Indien. Epikureer und Pyrrhoneer waren auch Nicht-Theisten.

Diese Schulen in Europa blühten etwa fünf bis sechs hundert Jahre und hatten enorm viel Einfluss, einige ihrer Ideen und Praktiken wurden in das Christentum integriert. Aber im sechsten Jahrhundert, als das Christentum in Europa bereits gut etabliert war, schloss Kaiser Justinian (482–565 n. Chr.) alle alten griechischen Schulen. Das war ein vernichtender Schlag für diese Traditionen, die sich andernfalls hätten weiterentwickeln können. Ich glaube nicht, dass die Verbreitung des Christentums in Europa unausweichlich war. Hätten die Philosophieschulen des alten Griechenlands weiter wirken können, lebten wir heute wahrscheinlich in einem Europa, das viel mehr auf buddhistische Ideen und Praktiken eingestimmt wäre. Als Ergebnis davon empfänden Europäer Buddhismus heute nicht als so befremdlich, wie sie es häufig tun. Zusätzlich zur Auslöschung der griechischen Schulen durch das Christentum, hat auch die Ausbreitung des Islam zur Trennung Europas von Asien beigetragen. Außerdem hat die Invasion Indiens durch den Islam einen entscheidenden Faktor im Verschwinden des Buddhismus vom indischen Subkontinent um das 12. Jahrhundert gespielt. So hat auch der Islam auf gewisse Weise verhindert, dass weitere Verbindungen zwischen Europa und Buddhismus entwickelt werden konnten.

Anfänge des Buddhismus in Europa

Erst im 16. und 17. Jahrhundert begannen die ersten Versuche von Europäern, Buddhismus zu verstehen. Im Wesentlichen wurden diese von Jesuiten-Missionaren in Asien durchgeführt. Bis dahin existierte das Wort „Buddhismus" in Europa nicht. Europäische Reisende in Asien hatten nicht verstanden, dass die religiösen Praktiken in Ceylon, Thailand, Tibet, China, Japan, Korea und der Mongolei alle zur selben Religion gehörten. Sie dachten, dass all diese verschiedenen Aspekte des Buddhismus und verschiedene regionale Kulte seien. Erst gegen Ende des 18. Jahrhundert wurde das volle Ausmaß und die Vielfalt des Buddhismus erkannt und wir mussten noch bis in die Mitte des 19. Jahrhundert warten, bis zum ersten Mal der Buddhismus von Gelehrten wahrgenommen wurde. Die Schlüsselfigur war hierzu der Franzose Eugène Burnouf (1801–1852), der Erste, der den Europäern ein kohärentes Verständnis des Buddhismus als Philosophie und Lebensweise bot. Und dann waren die Europäer plötzlich überrascht zu entdecken, dass es in Asien eine Figur gab, den Buddha, der in vielerlei Hinsicht mit Christus zu vergleichen war, der aber Jesus mehrere Jahrhunderte vorausgegangen war und dessen Lehren nicht nur genauso weit verbreitet waren wie die des Christentums, sondern auch scheinbar viele Tugenden verkörperte, die sich Christen auf die Fahnen geschrieben hatten. Das war eine ziemlich viel Aufsehen erregende Entdeckung. Ich kann jetzt nicht näher darauf eingehen, aber es ist faszinierend zu sehen, welche Wirkung die Entdeckung des Buddhismus auf Menschen quer durch alle Gesellschaftsschichten im Europa des späten 19. Jahrhunderts hatte. Da gab es auf der einen Seite das Auftauchen eines distanzierten akademischen Verständnisses buddhistischer Texte – vor allem in Paris, St. Petersburg, Berlin und Oxford, während auf der anderen Seite Künstler und Schriftsteller der romantischen Tradition ganz enthusiastisch auf den Buddhismus antworteten und in ihm alle Tugenden sahen, denen es Europa zu ermangeln schien.

Zum Beispiel lebte 1988 Vincent van Gogh (1835–1890) zusammen mit Paul Gaugin (1848–1903) in Arles. Etwa zu dieser Zeit machten die Künstler Bekanntschaft mit der japanischen Holzblock-Druckkunst (*ukiyo-e*), die ein erstes Bild der buddhistischen Kultur vermittelte. Einen dieser Drucke kommentierend, bemerkte van Gogh: „Hier sehen wir einen Mann, der zweifelsfrei weise, philosophisch und intelligent war, der sein ganzes Leben womit verbrachte? Hat er die Distanz des Mondes von der Erde studiert? Nein. Hat er Bismarcks Politik studiert? Nein. Er hat einen Grashalm studiert!" Dann malte van Gogh ein „Paul Gaugin gewidmetes Selbstportrait", in dem er sich selbst als einen rasierten buddhistischen Mönch darstellt.

Buddhismus heute

Dieser kurze Abriss des historischen Hintergrundes vom Buddhismus in Europa bringt uns zurück zum Beginn des 20. Jahrhunderts, als – wie wir gesehen haben – die ersten Europäer tatsächlich begannen Dharma zu praktizieren. Aber es bedurfte noch der Schrecknisse der beiden Weltkriege, die viele zentrale Werte europäischer Kultur in Frage stellten, bevor buddhistische Ideen wirklich begannen, im europäischen Bewusstsein Wurzel zu fassen. In gewisser Hinsicht denke ich, dass Buddhismus nach dem 2. Weltkrieg eine Art Balsam wurde, eine Art, die Wunde dieses sehr gewaltsamen Jahrhunderts zu heilen. Diese Wunden waren nicht nur physisch, sondern spirituell. Die Menschen gingen durch tiefgründige mentale Aufruhr und Verwirrung. Buddhismus erschien ihnen wie eine rationale Religion, eine andere Herangehensweise an die tiefsten Fragen des Lebens, vervollständigt mit Meditationspraktiken, die einen Unterschied in ihrer eigenen Erfahrung ausmachte, aber ohne das Gepäck unserer christlichen und westlichen Erbschaft. Für viele verhieß Buddhismus die Hoffnung auf einen Lebensstil, der helfen könnte, einige der größten Leiden und Zweifel unserer Zeit zu lösen.

Seit 1972, der Zeit, seit der ich mich mit tibetischem Buddhismus in Indien beschäftige, ist die Präsenz und Verfügbarkeit buddhistischer Lehrer in Europa enorm gewachsen. Ich glaube nicht, dass es übertrieben ist zu sagen, dass es 1972 noch möglich war, alle populären englischen Bücher über Buddhismus gelesen zu haben. Heute hingegen kann man mit all den Büchern nicht auf dem Laufenden bleiben, die jeden Monat publiziert werden, ganz zu schweigen von der Menge Material, das fast täglich neu im Internet erscheint. Innerhalb von 40 Jahren hat die Menge und Qualität an Informationen über Buddhismus enorm zugenommen. Autoren sind heute oft westliche Bekennende, die mit Autorität sprechen, die sich sowohl aus ihren Studien der buddhistischen Traditionen als auch aus ihrer persönlichen Meditationserfahrung ergibt.

Nichts desto trotz sind Buddhisten in Europa immer noch eine kleine Minderheit derjenigen, die sich selbst als „religiös" bezeichnen würden. Bei der letzten Volksbefragung im Vereinigten Königreich, die 2001 veröffentlicht wurde, bezeichneten sich 150.000 selber als Buddhisten. Etwa 100.000 davon waren ethnische Buddhisten aus China, Sri Lanka oder ursprünglich aus Thailand, womit 50.000 Konvertierte übrig bleiben. Das klingt nach einer kleinen Zahl, aber kürzlich wurde festgestellt, dass es gegenwärtig auch nur 28.000 Quäker in Großbritannien gibt. Auf der anderen Seite kann man heute in jeder größeren Stadt Europas Tempel, Zentren oder Meditationsgruppen von verschiedenen buddhistischen Traditionen finden. Buddhistische Lehren sind in kleinerem Maßstab weit verbreitet und einfach zugänglich. Es ist nicht mehr nötig, nach Asien zu reisen, um Buddhismus zu studieren oder eine Ausbildung als buddhistischer Mönch oder Nonne zu machen. Was uns heute in Europa zur Verfügung steht, wäre 1972 undenkbar gewesen. Zu der Zeit war ich als junger Mann nach Indien gereist und wenn mir damals jemand gesagt hätte: „Bis 2010 wird der Dalai Lama einer der angesehensten spirituellen Lehrer sein, es wird in ganz Europa und Amerika Dharma-Zentren geben, sowie hunderte von Büchern in den meisten westlichen Sprachen", dann hätte ich die Person wahrscheinlich als Phantast abgetan. Aber Tatsache ist, dass es genau so gekommen ist.

Eine andere Art, wie der Buddhismus in Europa immer bekannter wird, ist nicht durch Meditationszentren, Bücher oder Zeitschriften, sondern durch die Mainstream-Kultur. Ich lebe in Frankreich. Dort ist das Wort „Zen" inzwischen in die Alltagssprache integriert. Als meine Frau vor ein paar Jahren erkrankt war, wurde sie bei uns zu Hause von einer Ambulanz abgeholt. Sie hatte große Schmerzen und der Fahrer der Ambulanz sagte zu ihr: „*Madame, il faut rester Zen*" („*Madame, Sie müssen Zen bleiben*"), was soviel bedeutet, wie ruhig bleiben. Er hatte keine Ahnung, dass sie zehn Jahre als Zen-Nonne in Südkorea verbracht hatte. Buddhistische Ideen und Praktiken haben nun ihren Weg in die Mainstream-Medizin gefunden, besonders durch die Adoption von Achtsamkeitstechniken in die Gesundheitsfürsorge. In Britannien kann man nun an der Universität einen Master-Abschluss in Achtsamkeit erlangen. Zur gleichen Zeit erscheinen fortwährend Anspielungen und Bezüge zum Buddhismus in der populären Kultur, in Literatur und Film. Der Gewinner der angesehenen Palme d'Or in Cannes war 2010 „*Onkel Boonmee, der seine vergangenen Leben erinnern kann*", ein Kunstfilm aus Thailand mit ganz geringen Herstellungskosten, der nichtsdestotrotz alle Filme der berühmten amerikanischen und europäischen Direktoren in den Schatten gestellt hat.

Ich habe bemerkt, dass Buddhismus in den Medien im Allgemeinen wohlwollend dargestellt wird, oft sogar mit einer gewissen Hochachtung. Auf diese Weise dringen recht subtile buddhistische Ideen in das europäische Bewusstsein ein – sogar bei denjenigen, die niemals ein buddhistisches Buch lesen oder einen Dharma-Vortrag hören würden. Diejenigen, die andernfalls vom Buddhismus abgeschreckt würden, weil er eine „fremde Religion" ist, bewundern auf diese Weise die buddhistische Spiritualität, die den Kulturen Thailands, Koreas oder Japans zu Grunde liegt. Durch solche medialen Botschaften findet heutzutage in Europa ständig eine stillschweigende Übertragung buddhistischer Werte statt.

Buddhisten in Europa: Eine unbedrohliche religiöse Minderheit?

Trotz der relativ hohen Bekanntheit des Buddhismus, stellen Buddhisten in Europa immer noch eine kleine und *verwundbare* Gemeinschaft dar. Wenn die katholische Kirche im Laufe eines Jahrzehnts 100.000 Anhänger verlöre, würde dies keinen großen Unterschied ausmachen. Aber wenn die buddhistische Gemeinschaft um 100.000 abnehmen würde, wäre dies eine Katastrophe. Als Buddhisten müssen wir vorsichtig sein, nicht in Selbstgefälligkeit zu verfallen, wenn unsere Tradition gerade mal auf einer Welle der Popularität reitet. Vielleicht wird sich herausstellen, dass vieles davon nicht mehr als eine oberflächliche Mode ist. Wir müssen die größere historische Perspektive im Auge behalten und bei Gründung eines buddhistischen Zentrums anerkennen, dass wir uns einer ungewissen Zukunft verpflichten, die uns aller Wahrscheinlichkeit nach mit unvorhergesehenen Schwierigkeiten und Widerständen konfrontieren wird.

Dann ist da auch die Frage, wie tolerant die europäische Gesellschaft wirklich ist. Ist diese Toleranz wirklich echt oder scheint sie nur so? Solange Buddhisten als nicht bedrohlich erscheinen, friedlich sind und glücklich, solange sind sie leicht zu tolerieren. Die Medien erzählen uns, dass der französische Mönch Matthieu Ricard der glücklichste Mensch der Welt ist, und sein Erscheinen im Fernsehen und seine Schriften mögen das bekräftigen. Aber so hilfreich dies sein mag, Menschen zu bewegen, zu meditieren, so sehr kann es auch verschleiern, dass Buddhismus ein System von Ideen und Werten darstellt, die eine tiefgründige Bedrohung der Gier darstellt, die durch unsere Konsumgesellschaft gefördert wird. Auch die Angst, die benutzt wird, militärische Gewalt zu rechtfertigen und das ganze kapitalistische System als solches werden von buddhistischen Werten in Frage gestellt und herausgefordert. Man könnte sogar argumentieren, dass sich Buddhismus nicht korrekt darzustellen vermag, solange er als nicht bedrohlich wahrgenommen wird. Was der Buddha gelehrt hat war sehr radikal und beunruhigend. Es fordert mich in meinem tiefsten Gefühl, wer „ich" bin heraus und stellt eine harte Kritik an Selbstsucht, Anhaftung und Hass dar. Wenn die Werte des Buddhismus klar kommuniziert würden, sollten sie Menschen genau darin herausfordern, wie sie über sich selber und ihre Welt denken, und dazu führen, gegebenenfalls zu grundlegenden Änderungen in ihrer Lebensweise anzuregen.

Als atheistische Spiritualität fordert Buddhismus auch die theistischen Grundlagen des Christentums heraus. Papst Benedikt XVI. ist eine Person, die sich der Bedrohung des Christentums durch den Buddhismus völlig bewusst ist. 1987, als er noch Kardinal Ratzinger war, sagte er: „*In den 1950er Jahren sagte jemand, dass die katholische Kirche im 20. Jahrhundert nicht vom Marxismus zu Grunde gerichtet werden würde, sondern vom Buddhismus. Und er hatte Recht.*"[2] Dann beschrieb er 1997 in einem Interview mit einer französischen Zeitung Buddhismus als eine „*selbst-erotische Spiritualität*", was – offen gesagt – ziemlich offensiv ist. Aber Ratzinger/Benedikt ist kein Tor. Vielleicht wird sich herausstellen, dass er ein realistischeres Verständnis der Anwesenheit des Buddhismus in Europa hat als viele andere Menschen. Man kann sich fragen, wie verbreitet Buddhismus in Europa sein muss, bis er im Geist der Menschen von einem gutartigen

---

2   Interview im L'Express magazine, Paris, April 1997.

Glückskult zu einer echten Herausforderung für die historische christliche Identität Europas wird – wie der Islam.

Verstärkung des Dialogs

Als Buddhisten müssen wir den Mut haben, Buddhismus als etwas darzustellen, das im Gegensatz zu vielen Werten steht, die gegenwärtig das Leben in Europa bestimmen. Aber um dies effektiv zu tun, muss die Stimme, die wir erheben, ausgeprägter und einheitlicher sein, als es derzeit üblich ist. Wie wir wissen, besteht Buddhismus in jedem europäischen Land aus vielen kleinen Grüppchen, die viele verschiedene Traditionen, Fraktionen und neue religiöse Bewegungen darstellen. Ich habe oft den Eindruck, dass jede Gruppe mehr daran interessiert ist, ihr eigenes Revier zu verteidigen, als sich in Gesprächen mit anderen Buddhisten zu engagieren. Viele der alten dogmatischen Ansichten Asiens trennen uns noch immer. Wir benutzen immer noch – ohne nachzudenken – polemische Worte wie „Hīnayāna" und „Mahāyāna", was überhaupt nicht hilfreich ist. Als kleine und verletzbare Gemeinschaft, müssen wir dringend enger zusammenarbeiten und nicht in historisch sektiererischen Rivalitäten stecken bleiben. Wenn ich verschiedene buddhistische Gruppen in Europa treffe, finde ich es entmutigend, festzustellen, wie wenig sie jeweils von anderen buddhistischen Bewegungen außer der eigenen wissen und noch nicht einmal interessiert sind, mehr zu erfahren. Einer der positiven Effekte von buddhistischen Organisationen wie der Europäischen Buddhistischen Union, ist, dass man sich dort begegnen und miteinander sprechen kann. Wenn wir uns zu einer buddhistischen Stimme in Europa entwickeln wollen, müssen wir gegenseitig mehr voneinander wissen.

Warum sind Buddhisten nicht daran interessiert, mehr voneinander zu wissen? Warum sind einige buddhistische Gruppen auf nationaler Ebene und in der Europäischen Buddhistischen Union sehr gut repräsentiert, während andere ausgeschlossen sind? Die vielleicht größte buddhistische Organisation in Europa, Sōka Gakkai ist im Allgemeinen bei diesen Meetings überhaupt nicht dabei. Warum? Und warum nehmen so wenig ethnische Buddhisten daran teil? Es scheint eine stillschweigende Übereinkunft zwischen den dominanten Gruppen zu geben – den Tibetern, Zen und Theravāda, dass man irgendwie verdächtig sei und nicht „wirklich" ein Buddhist, wenn man ihren Kriterien dazuzugehören nicht genügt, d.h. bestimmte Lehrmeinungen nicht vertritt oder nicht bestimmte Meditationsformen praktiziert. Aber ehrlich gesagt, wenn jemand zu mir kommt und völlig aufrichtig sagt: *„Ich bin ein Buddhist"*, warum soll ich ihm nicht glauben? Sicherlich liegt der Reichtum des Buddhismus in Europa in seiner Vielfältigkeit und nicht in einer engen Definition, was er „wirklich" sei. Können wir nicht lernen, diese Vielfältigkeit zu feiern, selbst wenn wir vielleicht nicht verstehen, was andere Buddhisten sagen oder tun oder nicht damit einverstanden sind?

Damit der Buddhismus in Europa mit einer unverkennbaren und vitalen Stimme auftreten kann, müssen Buddhisten mehr Gespräche miteinander führen und sich für und im Dialog mit der weiteren nicht-buddhistischen Welt engagieren. Damit Buddhisten in der europäischen Mainstream-Kultur ernst genommen werden, müssen sie eine intellektuell stringente und kohärente Antwort auf Wissenschaft, Kunst, Humanismus, Atheismus, Säkularismus und Moderne finden. Wenn wir an einem transeuropäischen Gespräch auf Augenhöhe mit Christen, Juden, Muslimen und anderen Religionen teilnehmen wollen, müssen wir daran arbeiten, einen buddhistischen Standpunkt zu den verschiedenen Themen unserer Zeit zu definieren, der klarer ist. Zur selben Zeit müssen wir die Themen und Konflikte in unserer eigenen Gemeinschaft ansprechen: die Rolle der Laien und der Frauen im Buddhismus, die Frage, worin spirituelle Autorität liegt, die Unterscheidung zwischen Dharma und asiatischer Kultur und wie wir trotz dogmatischer Unterschiede, die uns oft voneinander trennen, zusammenleben können. Das wird nicht einfach sein, aber hoffentlich wird uns dies größere Einsicht in die Quellen und den Reichtum unserer gemeinsamen Tradition geben, die vor 2500 Jahren begann, als Siddhārtha Gautama „das Rad des Dharma in Bewegung gesetzt hat". Das ist meine Hoffnung!

Übersetzt aus dem Englischen von Felix Baritsch

Lesetipps

David-Neel, A. 1911. *Der Buddhismus des Buddha und die buddhistische Moderne (Le modernisme bouddhiste et bouddhisme de Bouddha)* Paris: Alcan.

Hadot, P. 1995. *Philosophy as a Way of Life.* Oxford: Blackwell.

Kuzminski, A. 2008. *Pyrrhonismus: Wie die alten Griechen den Buddhismus neu erfanden (Pyrrhonism: How the ancient Greeks reinvented Buddhism)* Nanham, MD: Lexington Books.

McEvilley, T. 2002. *Die Gestalt antiker Gedanken: Vergleichende Studien griechischer und indischer Philosophien. (The Shape of Ancient Thought: Comparative Studies in Greek and Indian Philosophies.)* New York: Allworth Press.

Der Buddhismus: Eine Religion oder eine Philosophie

Michael von Brück

Buddhismus – Philosophie oder Religion?

Buddhismus – eine Philosophie oder Religion? Die Beantwortung dieser Frage setzt zunächst voraus, dass wir die Begriffe klären. Wer sich in der akademischen Welt auskennt, weiß, dass ich den gesamten Tag ohne Schwierigkeiten füllen könnte, indem ich Ihnen Philosophie- und Religionsdefinitionen und ihre historische Genese vortrage. Das werde ich nicht tun, um Sie nicht zu langweilen, sondern ich werde versuchen, meine Definition zu geben und dann in Bezug auf den Buddhismus anzuwenden.

Was ist Philosophie?

„Philosophie ist", und ich gehe von diesem jetzt von mir formulierten Satz aus, „die logisch kontrollierte Prüfung der Bedingungen von Erkenntnis, der Verwurzelung derselben in Erfahrungswirklichkeit und Reflexion der Konsequenzen aus dieser Erkenntnis für das Handeln". Das ist ein knapper Satz, der aber das umfasst, was wir klassisch in der Philosophie im Ausgang von Platon und Aristoteles als Erkenntnistheorie, Ontologie und Ethik unterscheiden. Alle drei Gebiete gehören historisch zur Philosophie, auch wenn sich viele moderne philosophische Traditionen an den Universitäten der westlichen Welt eher in einzelne Abteilungen, etwa der analytischen Philosophie oder auch der Sprachtheorie, entwickelt haben.

Ich darf Ihnen zur allgemeinen Unterhaltung vielleicht einige Sätze vorlesen, die der geschätzte Kollege Peter Sloterdijk in seiner Einführung zu *Philosophische Temperamente* (Sloterdijk 2009, S. 14f.) formuliert, und zwar zum Beginn der europäischen Philosophie in der griechischen klassischen Antike bei Platon.

> „Mit seinem vornehmen Erkenntnisoptimismus und seiner Ethik des bewussten Lebens war der Platonismus gleichsam das Über-Ich des weltmächtig werdenden europäischen Rationalismus. Auch wenn Platons generöse Suche nach dem guten Leben in guten Gemeinwesen von Anfang an mit dem Mangel bloßer Utopie zu sein behaftet schien, so gab sie doch Maß und Richtung an für die höchsten Ansprüche des philosophischen Begehrens, nämlich die Freundschaft, mit der Wahrheit, verstand sich als Sorge um den Stadt- und den Weltfrieden und als Engagement für dessen fortgehende Neustiftung aus dem Geist der Selbsterkenntnis. Nietzsches Wort vom Philosophen als Arzt der Kultur ist der Intention nach schon von Platon durchaus wahr. Es konnte nicht ausbleiben, dass diese Prätentionen als überschwänglich abgetan würden, ja, man hat in ihnen den Vorschein dessen erkennen wollen, was man im 20. Jahrhundert die totalitäre Versuchung nannte. Nichts desto weniger bleibt Platons Entdeckung gültig, dass es einen wie auch immer problematischen Zusammenhang zwischen persönlicher Weisheit und öffentlicher Ordnung gibt, und auch wenn die Philoso-

phie wie in der gesamten Spätantike, im Grunde bereits seit Alexander dem Großen, in eine tiefe Entpolitisierung zurück sank, so blieb ihr wie einer ersten Psychotherapeutik eine unbestreitbare Zuständigkeit für die Fragen des inneren Friedens erhalten. Dieser mochte wie eine Vorleistung für den äußeren wirken. Ein überlegenes, stilles Leuchtfeuer in einer aufgewühlten Welt. Die platonische Tradition kam mit der stoischen und später mit der epikureischen Lehre darin überein, dass sie den Philosophen als Experten für Seelenfriedensforschung definierte."

So weit Sloterdijk. Es ist für uns hilfreich zu sehen, wie er mit einer gewissen Noblesse der Sprache den Beginn der europäischen Philosophie in der Polis, in der Ordnung des Gemeinwesens verortet, also ihn nicht als eine völlig abstrakte Reflexion über die abstrakten Erkenntnisbedingungen des Menschen formuliert, sondern als ein Spezifikum der Seelenfriedensforschung, wo die Rationalität unbedingt dazu gehört. Denn einen Seelenfrieden ohne ausgeglichene und in sich konsistente rationale Reflexion dieses Friedens ist nicht möglich, wie wir nicht nur aus der europäischen Geschichte des Denkens, sondern auch aus den Geschichten des Denkens verschiedener Kulturen kennen. Das ist der Philosophiebegriff, den ich zunächst zugrunde lege, der nun durch die gesamte europäische Geschichte, und mit Verlaub, auch durch die indische, chinesische, tibetische oder japanische und wahrscheinlich auch afrikanische Geschichte hindurch buchstabiert werden könnte, um nur einige zu nennen.

Es wird nicht ein bestimmtes, methodisches System zugrunde gelegt, an dessen Prokrustesbett alle gemessen würden, und in der Folge dann alle, die nicht hineinpassen, als Nicht-Philosophie disqualifiziert würden. Sondern Philosophie wird, ich wiederhole, als logisch kontrollierte Prüfung der Bedingungen von Erkenntnis, der Verwurzelung derselben in Erfahrungswirklichkeit und der Konsequenz aus der Erkenntnis für das Handeln beschrieben. Ich brauche nicht hinzuzufügen, aber ich werde es dann an einigen Stellen vielleicht noch exemplifizieren, dass das, was wir zunächst sehr summarisch als „der Buddhismus" bezeichnen, dieser philosophischen Definition genügt.

Was ist Religion?

Ich komme zur zweiten Bemerkung: Religion. Hier wird es viel schwieriger. Der Religionsbegriff ist nicht nur deshalb strittig, weil wir uns nicht darüber einigen könnten, oder weil wir vielleicht zu viele subjektive Vorgaben in eine solche Definition bringen würden. Sondern der Religionsbegriff ist deshalb strittig, ich formuliere es etwas abstrakt, weil Religion als empirisches Phänomen nur im Plural vorkommt, das heißt als Religionen.

Wir können aber einen allgemeinen Begriff für „die Religion", also Religion im Singular, nicht an einem Exemplar, also an einem Spezifikum von Religionen, gewinnen und messen. Auch der westliche Begriff, der dann für den modernen Religionsbegriff sozusagen semantisch leitgebend wurde, nämlich die lateinische *religio,* ist ein Begriff, der bereits in den Wurzeln bei Cicero vielschichtig ist. Studierende der Philosophie lernen das im Proseminar. Was denn etwa in der griechischen Sprache diesem lateinischen Begriff entspräche, ist schon schwieriger zu sagen. In der Spätantike, die nun für das Werden der Philosophie eine gewisse Bedeutung hat, also in der nach-stoischen Philosophie, ist die Religion im Wesentlichen abgesetzt von der Philosophie eines Boethius etwa. Dieser hat die Philosophie als die Consolatrix, die Trösterin, so auch der Titel seines berühmten Buches *Consolatio Philosophiae*, für die Menschen stilisiert, weil die Religion, ich möchte sagen, selbstvergessen ihres eigenen Ursprungs, diese Aufgabe nicht mehr wahrzunehmen vermochte.

Der Religionsbegriff ist deshalb strittig, weil er in anderen Kulturen, sei es in der indischen, in der chinesischen, in der japanischen – und ich könnte jetzt wieder rund um den Globus breitengrad- und längengradmäßig vorgehen –, natürlich so nicht vorkommt. In all diesen Kulturen haben wir ganz andere Begriffe für Religion, Begriffe, in denen dieses Phänomen, was wir in irgendeiner Weise beschreiben, aber doch nicht abgrenzen können, vorkommt.

In den indischen Traditionen nimmt man etwa den Begriff *dharma*, um in etwa das wiederzugeben, was sich dann vielleicht im Westen, in einer ausgesprochen dynamischen Geschichte, als Religionsbegriff etabliert hat. Aber dieser allgemeine Religionsbegriff im Westen ist neu. Er kommt eigentlich erst in der nach-konfessionellen Auseinandersetzung der Reformationszeit zum Tragen, als man eben einen gemeinsamen Begriff suchen musste für das, was dann als je einzelne *confessio* unterschieden wird.

Was aber ist denn Religion, wenn wir aus heutiger Perspektive, also nicht nur historisch, sondern reflektiert phänomenologisch, fragen? Worin wurzelt Religion? Ist Religion, wie ich gestern auf einem anderen Kongress hörte, Wahnvorstellung, die etwa ohne weiteres mit dem Nationalsozialismus und seinen Wahnvorstellungen gleichgesetzt werden könnte? Oder ist Religion etwas anderes?

Religion ist, und Sie erlauben mir jetzt, dass ich ohne lange Zitate und historische Rückverweise, sondern diese voraussetzend, aus meinem schon etwas längerem akademischen Leben selbst eine Beschreibung versuche: Religion ist die Antwort des Menschen auf zwei ganz unterschiedliche Grunderfahrungen, und mir ist es wichtig, diese beiden gleichzeitig zu nennen: Erstens, und das wissen Sie alle, das ist selbstverständlich, erlebt der Mensch sein Leben als zufällig, gefährdet ungewiss, wie wir in der Fachsprache sagen, *kontingent*. Alle Planung und Vorsorge kann von einem Augenblick zum anderen zur Makulatur werden, wenn Unvorhersehbares geschieht. Das Schicksal trifft uns, ohne dass wir einen Sinn in dem Geschehen ausmachen können. Religion nun deutet dieses Unbegreifliche oder den Schmerz als Schicksal, indem alles in einen Zusammenhang gestellt und das Einzelne, Unverbundene als Ereignis auf der Folie eines Ganzen gedeutet wird, so dass sich Sinn und Orientierung ergeben. Sinn und Orientierung, sind aber primär räumliche Begriffe, die Richtung und Verordnung des jeweils Einzelnen zu Relationen bezeichnen. Durch Religion lernt man, einfach ausgedrückt, den „Wald in den Bäumen" zu sehen. Religion ist Kompensation der Leidvermeidung, Einsicht in die Sterblichkeit und die Vermeidung dieser Einsicht oder des Umgehens damit. Das ist der erste Punkt. Andererseits aber, und das ist mir ebenso wichtig und wird gern vergessen, erlebt der Mensch Ekstase, Frieden und Erfüllung in Erfahrungen mit der Liebe, der Kunst, der Natur, seines eigenen Bewusstseins. Ekstasen dieser Art können energiegeladen hereinbrechen, sie erscheinen aber auch als stille Freude, wenn nicht „ich" etwas tue, sondern wenn „es" geschieht. Solche ekstatischen Erfahrungen der Schönheit und Vollendung sind die zweite Wurzel der Religion. Denn diese Schönheit verweist nicht nur auf ein Sinngefüge, sie wird empfunden als Ausdruck desselben. Religion zelebriert diese Erfahrungen im Sinne der Wiederholung und des symbolischen Verweises in ihren Ritualen.

Was sind Rituale?

Rituale sind Ausdruck beider Wurzeln der Religion, wie ich sie eben beschrieben habe: Sie inszenieren einen Sinnzusammenhang, um auf das Ganze zu verweisen, und sie zelebrieren das Erlebnis von Sinn. Die Inszenierung rhythmisiert die Zeit, und in Rhythmen erfährt der Mensch Gegenwart im Sinne von Sicherheit, Zugehörigkeit, Bedeutung. Der Preis dafür, und alles hat bekanntlich seinen Preis, ist die Unterwerfung unter die Struktur und den Zeitablauf des Rituals, zumindest für die Dauer des Rituals. Genau in dem Maße, in dem die Autorität der Ritualstruktur den Menschen beherrscht, erlebt dieser Zugehörigkeit und Bedeutung innerhalb der Ritualgruppe, d.h. der Identitätsgewinn besteht in der rituell akzeptierten Autorität, oder anders ausgedrückt: in der Autorität des Rituals. Die wesentlichen Anschauungsformen des Menschen, das lernen wir nicht nur aus der kantischen Philosophie, sondern genauso aus der buddhistischen Philosophie, sind Raum, Zeit und Kausalität. Durch Riten wird Unzusammenhängendes in einen Wirkungszusammenhang gebracht, und insofern produziert die Ritualisierung kausale Erlebensmuster.

Der Raum wird zu einem spezifischen Ort qualifiziert: Das, was geschieht, kann nicht überall und zufällig gerade hier geschehen, sondern der jeweilige Ort des Ritus wird mit einer besonderen Kraft aufgeladen, die der Ritus selbst schafft. Der Ritus macht aus austauschbaren Raumkoordinaten ein spezielles und besonderes Areal, er gestaltet die Welt zur Arena der Erscheinung von Hintergründigem.

Nun dasselbe auf die Zeit hin formuliert: Die Zeit wird im Ritus zu einer Hoch-Zeit, sie macht den vergänglichen Strom zu einem Ereignis, dessen Ursprung in einer Transzendenz liegt, in etwas, das diesem Ereignis selbst jenseitig ist. Dieses Ereignis wiederum wird in dem zeitlich jetzt geschehenen Augenblick nicht verbraucht, sondern erneuert sich immer wieder. Das, was ich jetzt zur Ritualisierung des Raumes gesagt habe, zur Zeit in kausalen Mustern, könnten wir in der Religionswissenschaft „Strukturen des Mythischen" nennen. Denn das Mythische versucht das, was ich hier abstrakt sagte, in Metaphern, in einer Art metaphorischen Sprache und in einer Inszenierung von Lebenswirklichkeit, zur Anschauung zu bringen. Diese Strukturen des Mythischen zeigen sich zum Beispiel in den Ritualen, in denen wir Übergänge nicht nur produzieren, sondern feiern, wie die Übergänge zwischen den Lebensstadien, die berühmten *rites de passage*. Sie werden in einer Narration, also in einer Erzählung, die diesem Mythos zugrunde liegt, jeweils als ein *grand récit* ausgedrückt, als eine große Erzählung, in der der Mensch sein eigenes Lebensschicksal, was sonst zufällig wäre, in einen größeren Rahmen einordnet. Das ist der Mythos.

Strukturen des Mythischen

Unter Mythos verstehe ich ganz allgemein Vorstellungen und Konzepte in Kulturen, die sowohl narrativ als auch begrifflich empirisch sind. Die genannten Übergangsriten bzw. das Phänomen der „Liminalität" sollen die Gefährdung der menschlichen Existenz bewältigen helfen – das Unberechenbare und Unvorhersehbare wird in Hierarchien und Ordnungen gefasst, die Verlässlichkeit zeigen. Der narrative Ausdruck dieses kulturellen Grundmusters ist der Mythos. Unter „Mythos" verstehen wir Vorstellungen und Konzepte, die Beobachtungen und imaginierte Deutungen so miteinander verknüpfen, dass Zusammenhänge des Lebens hinsichtlich des von mir mehrfach genannten Sinnes interpretiert werden, eines Sinnes, der ganzen Kulturen sowie dem Leben des einzelnen Menschen eine kognitiv und emotional nachvollziehbare Kohärenz und Handlungsorientierung verleiht. Oder einfacher ausgedrückt: Der Mythos vergegenwärtigt narrativ die im Ritual repräsentierte Ordnung.

Wir kennen keine menschliche Kultur aus den letzten Jahrtausenden, soweit wir historische Kenntnisse haben, die nicht in der einen oder anderen Form in einer solchen mythischen Welt leben würde, natürlich auch die unsere nicht ausgenommen. Mythen sind, noch einmal anders formuliert, kulturelle „Vereinbarungen", die der Plausibilisierung bzw. narrativen Begründung von gesellschaftlichen Normen dienen. Mythen wurden und werden in gesellschaftlichen Prozessen gefunden. Ihre zahlreichen, oft gleichzeitig existierenden Varianten zeigen, dass auch diese „Übereinkünfte" vielgestaltig und nicht ohne Widersprüche und natürlich auch nicht unabhängig von sozialen Deutungskräften sind. Das Anliegen des Strukturalismus ist es nun, diese Diversität, dieses Netzwerk von Deutungen, das nichts anderes als die tatsächlichen gesellschaftlichen Bedingungen und Machtverhältnisse spiegelt, durchsichtig zu machen.

Mythische Überlieferungen und die entsprechenden Ritualisierungen spiegeln das Machtgefälle in Gesellschaften wider. Oder anders gesagt: In Mythen erscheint das, was die Gesellschaft hervorbringt, als naturhaft vorgegebene Ordnung, die Solidarität zwischen Menschen erzeugt, gerade auch dann, wenn ein rationaler oder politischer Konsens fehlt (Kertzer 1988).[1] Mythen lenken die Wahrnehmung derer, die am Mythos teilhaben, durch die charakteristische Entzeitlichung des Mythos oder der im Mythos erzählten Geschichten. Es war einmal … und das kann immer sein. Nicht einfach nur: Es war … Durch diese Entzeitlichung wird das Erlebnis des Zufälligen als konsistente Wirkung von Ursachen interpretiert, wobei die Wiederholung der Erzählung und ihre im Ritual periodisch vollzogene Inszenierung Sicherheit und Einheit, auch im sozialen Sinne, suggeriert. Das ist die Voraussetzung, dass sich der Einzelne trotz gegenteili-

---

1 Kertzer erwähnt die Nationalflagge, Gedenktage, Gründungsmythen von Nationen usw. (vgl. auch Barthes 1992).

ger Erfahrungen mit seiner Gruppe, seiner Nation, seiner Religion identifizieren kann.

Ich fasse diese allgemeinen Bemerkungen zum Hintergrund des gesamten Religionsthemas so zusammen: Mythen sind kulturelle Codierungen, die auf unmittelbare Erfahrung verweisen. Das heißt, Mythen eröffnen Perspektiven des Erlebens, nicht Wege des Denkens. Das tut die Philosophie. Sie reflektiert die Mythen. Darum sind und bleiben Mythen immer vieldeutig. Sie sind der Widerhall ursprünglichen Erlebens, welches die Menschen evolutionsbiologisch in ihrem Ringen mit der Natur und mit sich selbst geprägt haben. Diese Mythen, dieser Widerhall des Erlebens bestimmt auch uns Heutige – oft natürlich ganz unbewusst. Die Schicht des Mythischen in uns kommt immer dann zum Durchbruch, wenn der Firnis des Zivilisierten durch erschütternde direkte Erfahrungen von Wirklichkeit aufbricht. Das ist eine andere Formulierung dessen, was gestern ein Kollege in Berlin von Popper zitierte, nämlich den Satz, dass man eigentlich erst dann, wenn die eigenen mentalen Konstrukte, also die eigene Theorie, zusammenbricht, mit Wirklichkeit in Kontakt kommt.

Und damit kommen wir zum nächsten Schritt meiner Argumentation: Mythen stellen sich in Symbolisierungen dar. Symbolisierungen sind aber nicht nur eine bestimmte Sprachform neben anderen, etwa neben rationalen Sprachformen, sondern Symbolisierungen sind jede Codierung der Wahrnehmung. Dem in Hamburg sehr viel studierten Philosophen Ernst Cassirer zufolge, den ich für die ganze Entwicklung einer Mythos-Theorie außerordentlich schätze, ist jedes Wahrnehmungsraster eine Form von Symbolisierung, selbstverständlich auch der abstrahierte Begriff. Was wollen wir sonst mit abstrahierten Begriffen wie Erkenntnis, Macht oder Freiheit anfangen, die in der Philosophie natürlich eine große Rolle spielen, wenn wir sie nicht als Codierung von Wahrnehmung verstehen, als Codierung vergangener Wahrnehmung, die nicht nur individuell, sondern sozial abgeglichen ist? Eine Codierung, die wiederum heuristisch wirkt, sozusagen unseren Suchblick lenkt, um Ähnliches in der jetzigen Situation zu studieren, zu erkennen, wahrzunehmen und, wenn alles gut geht, zu verstehen.

Symbolisierung ist nämlich die Leistung menschlichen Denkens schlechthin, sie ist das, was Kultur überhaupt erst ermöglicht. Im Symbol schafft sich der Mensch einen Abstand zum unmittelbaren Affekt auf sinnliche Eindrücke. Wenn ich einen sinnlichen Eindruck habe, kann ich blinzeln oder irgendeine körperliche Reaktion zeigen. Ich kann einen Zwischenschritt einziehen und verstehe, was das ist. Also z.B. eine Tür schlägt zu oder ein Stuhl knarrt. Indem ich einen Zwischenschritt einziehe, kann ich verstehen, was geschehen ist. Ich kann meine Reaktion einen Moment zurückhalten, und indem ich verstehe, was geschieht – also indem ich das, was geschieht, als etwas begreife, durch diesen symbolischen Akt, durch Symbolisierung –, gewinne ich Abstand zum unmittelbaren Affekt auf sinnliche Eindrücke. Dadurch wird eine Abstrahierung vom Sinneseindruck möglich. Auf diese Weise ist Symbolisierung die Voraussetzung für das Entstehen jeder Kultur.

Durch Symbolisierung entsteht das, was wir vielleicht eine Intention zur Unmittelbarkeit nennen können, nicht eine Intention von Unmittelbarkeit. Sie unterscheidet sich vom unmittelbaren und unwillkürlichen Reflex auf eine Sinnesempfindung. Erst die Symbolisierung macht diese gezielte Aufmerksamkeit möglich. Ich nenne Ihnen noch ein weiteres Beispiel:

Ein starker akustischer Reiz, zum Beispiel, ein plötzlicher Knall, lenkt den Blick unwillkürlich in die vermutete Richtung. Wenn ich pädagogisch ein bisschen geschulter wäre, dann hätte ich jetzt inszeniert, dass jemand mit der Tür knallt. Dann würden Sie unwillkürlich ihre Blicke dorthin richten. Das lenkt den Blick also unwillkürlich in die vermutete Richtung.

Hingegen ruft ein Türgeräusch, das mit der emotional besetzten Erwartung einer Person (es könnte ein Freund oder ein Feind sein) verknüpft ist, eine gezielt aufmerksame Reaktion hervor, das heißt eine komplexe und gewusste bzw. vermittelte Unmittelbarkeit, die auf nichts anderem als auf Symbolisierung und Gedächtnis beruht. Erwartung von etwas ist in symbolischer Form gegenwärtig: Das Etwas wird als ein bestimmtes Etwas wahrgenommen. Der Abstand wird dann durch die Interpretation der Symbole noch einmal verstärkt. Ich könnte das jetzt fortführen und Ihnen vor allem meinen geliebten Cassirer etwas nahe bringen. Aber ich nehme an, dass tun Sie im Studium ohnehin. Ja, ich bin gewiss, dass Sie das tun.

Wenn Sie in dieser Art und Weise die Grundlagen der symbolischen Sprache, der mythischen Sprache und damit der Inszenierungen der mythischen Geschichten in den Ritualen der Menschheit anschauen und diese als religiöse Texte betrachten, erscheint Religion nicht als eine irgendwie zusätzliche Kulturleistung der Gesellschaften, wie sie sich ausprägen kann oder auch nicht. Vielmehr ist die symbolische Sprache die Grundsprache oder die Grundgrammatik menschlicher Vergemeinschaftung. Das kann in sehr unterschiedlichen Formen geschehen, vor allem in ganz unterschiedlichen institutionellen Formen. Das ist abhängig von der Entwicklung der Gesellschaften. Das, was wir als die gegenwärtigen Religionen kennen, also die fünf oder sechs klassischen Großen: Hinduismus, Buddhismus, Daoismus, Christentum, Judentum, Islam – und es könnten noch mehr hinzugezogen werden – ist eine ganz moderne Erscheinung in der Geschichte. Wir haben es hier mit Entwicklungen der letzten dreitausend, viertausend Jahre zu tun. Das erscheint uns ein bisschen alt, ist aber ganz jung in der Menschheitsgeschichte. Was vorher war, wissen wir fast nicht. Das Früheste, was wir haben, sind einige Grabbeigaben. Diese sind vielleicht 20.000 Jahre alt, aber selbst das ist menschheitsgeschichtlich betrachtet nur ein Klacks.

Anders ausgedrückt: Religionen kommen in einer bestimmten Phase der Entwicklung. Wir können genau beschreiben, warum und wie sie mit der Entwicklung der Stadtstaaten, mit der Entwicklung des Rechtes entstehen. Wir können erklären was notwendig ist, damit sich verschiedene Gruppen in ihrem Zusammenleben verlässlich austauschen können. Religionen kommen in diesen Zusammenhängen ins Leben und haben uns bisher auf diese Weise mit einer großen Modifikationsbreite begleitet. Ich bin ziemlich sicher, dass sie auch in dieser Form wieder verschwinden werden. In 500 oder 1000 Jahren oder vielleicht in 5000 Jahren werden wir, wenn es uns dann als Menschheit noch gibt, ganz andere Formen von Religionen haben, weil wir sehr andere Formen der Vergemeinschaftung brauchen werden. Das heißt, wir werden aus der sozialen Realität andere Religionen hervorgebracht haben. Das ist ziemlich sicher, denn alles ist in

Veränderung, in Evolutionen begriffen. Selbstverständlich auch die kulturelle Evolution des Menschen. Aber diese Grundmuster, die ich hier angegeben habe, sind, wie mir scheint, anthropologische Konstanten, die sich in dieser allgemeinen Form formulieren lassen und in denen Religionsmuster sich selbst ausbilden und abbilden.

Ich möchte noch etwas zur Dynamik des Religiösen sagen, damit Sie leichter zuordnen können, was ich zum Buddhismus schließlich sagen werde: Wie ordnet sich denn der Buddhismus in das Gesagte ein? Gibt der Buddhismus auch eine Antwort auf diese Dinge? In diesem Kontext möchte ich noch etwas zum Ritual der Religionen, zu Ritual als Identitätsstiftung sagen. Denn diese wird ja in unserem nächsten Panel eine Rolle spielen. Eben deshalb habe ich gerade dieses Thema ausgewählt. Damit möchte ich den Kolleginnen und Kollegen in der nächsten Runde eine Steilvorlage liefern.

Ritual als Identitätsstiftung

Rituale stiften Identität. Das ist in einer buddhistischen Kultur nicht anders als in einer christlichen oder einer postchristlichen oder einer islamischen oder sonstigen Kultur. Wodurch stiften Rituale Identität? Der erste Advent und das, was danach kommt, könnten Ihnen im Hinterkopf als Anschauung dienen. Rituale durchbrechen den Alltag und sie stiften eine jeweils eigene Zeit. Was geschieht dadurch? Es wird dadurch ein Verfremdungseffekt erzielt. Es wird räumlich und zeitlich ein anderer Erlebnisraum geschaffen, d.h. Sinn oder neue Sinnebenen werden nicht abstrakt, sondern konkret. Sie werden ganz wesentlich, körperlich erlebbar, und zwar in Gemeinschaft. Der Mensch als erkennendes Subjekt ist ein Objekt in Gemeinschaft, und er erkennt nicht nur zerebral, sondern körperlich. Das haben wir gelernt, im Westen vielleicht erneut gelernt, und zwar seit der Lebensphilosophie eines Bergson und dann auch in der Psychosomatik. Sehr gut können wir das natürlich in den so genannten östlichen Kulturen lernen.

Dieser andere Erlebnisraum stiftet Gemeinschaft durch eine Identifizierung, die nun eine neue rituelle Identität ermöglichen soll, zumindest für die Zeit des Rituals, dann aber auch – als pädagogisches Muster – als weiterer Horizont. Rituale wirken sozial identitätsstiftend, aber nicht nur indem sie bestimmte Leute in die Ritualgemeinschaft hineinholen, sondern auch indem sie diejenigen ausgrenzen, die nicht zur Ritualgemeinschaft gehören. Rituale sind also in ihrer Wirkung nach innen und nach außen ambivalent – einerseits stiften sie Gemeinschaft und andererseits grenzen sie auch dieselbe Gemeinschaft von anderen Gemeinschaften ab. Das ist unvermeidlich, ob es uns gefällt oder nicht. Rituale haben immer auch eine Ausgrenzungsfunktion. Das ist schlicht und einfach der Bericht über die Empirie in den Religionen.

Zweitens erzeugen Rituale neben dieser sozialen Wirkung, psychologisch betrachtet, auch einen Freiraum. Der Zwang zu Entscheidungen, dem wir ja sonst ständig unterworfen sind, wird zeitweise aufgehoben. Sonst müssen wir zum Beispiel ständig entscheiden: Bleibe ich jetzt hier sitzen oder gehe ich hinaus und trinke eine Tasse Tee? Höre ich mir diesen Vortrag, von dem ich vielleicht

nur die Hälfte verstehe, noch weiter an, und warte ab, ob doch noch ein Bon-
mot kommt, oder sage ich mir, das kann ich später alles nachlesen? Das Ritual,
dass man aus einem Vortrag nur unter dringenden Bedürfnissen hinaus geht, das
Ritual, dass man sitzen bleibt, ermöglicht Ihnen, diese Entscheidung zurückzu-
stellen. Das heißt, Sie bleiben zunächst einmal sitzen. Diese Freiheit vom Zwang
zu Entscheidungen ist ein ganz wesentlicher Aspekt, nicht nur unserer psychischen, sondern auch unserer sozialen Gesundheit. Wir könnten überhaupt nicht
überleben, wenn wir uns ständig individuell neu entscheiden müssten, also auf
Rituale im Sinne einer Entscheidungsfreiheit verzichten würden. In diesem Sinne ist auch die Sprache ein Ritual. Wenn ich jetzt nämlich anfangen würde, meine Muttersprache zu sprechen – das ist das Sächsische, wie Sie vielleicht bemerkt
haben –, würden Sie wenig verstehen, und wir hätten hier ein echtes Kommuni-
kationsproblem. Ich unterwerfe mich also dem Ritual, mehr oder weniger Hoch-
deutsch zu sprechen, damit wir kommunizieren können. Die Sprache selbst ist ja
eine Übereinkunft, nicht von Einzelnen geschaffen, sondern in langen kulturellen
Traditionen gewachsen, ähnlich wie Religionen eben auch. Sie dienen dazu, dass
wir kommunizieren können. Und aufgrund der sprachlichen Übereinkunft werde
ich nur in Einzelfällen die Grammatik bewusst verletzten, um Ihre Aufmerksamkeit zu erhöhen. Aufgrund des Rituals der Sprachformen unterwerfen wir uns Regeln, damit wir kommunizieren können. Der Mensch wird entlastet, wenn er sich
rituellen Regeln unterwirft, und diese Entlastung ist notwendig für unser Leben
und Überleben. Diese Unterwerfung ermöglicht Freiheit von Entscheidungen, das
Bewusstsein kann sich in diesem Rahmen auf sich selbst zurückziehen, ohne dass
es fortlaufend Alternativen abwägen und entscheiden muss. Freilich, der Preis für
diese Freiheit ist die Unterwerfung unter die Autorität des Rituals.

Ich fasse zusammen: Das Ritual schafft Ordnung und stabilisiert psychische
wie soziale Systeme. Es ist aber gleichzeitig auch ein Durchbruch durch Ordnungen und bisherige Ritualisierungen und Normierungen des Alltags. Doch dieser Durchbruch wird nur durch eine neue Ritualisierung möglich. Anders ausgedrückt: Rituale verschieben den Betrachtungshorizont oder die Systemebene, aber
sie schaffen sich nie selbst ab.

Buddhismus – Philosophie oder Religion?

Ich möchte nun auf diesem Hintergrund der allgemeinen Darstellungen, wie ich
Religion verstehe, fragen: Ist der Buddhismus Philosophie oder Religion?

Ich kann jetzt, weil dies kein historischer Beitrag sein soll, nicht in die histo-
rischen Details gehen. Im 19. Jahrhundert – und ich gehe deshalb nicht weiter ins
Mittelalter oder in die Antike, in der der Buddhismus auch schon in Europa be-
kannt war – trat der Buddhismus zunächst einmal als Philosophie auf, wurde als
Philosophie rezipiert. Und zwar gerade als Gegenmodell zur christlichen Ritualis-
tik und zur christlichen Religionskultur, was eine befreiende Funktion hatte. Das
Christentum wurde als zerstritten, konfessionell rechthaberisch, in Mythen und
Aberglauben befangen angeschaut, mit all seinen wunderlichen Geschichten von

der Jungfrauengeburt bis zur leiblichen Auferstehung der Maria oder dergleichen. Wogegen der Buddhismus doch so rational war.

Man las die entsprechenden Schriften aus dem Pāli-Kanon und die buddhistische Logik. Bis hin ins marxistisch-leninistische Russland konnte der Buddhismus reüssieren. Lenin selbst stellte sicher, dass Papier für die Auflage von Stcherbatskys *Buddhist Logic* zur Verfügung gestellt wurde, weil hier doch endlich mal eine Religion auftrat, die keine Religion, sondern rationale Philosophie sei. Dass dieses Bild nicht ganz stimmt, dass es vor allem in der zweiten Hälfte des 19. Jahrhunderts auch ganz andere Buddhismus-Rezeptionen, etwa bei Richard Wagner und auch Friedrich Nietzsche gab, das sei hier nur am Rande erwähnt. Der Buddhismus galt als eine Entlastungsgröße für ein Christentum, das fragwürdig geworden war und das sich dann besonders im Ersten Weltkrieg selbst zerfleischte und sich somit die eigene religiöse Legitimationsgrundlage entzog. Der Buddhismus als Alternative. Der Buddhismus als System einer Praxis, die sich rational verantworten konnte und von der man die machtpolitischen Involvierungen sozusagen schlicht und einfach nicht kannte oder nicht zur Kenntnis nehmen wollte.

Nach dem Ersten Weltkrieg und verstärkt nach dem Zweiten Weltkrieg erschien der Buddhismus nicht mehr nur als rationale Philosophie, die in dem Pāli-Kanon und entsprechenden Kommentaren niedergelegt und entsprechend übersetzt wurde, sondern als Meditationssystem, als System des faszinierend Anderen, als Kultur der Stille. Mit einigen berühmten Buchtiteln wurden nun besonders ostasiatische Formen des Buddhismus in Europa und Amerika als eine Kultur bekannt, die die faszinierende Andersartigkeit zur westlichen Rationalitäts- und Religionskultur ästhetisch dokumentierte. Dazu gehört zum Beispiel der Titel *Buddhismus als System der Philosophie und der Meditation*. Diese Faszination am ästhetisch Einfachen, am ästhetisch Reduzierten, am Anderen finden wir in der Rezeption bereits im Jugendstil vorgeprägt, aber dann auch nach den zwanziger Jahren, in der ästhetischen Deutung Chinas und Japans. Auch hier erscheint der Buddhismus gleichsam als eine Erwartungsfolie oder Hoffnungsfolie, auf welche die geplagten Europäer und Amerikaner ihr kulturelles Defizienzbewusstsein projizierten. *Ex oriente lux*. Das Licht kommt aus dem Osten! Man braucht sich nur die Zeit anzuschauen: Rabindranath Tagore aus Indien war zwar kein Buddhist, aber man unterschied das ja auch meistens nicht so genau, als Tagore etwa seine geradezu missionarische Reise durch Deutschland antrat, der frisch gebackene Nobelpreisträger aus Indien, der nun wie ein Heiland und wie eine Erlöserfigur eine andere Spiritualität und Religion nach Europa zu bringen schien. Hermann Hesses *Siddhārtha* etwa war bildungsprägend nicht nur für eine Generation. Es ist interessant zu sehen – und das tun wir in unseren Disziplinen, das werden auch Sie hier tun, wenn Sie Buddhismus im Westen historisch reflektieren –, wie die jeweiligen Wahrnehmungen, gerade des Buddhismus, die Spiegelbilder der eigenen Erwartungen, Sehnsüchte, Hoffnungen und sicher auch Missverständnisse waren, und es gelegentlich auch heute noch sind. Das ließe sich natürlich auch auf den Hinduismus und übrigens auch auf den Islam übertragen. Aber das ist ein anderes Thema. Es ist interessant zu sehen, wie die jeweiligen Bilder der Religion sozusagen die Spiegelbilder der eigenen Erwartungen waren und sind.

In neuerer Zeit, besonders natürlich auch in akademischen Studien, aber auch indem der Buddhismus selbst in seinen unglaublich verschiedenen und von außen betrachtet widersprechenden Formen präsent wird, wird er nun hier in Europa als Religion wahrgenommen. Man sieht plötzlich, dass das, was Buddhisten hier anstellen, eben das ist, was klassische Religionen immer schon getan haben. Sie entwickeln eine Symbolsprache, sie entwickeln ihre eigenen Mythologien, inszenieren dieselben in Ritualen, geben Sinnorientierung, betreiben nicht nur eine rationale Kausalitätstheorie, sondern bieten im Sinne der beiden von mir genannten Wurzeln von Religion, Leidensbewältigung und Ekstaseerfahrung, ein System, einen konsistenten Rahmen an, der als Lebensrahmen wirklich ist. Religion ist nichts Fremdes mehr. Dass der Buddhismus sich selbst als Religion bezeichnet, auch im Westen, ist nicht mehr etwas, dass man vermeiden möchte. Sondern die Art und Weise wie der Buddhismus sich präsentiert, entspricht dem. Er entwickelt sogar Institutionen, die den religiös gewachsenen Institutionen in Europa ähneln. Ich erinnere mich an Hamburg, als ich 1985 selbst hier war, als sich die Buddhistische Religionsgemeinschaft in Deutschland zu formieren suchte. Solche Entwicklungen sind unvermeidlich, und das ist völlig in Ordnung.

Gleichzeitig ist aber der Buddhismus eine Philosophie. Er ist natürlich eine Erkenntnistheorie. Und das ist, wenn man so will, die Grundlage buddhistischer Praxis. Nicht nur theoretische Überlegungen, sondern die Analyse der mentalen Faktoren, der mentalen Zustände aufgrund von Introspektion und aufgrund von logischen Ableitungen ist das, was die frühbuddhistische Philosophie ausmacht. Deshalb kann der Sachse und zum tibetischen Buddhismus konvertierte, bedeutende Lama Anagarika Govinda eines seiner Bücher *Die psychologische Grundhaltung der buddhistischen Philosophie* nennen. (Sie sehen es mir nach, dass ich meine sächsische Identität so ein bisschen herausstelle. Das hängt mit dem zunehmenden Alter zusammen. Wenn man nämlich älter wird, sucht man die Kindheitswurzeln. Auch das ist übrigens auf die Religionen übertragbar.)

„Psychologische Grundhaltung" bezeichnet hier einzelne Faktoren, wie sie in der frühbuddhistischen Philosophie unterschieden werden. Bereits im Pāli-Kanon, also sowohl in den *Sūtras* als auch in systematischen Kommentaren wie dem *Abhidhamma* und dem *Abhidharmakośa* ist das entwickelt. Der Buddhismus lebt, das können Sie, wenn Sie das Buddhismus-Studium am Tibetischen Zentrum durchlaufen, mit besonderer Hartnäckigkeit erleben, ganz wesentlich in seinen Reflexionen von einer Ursachentheorie – *hetu*. Die Ursachen und ihre begleitenden Umstände und die genaue Analyse von Substanz und Eigenschaft, um es jetzt einmal aristotelisch zu sagen, sind im Zusammenhang einer Ursachentheorie die Grundlage für die buddhistische Logik. Die *skandhas,* die *dharmas* werden analysiert und, ich deutete es schon an, Stcherbatsky hat seine ganze Wahrnehmung und sein Verständnis des Buddhismus als buddhistische Logik identifiziert. Man kann das zum Beispiel am Begriff des *dharma* sehr deutlich machen. Leider reicht die Zeit nicht aus, Ihnen eine detaillierte Analyse des buddhistischen *dharma*-Begriffes vorzulegen, um zu beweisen, dass der Buddhismus eine analytische Philosophie bzw. ein Verfahren analytischen Philosophierens ist. Dieses kann anhand der außerordentlichen Vielgestaltigkeit des *dharma*-Begriffes im Buddhismus durchaus gezeigt werden. Das studieren Sie dann bitte bei den Freunden im Tibetischen Zentrum oder auch im Zentrum für Buddhismuskunde.

Was bedeutet das? Kurz gefasst: Es bedeutet, dass der Buddhismus wie alle kulturellen Traditionen weder Religion noch Philosophie ist, weder das eine noch das andere, weder nicht das eine noch nicht das andere. Ich berufe mich hier auf Nāgārjuna und ein bisschen Logik. Vielmehr drücken sich im Buddhismus wie auch in anderen Religionen kulturelle Substrate aus, die den verschiedenen Fähigkeiten und in der Anthropologie des Menschen liegenden Bedürfnissen entsprechen. Das heißt, der Buddhismus entwickelt eine rationale Kritik des Erkennens, er entwickelt eine Handlungstheorie, er entwickelt eine Sprache, die Identifikationen im individuellen wie im sozialen Sinne ermöglicht und inszeniert dieselben in Ritualisierungen.

Die Techniken, die der Buddhismus entwickelt hat, um nun alle diese verschiedenen kulturellen Leistungen genau, geduldig und mit einer gewissen Gelassenheit zu entwickeln, sind die drei großen Gs des Buddhismus: Genauigkeit, Geduld und Gelassenheit in der buddhistischen Praxis. Die entsprechenden Formen der Praxis sind sehr unterschiedlich gewesen. Wenn wir über Buddhismus in diesem Sinne sprechen, können wir nur im Plural sprechen. Der Theravāda-Buddhismus wie er heute noch in Sri Lanka, in Birma oder anderen Gegenden praktiziert wird, der zentralasiatische Buddhismus, der ostasiatische Buddhismus, auch hier wieder in sehr verschiedenen Formen, haben ganz unterschiedliche Systeme hervorgebracht, die wir phänomenologisch sehr deutlich und sehr unterschiedlich wahrnehmen können und müssen. Nichtsdestotrotz, Rituale, Mythen, eine eigene Geschichtsdeutung und eine Prägung ganzer Kulturen sind dem Buddhismus inhärent und werden es auch bleiben, auch in seiner Präsenz in der westlichen Welt.

Transkription des Vortrags: Helmut Puls (Bremen)

Literatur

Barthes, R. 1992. *Mythen des Alltags*. Frankfurt a. M.: Suhrkamp.
Kertzer, D. 1989. *Ritual, Politics and Power*. New Haven/London: Yale University Press.
Sloterdijk, P. 2009. *Philosophische Temperamente*. Von Platon bis Foucault. München: Diederichs.

Christof Spitz

Religiosität und Philosophie im buddhistischen Selbstverständnis

Es ist für mich eine große Freude, dass diese gemeinsame Veranstaltung von Wissenschaftlern und Praktizierenden zustande gekommen ist.

Nach dem profunden Vortrag von Professor Michael von Brück fühle ich mich erleichtert, dass ich zu den Themen, die er bereits behandelt hat, nicht mehr sprechen muss. Ich bin ihm aber auch dankbar, dass er noch ein kleines Schlupfloch für meinen Vortrag gelassen hat: den Begriff des Dharma. Dieses Thema hatte ich mir für heute vorrangig vorgenommen. Insofern ergänzen wir uns gut, ohne uns vorher abgesprochen zu haben.

Gibt es eine eindeutige Definition des Religionsbegriffs?

Ist der Buddhismus eine Religion oder eine Philosophie? Bei einem Vorgespräch mit Professor Michael Zimmermann sagte er mit der für ihn typischen frischen und sicheren Urteilsfähigkeit: „Wer diese Frage ernsthaft stellt, ist wohl noch nie in Asien gewesen!" Das belegt dieses Bild. Fragen Sie sich selbst, welche Elemente Sie erkennen, die für uns eine Religion ausmachen, auch wenn Sie kaum etwas über den Buddhismus wüssten. Das Bild zeigt Sarnath bei Varanasi, das ist der Ort, an dem der Buddha seine erste Lehrrede gegeben haben soll. Wir sehen einen Stūpa, eine Art Reliquienschrein. Er enthält wahrscheinlich Reliquien des Buddha und steht für die Anwesenheit des Buddha als Verehrungsobjekt. Wir sehen eine Gemeinschaft von Mönchen, vielleicht sind auch einige Nonnen dabei,

die ein Verehrungsritual ausführen. Es werden Opfergaben dargebracht. Die Zeremonie wird von einem Geistlichen geleitet, in diesem Fall übrigens dem Dalai Lama. Wir sehen viele Elemente, die wir dem religiösen Leben zuordnen. Auch ohne eine genaue Definition von Religion, können wir gleich an der Erscheinungsform der Situation feststellen, dass es sich ganz offensichtlich um eine Ausübung von Religion handelt.

Und tatsächlich, Michael von Brück hat bereits darauf hingewiesen, ist es schwierig, eine präzise und allgemeingütige Definition von Religion zu geben. Ich bin kein Religionswissenschaftler und habe deshalb in der Vorbereitung meines Vortrags einige einführende Literatur zur Religionsphilosophie zu Rate gezogen. Doch bereits nach den ersten Seiten habe ich aufgegeben, eine allgemein akzeptierte Definition von Religion zu finden. Dass es eine solche nicht gebe, schreibt zum Beispiel Prof. Winfried Löffler gleich zu Beginn seiner „Einführung in die Religionsphilosophie" (Löffler 2006, S. 11ff.). Der wichtigste Grund dafür sei „schlicht die immense Vielfalt an faktisch existierenden Religionen und sonstigen als religiös anzusprechenden Phänomenen". Ein weiterer Grund sei die unklare Herkunft des Wortes „Religion". Wir wissen nicht, ob es ob es vom lateinischen *religare* („rückbinden"), von *relegere* („sorgsam beachten") oder aus einer anderen Wurzel stammt.

Eine besondere Schwierigkeit, und darauf weist Prof. Löffler auch hin, ergibt sich daraus, dass unser Begriff der Religion sehr stark von unserem abendländischen Verständnis und unserer eigenen Kulturgeschichte geprägt ist. Das Problem zeigt sich darin, dass wir es oft schwer haben, in anderen Sprachen und Kulturen überhaupt ein angemessenes Äquivalent für unser Wort „Religion" zu finden. Das trifft meines Erachtens auch auf die traditionellen buddhistischen Kulturen zu. Es ist problematisch, wenn man den im Buddhismus und allgemeiner im asiatischen Kulturraum geprägten Begriff des *dharma* als gleichbedeutend mit Religion verwendet. Noch schwieriger wird es, wenn, wie es heute häufig geschieht, zwischen den Begriffen Religion und Spiritualität unterschieden wird.

Trotzdem hat es natürlich viele Versuche gegeben, eine essentielle Definition, also eine Definition des Wesens von Religion, zu finden. Diese Versuche sind jedoch alle mehr oder weniger gescheitert. Denken wir zum Beispiel an die Frage, ob der Glaube an einen Gott und die Wechselbeziehung zu einem göttlichen Wesen elementarer Bestandteil des Wesens der Religion ist. In dem Fall würde unser Untersuchungsgegenstand, der Buddhismus, kaum als Religion gelten können. Von seiner Erscheinungsform her aber wird der Buddhismus zweifellos als Religionen angesehen – denken wir an das eingangs gezeigte Bild. Religionswissenschaftler wissen natürlich schon lange, dass eine Gleichsetzung von Religion mit Theismus nicht das ganze Spektrum von Religionen abdeckt.

Ich bin schließlich auf einen zentralen Gedanken des späten Wittgenstein gekommen, den er in seinen *Philosophischen Untersuchungen* dargelegt hat. Wittgenstein zeigt uns, dass es schwer ist, die Bedeutung von Begriffen durch den Verweis auf das Wesen der Dinge oder auf geistige Entitäten wie Vorstellungen oder Ideen zu definieren. Vielmehr ergibt sich die Bedeutung von Begriffen aus ihrem Gebrauch, ihrem Verwendungszusammenhang, aus dem „Sprachspiel", wie Wittgenstein es nennt. Er sagt: „Nur im Fluss des Lebens haben die

Worte ihre Bedeutung." Statt also zu versuchen, das Wesen von Religion allgemeingültig und fest stehend zu definieren, können wir uns besser fragen, in welchen Zusammenhängen und Situationen wir den Begriff Religion benutzen, um sie zu verstehen. Das können wir unmittelbar anhand des eingangs gezeigten Bildes verstehen. Wir erkennen intuitiv: Hier geht es um Religion. Wir sehen „Familienähnlichkeiten" zu anderen Religionen, Elemente, die wir auch in anderen Religionen finden.

In diesem Zusammenhang möchte ich einen Vers aus Nāgārjunas *Grundversen zum Mittleren Weg (Mūlamadhyamakakārikā)* nennen:[1]

> „Das Entstehen in gegenseitiger Abhängigkeit
> ist es, was wir ‚Leerheit‘ nennen.
> Diese ist abhängige Benennung.
> Genau dies ist der mittlere Weg." (24.18)

Ich greife dieses Zitat auf, weil auch Nāgārjuna argumentiert, dass wir die Bedeutung der Begriffe nicht in den Dingen selbst auffinden können. Unabhängig, isoliert vom Gesamtzusammenhang, ist eine Essenz in den Dingen überhaupt nicht auffindbar. Vielmehr ergibt sich die Bedeutung der Begriffe, wie auch das Wesen der Dinge überhaupt, aus einem abhängigen Prozess der Begriffsbildung. Die Bedeutung von Begriffen und das Wesen der Sachverhalte, auf die sie sich beziehen, sind nicht voneinander zu trennen. Sie ergeben sich aus Relationen, in denen viele Beziehungen mit anderen sprachlichen und gedanklichen Begriffen, Wahrnehmungen und Erfahrungen zusammenwirken. Diese Gesamtheit macht das aus, was wir das Wesen einer Sache nennen. Diese Beschreibung der Wirklichkeit als ein abhängiges Entstehen ist ein ganz zentraler philosophischer Inhalt der buddhistischen Religion.

Religiosität aus buddhistischer Sicht: Zufluchtnahme und Ansicht

Meine These ist, dass der Buddhismus *auch* eine Religion ist. Ich möchte diese Aussage aus der Sicht des Buddhismus selbst beleuchten, also aus einer Sicht, mit der ich selbst vertraut bin. In tibetischen doxographischen Werken – das sind Werke, in denen Lehrmeinungen systematisch dargestellt werden – findet man eine Definition von „Buddhist".[2] Dabei gibt es zwei Kriterien, nach denen man eine Person als Buddhisten bezeichnen kann. Traditionell nennt man diese das „Verhalten" und die „Ansicht". Beim ersten Kriterium geht um eine geistige Grundhaltung und die praktische Ausübung und beim zweiten um die philosophische Sichtweise.

Nach dem Verhalten ist ein praktizierender Buddhist eine Person, die „von ganzem Herzen Zuflucht zu den Drei Juwelen [Buddha, Dharma und Saṅgha] nimmt". Ein Nicht-Buddhist, so wird daraus abgeleitet, ist demgegenüber eine

---

1   Für eine vollständige deutsche Übersetzung siehe Weber-Brosamer & Back 1997.
2   Die folgenden Definitionen eines Buddhisten nach Verhalten und Ansicht finden sich zum Beispiel in der Doxographie der buddhistischen Schulen des tibetischen Autors Gonchok Jigme Wangpo (18 Jh.) (1989).

Person, die Zuflucht zu anderen Zufluchtsobjekten nimmt. Daraus ergibt sich zunächst einmal, dass die Zufluchtnahme ein wichtiger Aspekt von Religiosität ist. Zufluchtnahme wird von tibetischen Lehrern als Haltung des Anvertrauens erklärt, als das tiefe Vertrauen in die Zufluchtsobjekte bei den Grundfragen unserer Existenz. Es geht um die Bedrohung durch Leiden und den Weg zur dauerhaften Befreiung daraus. Zuflucht zu nehmen bedeutet demnach, in den Fragen, die für den Menschen von letztgültiger Bedeutung sind, Hoffnung und Zuversicht in die Zufluchtsobjekte zu setzen und in ihnen einen verlässlichen Schutz zu suchen. Im Buddhismus sind diese Zufluchtsobjekte die Drei Juwelen: der Buddha als Lehrer, der Dharma, den er erfahren hat, als die eigentliche Zuflucht, und der Saṅgha, die Gemeinschaft der Praktizierenden, als Unterstützung, um den Dharma erkennen und erfahren zu können.

Ein anderer Ansatz ist, die Definition eines Buddhisten nach dessen Ansicht vorzunehmen. Wir können Ansicht, auf Tibetisch „ta-wa" (tib. *lta ba;* skt. *dṛṣṭi*), hier auch etwas freier mit „Philosophie" übersetzen. Hier geht es also darum, charakteristische Merkmale buddhistischer Philosophie auszumachen. Demnach ist ein Anhänger der buddhistischen Philosophie eine Person, die vier Grundansichten vertritt, welche als die „vier Siegel" bezeichnet werden. Es handelt sich gewissermaßen um die „Gütesiegel", durch die eine philosophische Sicht als eine buddhistische ausgewiesen wird.[3] Diese vier Kernthesen sind:

1. Alles Zusammengesetzte ist unbeständig.
2. Alle (durch Verblendung) befleckten Phänomene sind leidhaft.
3. Alle Daseinsfaktoren sind leer und ohne Selbst.
4. Nirvāṇa ist Frieden. Wir finden diese Grundsichtweisen in ähnlicher Form auch im Pāli-Buddhismus als die drei Daseinsmerkmale: Vergänglichkeit, Leidhaftigkeit, Nicht-Selbst.

Alles „Zusammengesetzte" bezeichnet alle Dinge, die aus Ursachen und Umständen bedingt entstanden sind. Diese sind unbeständig. Wir kennen das berühmte Wort des Buddha: „Alles, was entsteht, vergeht. Alles, was zusammenkommt, wird sich trennen."

„Befleckte" Phänomene sind jene Faktoren in unserer inneren und äußeren Lebenswelt, die mit den so genannten „Leidenschaften" (skt. *kleśas*) wie Unwissenheit und negativen Emotionen wie Begierde, Hass, Arroganz zusammenhängen. Alle Erfahrungen, die davon geprägt sind, sind im Kern leidhaft.

Ein weiterer wichtiger Satz im Buddhismus lautet, dass alle Daseinseinsfaktoren ohne Selbst sind. Ich habe bereits auf Nāgārjunas Lehren hingewiesen. Er interpretiert die Lehre des „Nicht-Selbst" in der Weise, dass den Dingen keinerlei Eigenexistenz (skt. *svabhāva*) innewohnt. Mit den Dingen sind natürlich nicht allein die äußeren Dinge gemeint, sondern im Wesentlichen unsere eigenen inneren Erfahrungen, vor allem unser Begriff des Ich, des Selbst. Die Sicht des Nicht-Selbst wird oft als die unterscheidende Philosophie des Buddhismus bezeichnet, durch die er sich von jenen anderen Religionen unterscheidet, die an eine beständige, unveränderliche Seele, an ein unabhängiges Selbst, im indischen Kontext an einen *ātman*, glauben.

---

3   Tib. *lta ba dkar btags kyi phyag rgya bzhi.*

„Nirvāṇa ist Frieden" bedeutet, dass Leidfreiheit mit der „Befriedung" der das Bewusstsein trübenden Leidenschaften durch Geistesschulung entsteht.

Im Buddhismus bedeutet Zufluchtnahme nicht bloßer Glauben. Der Glaube, das Anvertrauen an die Drei Juwelen, geht einher mit Erkenntnis, mit Vernunft. Das ist ein wichtiger Gesichtspunkt, den wir bereits hier am Beispiel der Vier Siegel erkennen können.

Die Zuflucht zu den Drei Juwelen ist ein entscheidendes Kriterium, das einen Buddhisten oder eine Buddhistin kennzeichnet. Was bedeutet also die Zuflucht? In den Texten werden häufig zwei innere Beweggründe für die Zufluchtnahme genannt: Furcht und Vertrauen.

An dieser Stelle liegt der Vorwurf nahe: Religionen machen dem Menschen Furcht, indem sie ihn mit seiner existenziellen Unsicherheit und Schutzlosigkeit konfrontieren, um ihn damit an sich zu binden. Denn als einzigen Ausweg verkünden sie ihm ihre exklusivistische Heilsbotschaft. Ohne Glauben an diese und ihren Verkünder gebe es keine Rettung. Das dadurch entstandene Abhängigkeitsverhältnis nutzen sie für materielle oder Machtinteressen aus. Das mag eine berechtigte Kritik sein, wenn wir die Geschichte der Religionen betrachten. Zweifellos ist Religion missbraucht worden. Ich bin aber davon überzeugt, dass dieses nicht der ursprüngliche Ansatz von Jesus, Buddha oder anderen Religionsstiftern war.

Um welche Furcht geht es? Im Buddhismus bezieht sich Furcht auf die Bedrohungen im „Daseinskreislauf", dem Saṃsāra. Der Grund der Furcht ist die Leidhaftigkeit, die unbefriedigende Natur unserer Existenz, sofern sie als saṃsārische Existenz stattfindet. Saṃsāra bedeutet im Kern eine Existenz in einem Kreislauf, der von Unwissenheit und anderen verblendeten Bewusstseinszuständen bestimmt wird – eine Lebensweise, die uns vom Dharma entfremdet, vom Dharma entfernt. Aus dieser Furcht vor den Bedrohungen des Daseinskreislaufs entsteht die Suche nach etwas, das uns Schutz bieten kann, woran wir uns halten können, worauf wir uns stützen können. Das Wort „Halten" hat eine wichtige Bedeutung, gerade in der Etymologie des Wortes Dharma. Zumindest in der Tradition wird die Herkunft des Wortes Dharma häufig auf die Sanskrit-Wurzel *dhara* (tib. *'dzin pa*) mit der Bedeutung „halten", „tragen", „stützen" zurückgeführt.[4] Hier geht es um das überzeugte Vertrauen, dass die Drei Juwelen – und vor allem der Dharma – vor den Gefahren des Daseins schützen können, sie werden also als Schutz verstanden.

Im Rahmen der Zufluchtnahme wird in den Texten ausführlich die Frage untersucht: Zuflucht aus welchen Zuständen wohin? Um welchen Zustand der Bedrohung geht es, aus dem man sich befreien möchte? In der Lehre von den Vier Edlen Wahrheiten sind es die ersten beiden Wahrheiten, die Wahrheiten vom Lei-

---

4   Diese Deutung findet man z.B. im tibetischen Kommentar zu Vasubandhus Abhidharmakośa von Chim Losang Drakpa (14. Jh.) im Zusammenhang mit der etymologischen Erklärung des Begriffs *abhidharma*: „Das Wort *dharma* (tib. *chos*) bedeutet hier ,Wirklichkeitsfaktor' und leitet sich von *dhara* (tib. *'dzin pa*), also ,halten' oder ,tragen' ab. Etwas ist in diesem Sinne ein *dharma*, weil die ihm eigenen Wesensmerkmale trägt." (mChim ston blo bzang grags pa: *Chos mngon pa gsal byed legs bar shad pa'i rgya mthso*)

den und von den Leidensursachen, die die unbefriedigende, bedrohliche Existenz im Saṃsāra ausmachen. Drei Ebenen des Leidens werden beschrieben:

1. Das Leid des Leidens, das wir als Schmerz psychischer oder körperlicher Art wahrnehmen. 2. Das Leid des Wandels. Dabei geht es um Erfahrungen von Glück, die nicht dauerhaft, tragfähig und nachhaltig sind und sich wieder in Frustration, neue Ängste, also Leiden umwandeln. 3. Das Leid der alles durchdringenden Bedingtheit. Dies bedeutet, dass alles, was in unserer Lebenswelt mit Unwissenheit, mit verblendeten Bewusstseinszuständen einhergeht und von diesen bedingt ist, notwendigerweise mit Leiden verbunden ist. In den Texten werden Vergleiche gegeben: Ganz gleich, wohin man sich auf der Spitze einer Nadel oder in einer Feuergrube bewegen mag, nirgends wird man Frieden finden können.

Die Leidensursachen sind also letztlich verblendete Bewusstseinszustände und Emotionen sowie die Handlungen (skt. *karma*, tib. *las*), die daraus hervorgehen. Solange wir unsere Existenz auf der Grundlage solcher *kleśas* und den daraus hervorgegangen *karmas* gestalten, ist sie im Kern leidhaft.

Religiosität als Mut zum Sein und drei Grundtypen existenzieller Angst

Da es bei dieser Veranstaltung auch um den interreligiösen Dialog geht, habe ich mich bei der Vorbereitung meines Vortrags an ein Seminar erinnert, das ich vor vielen Jahren in Religionswissenschaft belegt habe. Paul Tillich (1886–1965), der berühmte deutsche und später US-amerikanische Theologe und Religionsphilosoph, beschreibt Religion als „das Ergriffensein von dem, was uns unbedingt angeht". Diese Formulierung findet sich bei ihm in unterschiedlicher Weise immer wieder, so auch in seinem wahrscheinlich bekanntesten Werk *The courage to be* oder auf Deutsch *Der Mut zum Sein* (Tillich 1953),[5] das ich auch allen Studentinnen und Studenten empfehlen möchte. Darin beschreibt Tillich die existenziellen Grundbedrohungen unseres Daseins, denen kein Mensch ausweichen kann. Den Unterschied zwischen Furcht und Angst, der insbesondere in der Psychologie und Existenzphilosophie entwickelt wurde, muss ich an dieser Stelle nicht näher erläutern: In der Furcht haben wir eher ein konkretes Objekt, das uns in Unruhe versetzt und dem wir mit Mut entgegentreten können, um uns selbst von diesem Objekt oder das Objekt von uns zu entfernen oder die Situation zu verändern. Die Angst hat ein solches konkretes Objekt zunächst nicht; sie wird vielmehr, häufig unbewusst, durch die Grundbedrohungen unserer Existenz ausgelöst. Wir versuchen im Leben, diese Grundbedrohungen zu konkretisieren, um ein Objekt zu haben, mit dem wir umgehen können. Wir wollen also gewissermaßen die Angst in Furcht umwandeln, damit wir ihr begegnen können. Dies gelingt uns aber nur bis zu einem gewissen Grade; wir verdecken die existenzielle Angst, bleiben an der Oberfläche, setzen an der falschen Stelle an, scheitern. Philosophien und Religio-

---

5   Vgl. S. 124: „Glaube ist das Ergriffensein durch das, was uns unbedingt angeht, den Grund unseres Seins und Sinns. Und was Glaube ist, muss verstanden werden vom Verständnis des Mutes zum Sein aus. Mut ist Selbstbejahung des Seienden trotz der immer gegenwärtigen Drohung des Nichtseins."

nen, aber auch Ideologien, haben in unterschiedlicher Weise versucht, der Angst zu begegnen und sie in den Mut zum Sein hinein zu nehmen. Die rechte Weise und das rechte Maß von Individuation und Partizipation, also Selbstbestimmung und Teilhabe, sind zwei wesentliche Elemente dieses Mutes zum Sein. Paul Tillichs Buch handelt von der Geschichte dieser Versuche in der westlichen Philosophie und im Christentum.

Ich glaube, dass wir viele Elemente aus Tillichs Analyse auch im Buddhismus finden können. Solange wir uns nicht den Grundbedrohungen unserer Existenz stellen, sie annehmen und ihre Ursachen ergründen, bleiben wir im Kreislauf des Leidens verhaftet. Geburt, Altern, Krankheit, Tod, die Trennung von Geliebtem, die Konfrontation mit Unerwünschtem, die Unsicherheit, Unvorhersehbarkeit und Zufälligkeit unseres Lebens sind solche existenzielle Bedrohungen, denen wir nicht ausweichen können.

In diesem Zusammenhang sollte ich erwähnen, dass der Buddhismus sich natürlich nicht nur mit dem Leiden beschäftigt. Man diagnostiziert Leiden und die Ursachen, um es zu bewältigen und damit Glück, Wohlergehen zu erreichen. Das steht außer Frage. Aber es ist heute eine Tendenz zu beobachten, sich hier und da ein bisschen beim Buddhismus zu bedienen, was grundsätzlich kein Problem ist. Die Gefahr ist jedoch, dabei die Tiefe und die Ganzheitlichkeit des buddhistischen Ansatzes zu verlieren. Es ist zweifelhaft, ob die Grundfragen unserer Existenz auf dieser Ebene der Beschäftigung mit dem Buddhismus überhaupt noch berührt werden und ob das, was Paul Tillich als die Essenz von Religion bezeichnet, „das Ergriffensein von dem, was uns unbedingt angeht", noch entstehen kann.

Entsprechend Tillichs Darstellung der Grundtypen existentieller Angst wird unser Sein vom Nichtsein auf dreifache Weise bedroht: Auf der ontischen Ebene wird unser Leben relativ durch das Schicksal und absolut durch den Tod bedroht. Schicksal bedeutet hier die Zufälligkeit des Lebens, auf die Michael von Brück schon hingewiesen hat, die Ungewissheit durch Eintreten des Unvorhergesehenen, das wir nicht planen können. In letzter Konsequenz zeigt sich die ontische Bedrohung durch den Tod, die Vernichtung unserer Existenz. Zum zweiten erleben wir die Bedrohung des Seins durch das Nichtsein auch auf der geistigen Ebene. Hier ist Selbstbejahung des Menschen relativ bedroht von geistiger Leere und absolut von der Erfahrung der Sinnlosigkeit seiner Existenz. Zum dritten ist die sittliche Selbstbejahung ein wesentliches Bedürfnis für den Menschen. Die ethische Dimension spielt eine wichtige Rolle in unserem Leben. Was mache ich aus meinem Leben? Wie nutze ich mein Leben, um ihm einen Sinn zu geben? In diesen Fragen des rechten Handelns wird das Sein durch das Nichtsein auf relative Weise durch Schuld bedroht und auf absolute Weise durch die Erfahrung der Verdammung.

Alle drei Formen der Angst sind zu allen Zeiten im Menschen präsent, aber in verschiedenen Epochen sind unterschiedliche Ängste vorherrschend. Nach Tillich – er schrieb sein Buch in den 1950er Jahren – ist die in unserer gegenwärtigen Epoche dominante Bedrohung jene durch die Erfahrung von Leere und Sinnlosigkeit.[6]

---

6   Vgl. dazu Tillich 1953, S. 45ff. Ausschnitt: „Die Unterscheidung der drei Typen der
      Angst wird durch die Geschichte der abendländischen Kultur gestützt. Wir finden, dass

Der Mut der Selbstbejahung bedeutet, einen Weg zu finden, die verschiedenen Formen der Bedrohung durch das Nichtsein in unseren Mut zum Sein mit hinein zu nehmen. In der Religion stellt sich der Mensch bewusst diesen Fragen und findet Antworten. Der Mensch, der diesen Weg sucht, ist nach Tillichs Verständnis von Religion als Befasstsein mit „dem, was uns unbedingt angeht," im Grunde ein religiöser Mensch, auch wenn er vielleicht als Philosoph gilt.

Religiöse Sprache, Symbolik und Mythen

Da ich Paul Tillich erwähnt habe, möchte ich eine Zwischenbemerkung zur Rolle der Sprache, der Symbolik und der Mythen in dem Begreifen und der Kommunikation der spirituellen Wahrheit machen. Anlass ist ein Vortrag des Bewusstseinsphilosophen Prof. Thomas Metzinger (2010), den er erst vor einigen Tagen in Berlin gehalten hat. Darin betrachtet Metzinger Religion als Gegenteil von Spiritualität. Während Spiritualität eine mit intellektueller Redlichkeit zu vereinbarende Form der Wirklichkeitserkenntnis und Wirklichkeitserfahrung sei, sei Religion ein Aberglaube, ein Glaube an Mythen oder Wahnvorstellungen, die einer schlüssigen Erkenntnisgrundlage entbehren oder sogar wider besseres Wissen aufrecht erhalten werden. Hierauf könnte man mit einem Zitat von Paul Tillich antworten: „Die Sprache des Glaubens ist das Symbol. Ein Glaube, der seine Symbole jedoch wörtlich versteht, wird zum Götzenglauben. Er nennt etwas unbedingt, das etwas weniger ist als unbedingt. Der Glaube aber, der um den symbolischen Charakter seiner Symbole weiß, gibt Gott die Ehre, die ihm gebührt." Auch Michael von Brück hat deutlich darauf hingewiesen, dass Mythos, Symbolik, eine wichtige Rolle spielt in der Religion. Aber wir sollten nicht die Symbole mit dem verwechseln, worauf sie uns hinweisen oder wohin sie uns führen wollen.

Ein Zitat von Nāgārjuna drückt Ähnliches aus. Er sagt in seinen *Grundversen zum Mittleren Weg*:

> „Ohne sich auf die Konvention zu stützen,
> kann die höchste Wahrheit nicht gezeigt werden,
> und ohne zur höchsten Wahrheit gelangt zu sein,
> wird Nirvāṇa nicht erlangt." (24.10).

---

am Ende der antiken Kultur die ontische Angst vorherrscht, am Ende des Mittelalters die moralische Angst und am Ende des modernen Zeitalters die geistige Angst. Aber trotz der Vorherrschaft eines Typus der Angst sind auch die anderen gegenwärtig und wirksam." Ebd. S. 125: „Gewiss fehlt in unserer Zeit nicht die Angst des Schicksals und des Todes. Die Angst des Schicksals wuchs in dem Maße, in dem die schizophrene Spaltung unserer Welt die letzten Reste der früheren Sicherheit entfernte. Und die Angst der Schuld und Verdammung fehlen nicht. Es ist überraschend, welch ein Maß an Schuld-Angst in psychoanalytischer und persönlicher Beratung an die Oberfläche kommt. Die Jahrhunderte der puritanischen und bürgerlichen Verdrängung vitaler Strebungen haben fast ebensoviel Schuldgefühl erzeugt wie im Mittelalter die Drohung mit Hölle und Fegefeuer. Aber trotz dieser einschränkenden Betrachtung muss man sagen, dass die Angst, die unser Zeitalter bestimmt, die Angst des Zweifels und der Sinnlosigkeit ist. Man fürchtet, den Sinn der eigenen Existenz verloren zu haben oder ihn zu verlieren. Der Existenzialismus von heute ist der Ausdruck dieser Situation."

Nirvāṇa wurde zuvor als Frieden beschrieben. Dieser Aussage nach ist es das vierte der Vier Siegel. Der Frieden des Nirvāṇa ist das Heilsziel des Buddhismus. Nach der Interpretation des tibetischen Buddhismus geht es mit dauerhafter Glückseligkeit einher. Diese „Beglückung" ergibt sich aus der Erkenntnis der höchsten Wahrheit, die letztlich nicht ein bloßes intellektuelles Verstehen ist, sondern die Einheit mit der Wirklichkeit selbst. Die höchste Wahrheit frei von Illusion und Täuschung, die Erfahrung der Einheit mit ihr und der Weg dorthin sind der Dharma. Die höchste Wahrheit aber ist nur zugänglich, indem wir die Mittel der Konvention anwenden: Symbole und Sprache gehören dazu, Mythen, Erzählungen, aber auch philosophische Untersuchungen, also die „rechte Ansicht", die in Begriffen ausgedrückt wird. Zusammen mit der Verinnerlichung und der Wirklichkeitsschau in der Meditation machen all diese Mittel den Weg zur höchsten Wahrheit aus. Auch religiöse Rituale sind übrigens Teil dieses Weges, solange man ihre Bedeutung als Mittel auf dem Weg versteht. Wenn allerdings die Symbole, Worte, Begriffe und Rituale für wichtiger genommen werden als die Erfahrung der tieferen Wirklichkeit, die sie ermöglichen sollen, nennen wir „etwas unbedingt, das weniger ist als unbedingt" und verfehlen den Kern der religiösen Praxis.

Der Dharma als Zuflucht

Aus buddhistischer Perspektive könnten wir demnach sagen: Die Zuflucht ist das, worin wir Antworten auf diese Grundbedrohungen unserer Existenz finden und uns von ihnen sogar befreien können. Es bleibt die Frage: Zufluchtnahme wohin? Was kann eine verlässliche Zuflucht sein? Die Antwort darauf ist: der Dharma, der die letzten beiden der Vier Edlen Wahrheiten umfasst: die Wahrheit der Beendigung und die Wahrheit des Pfades. Innerhalb der Drei Juwelen ist der Dharma die eigentliche Zuflucht. Der Buddha ist eine Zuflucht, weil er diesen Dharma selbst gefunden und erfahren hat und ihn verlässlich lehrt. Die geistige Gemeinschaft ist eine Zuflucht, weil sie hilft, den Dharma zu verwirklichen. Aber nur durch die Annäherung an den Dharma selbst, den der Buddha als Lehrer und die Gemeinschaft durch ihre Unterstützung und ihr Vorbild nur vermitteln, kann der Praktizierende die Grundbedrohungen seiner Existenz selbst bewältigen.

Aber was bedeutet Dharma? Ich möchte dazu einen Vers der Verehrung des Dharma nennen, der als Teil buddhistischer Rituale häufig gemeinsam rezitiert wird, vor allem zu Beginn von klassischen Erklärungen des Dharma:

> „Ich verneige mich vor dem Dharma, der Friede ist,
> der durch seine Reinheit von Begehren frei ist,
> der durch seine Tugend vom leidvollen Dasein befreit
> und der einzig der höchste Sinn ist."

Dieser Vers lässt erahnen, was mit dem Dharma-Begriff gemeint ist. Es geht um den höchsten Sinn, die höchste Wahrheit, die eigentliche Wirklichkeit, die nicht getrübt ist durch Unwissenheit, Verblendung, Gier, Hass und andere Trübungen des Geistes. Durch Unwissenheit halten wir fest an vermeintlichem Glück, an

Sicherheit und Sinn verheißenden Dingen und Zielen im Leben, aber auch an Vorstellungen und Meinungen, welche keinen echten Halt bieten können, weil sie mit dem Dharma – der Wirklichkeit – nicht in Einklang stehen. Was mit der Wirklichkeit des Dharma nicht in Einklang steht, ist auch nicht geeignet, vor den Grundbedrohungen unserer Existenz zu bewahren. Sich dem Dharma zu nähern und sich mit ihm immer mehr im Denken, Fühlen, Handeln in Einklag zu bringen ist der Weg und das Ziel des Buddhismus.

Der Begriff des Dharma steht für Wahrheit und für moralische Integrität. Der amerikanische Mönch Bhikkhu Bodhi beschreibt den Dharma als „das übergeordnete Gesetz der Wahrheit und der Rechtschaffenheit." Ich hatte zuvor schon erwähnt, dass das Sanskrit-Wort *dharma* in der indischen und tibetischen Kommentarliteratur etymologisch so erklärt wird, dass es sich von der Wurzel *dhara* ableitet, mit der Bedeutung des Haltens und Tragens. Im Gebrauch hat das Wort Dharma vielfältige Bedeutungen. Nach einer traditionellen Auflistung werden zehn Bedeutungen aufgeführt, die ich hier nicht alle nennen will.[7]

Ich habe beispielhaft in einem klassischen indisch-buddhistischen Text, in den *Vierhundert Versen* des indischen Meisters Āryadeva (2./3. Jh., vgl. 2007) alle Stellen herausgesucht, in denen er das Wort *dharma* benutzt. Als ich das Werk aus Anlass von mündlichen Erläuterungen des Dalai Lama dazu vor einigen Jahren übersetzen musste, habe ich für das Ursprungswort *dharma* je nach Kontext (und nach Konsultation einiger klassischer indischer und tibetischer Kommentare) unterschiedliche Übersetzungen gewählt. Um einen Eindruck von der vielfältigen Bedeutung des Begriffs zu bekommen, kann es interessant sein, die einzelnen Textbeispiele im Vergleich anzuschauen und zu versuchen, aus dem Zusammenhang heraus eine jeweils passende Übersetzung zu finden. In den folgenden Passagen lag dem fettgedruckten Begriff immer dasselbe Wort *dharma* im Original zugrunde:

> „Wenn das, was sie als ‚Regieren‘ bezeichnen, die **moralische Pflicht** von Herrschern ist, warum sollten die leidbehafteten Arbeiten von Handwerkern wie Waffenschmieden nicht ebenfalls ihre moralische Pflicht sein? (86)

> Ein kluger Mensch erwirbt keine Königsherrschaft. Denn weil sie unbarmherzige Toren sind, verweilen diese Herren der Menschen, obwohl sie sich als Beschützer geben, dennoch nicht im **Gesetz**, wenn ihnen die Liebe fehlt. (88)

> Einst beschützten tugendreine Herrscher die Welt wie ihr eigenes Kind. Doch heute wird sie von jenen, die den **Sitten** des Zeitalters des Streites folgen, zu einer unbewohnbaren Wildnis gemacht. (90)

---

7 Geshe Thubten Ngawang nennt zehn Bedeutungen von Dharma, die auf Vasubandhus Schrift *Vyākhyāyukti* (tib. *rNam par bshad pa'i rigs pa*) zurückgeführt werden: 1. Bewusstseinsobjekt, 2. spiritueller Pfad, 3. Nirvāṇa, 4. Objekt des geistigen Bewusstseins, 5. religiöse Schrift, 6. religiöse Tradition, 7. (geistiges) Verdienst, 8. Leben, 9. aus den Grundelementen Entstandenes, 10. (von gesicherter Erkenntnis) Festgestelltes. (Unterrichtsunterlagen zum Systematischen Studium des Buddhismus am Tibetischen Zentrum e.V., Hamburg, 3. Semester, 1988: 11ff.)

Manche weltlichen Sitten werden wie ein **moralisches Gesetz** befolgt. So sind die weltlichen Gepflogenheiten offenbar noch mächtiger als die Wahrheit des **Dharma**. (169)

Die mit geringen Verdiensten geraten bezüglich dieser **Lehre** [von Leerheit und Abhängigem Entstehen] nicht einmal in Zweifel. Wer jedoch nur schon eine skeptische Haltung einnimmt, erschüttert die Grundfesten des Daseinskreislaufs. (180)

Die Unkundigen sind zweifellos nur mit jenen Dingen vertraut, die sie binden; und sie fürchten den **Dharma**, der sie befreien kann, weil sie nicht damit vertraut sind. (284)

Die **Lehren** der Drei, des Śākyamuni, des nackten Asketen und des Brahmanen, werden jeweils vom Geist, von den Augen und von den Ohren erfasst. Die Lehrtradition des Muni ist daher die subtilste. (294)

Doch so wie die Leiden [,die sich die nackten Asketen zufügen,] ein aus der Tat gereiftes Resultat und daher kein **Dharma** sind, so ist auch die Geburt [als Brahmane] ein aus der Tat gereiftes Resultat und folglich kein **Dharma**. (297)

Ein Objekt, das zuvor schon gesehen wurde, wird vom Bewusstsein erfasst, wie eine Luftspiegelung. Jenen Faktor, der alle **Bewusstseinsobjekte** bestimmt, nennt man das Aggregat der Unterscheidung." (322)

Die Rolle der Philosophie auf dem buddhistischen Weg

Zu Beginn habe ich erklärt, wie ein Buddhist neben dem Gesichtspunkt der Zuflucht auch von der Ansicht her definiert werden kann. Daran anknüpfend möchte ich zum Abschluss noch kurz auf die Notwendigkeit der „rechten Sicht" eingehen. Dazu eine kurze Textpassage aus der bereits erwähnten Doxographie des tibetischen Autors Gonchok Jigme Wangpo:

„Jemand, der nicht nach den Annehmlichkeiten dieses Lebens wie Besitz, Ruhm und schönen Worten trachtet, sondern von Herzen die Befreiung anstrebt, muss sich bemühen, jene Mittel anzuwenden, die zu einem tiefen Verständnis der unverblendeten Sicht des Nicht-Selbst führen. Denn mit Tugenden wie Liebe, Mitgefühl und dem altruistischen Streben nach Erleuchtung allein – wie sehr man diese auch üben mag – kann man die Wurzel des Leidens nicht von Grund auf vernichten, solange man die tiefgründige Sichtweise nicht entwickelt."

Der Autor zitiert dazu einen Vers aus einem Text zur Meditationspraxis von Tsongkhapa Losang Drakpa (1357–1419):

„Wenn dir die Weisheit fehlt, die die Wirklichkeit erkennt,
so vermagst du die Wurzel des Daseinskreislaufs nicht zu vernichten,
selbst wenn du die Entsagung und den Erleuchtungsgeist eingeübt hast.
Mache daher Anstrengungen in den Mitteln, das Abhängige Entstehen zu erkennen."[8]

---

8 Tsongkhapa: Die Drei Hauptaspekte des Pfades *(Lam gtso rnam gsum)* (Wangpo 1989).

Dem Buddha wird das folgende Zitat zugeschrieben, in dem er seine Nachfolger ermahnt, seine Lehre nicht aus Respekt anzunehmen, sondern weil sie diese gründlich überprüft haben:

> „So wie der Goldschmied das Gold erst dann verarbeitet,
> wenn er es durch Reiben, Brennen und Schneiden sorgfältig geprüft hat,
> so mögen auch die Bhikṣus und Weisen meine Lehre
> nach sorgfältiger Prüfung annehmen und nicht aus Respekt."[9]

Aber wie kann man die Lehre überprüfen? Ein wesentliches Mittel der Überprüfung ist, neben der Erfahrung, natürlich die Philosophie. Besonders wird darauf hingewiesen, dass wir zwar das Offensichtliche mit direkter Wahrnehmung erkennen können, aber die tiefer gehenden Schichten unserer Existenz und Wirklichkeit sich zunächst unserer unmittelbaren Anschauung entziehen. Es wird von der Ebene der „verborgenen Erkenntnisgegenstände" gesprochen. Deshalb sind wir zum Verständnis und zur Überprüfung so zentraler buddhistischer Lehren wie zum Beispiel über die subtile Vergänglichkeit oder das Nicht-Selbst auf Schlussfolgerungen im Rahmen philosophischer Untersuchungen angewiesen. Diese müssen auf Argumenten basieren, die schlüssig sind und die sich in der Erfahrung bewähren und bestätigen. Sie dürfen also weder von anderen rationalen Erkenntnissen noch von der Erfahrung entkräftet werden. Nach dem Selbstverständnis der tibetisch-buddhistischen Tradition handelt es sich hier um eine Ebene rein philosophischer Erkenntnisse, die keinen Glauben beinhalten, sondern auf „Argumenten kraft der Wirklichkeit" beruhen. Deshalb werden die Erkenntnisgegenstände dieser Ebene in manchen Texten auch als „leicht verborgen" bezeichnet.

Es wird darüber hinaus noch eine Ebene „äußerst verborgener Erkenntnisgegenstände" beschrieben. Es ist interessant, sie im Zusammenhang mit unserer Fragestellung, ob Buddhismus eine Religion oder eine Philosophie sei, etwas näher zu betrachten, weil der Zugang zu ihnen mit Glauben verbunden ist. Ein klassisches Beispiel ist die Lehre von Karma. Die Details des Zusammenhangs, dass ein bestimmtes Ereignis im Leben eines Menschen (z.B. materieller Reichtum) auf eine bestimmte Tat (einen Akt des Gebens) zu einem bestimmten Zeitpunkt, etwa in einem früheren Leben, zurückzuführen ist, lassen sich für einen Nicht-Buddha weder rational noch empirisch erkennen und Aussagen darüber mit den Mitteln der Logik oder der Empirie nicht nachweisen. Hier hat der Buddhismus also ein Problem: Wie kann der Anspruch aufrechterhalten werden, dass sein Weg zum Erwachen nicht auf Glaubenssätzen, sondern auf überprüfbarer Erkenntnis beruht?

Buddhistische Philosophen haben sich mit dieser Frage auseinandergesetzt. Die wichtigste Antwort ist, dass jene Anteile in der Lehre des Buddha, die sich auf die „äußerst verborgene" Erkenntnisebene beziehen, von sekundärer Bedeutung sind. Das gilt ausdrücklich für das Karma-Gesetz: Es zu befolgen, ist wichtig, um das vorläufige Glück im Daseinskreislauf zu erlangen, etwa eine gute Wiedergeburt, aber dadurch allein kann die Befreiung aus der grundlegend leidhaften Situation des Saṃsāra nicht verwirklicht werden. Befreiung ergibt sich

---

9   Obwohl der Vers in der tibetischen Tradition sehr häufig zitiert wird, habe ich noch keinen Quellenverweis auf die kanonischen Texte gefunden.

vielmehr aus Erkenntnissen, die nicht auf Glauben, sondern den „Argumenten kraft der Wirklichkeit" beruhen und sich somit philosophisch gesichert begründen lassen. Zentral für die Befreiung ist die Einsicht in das Nicht-Selbst. Sie ist aber keine Frage des Glaubens, sondern Ergebnis philosophischer Redlichkeit. Diese Vorgehensweise empfiehlt Āryadeva in den *Vierhundert Versen:*

> „Wer über die verborgenen Inhalte innerhalb der Lehre des Buddha im Zweifel ist, der sollte sich [der Lehre von der] Leerheit zuwenden und sein Vertrauen ganz darauf stützen." (280)

Eine weitere Antwort besagt, dass Überzeugungen auch dann entstehen können, wenn man sich auf Aussagen einer anderen Person stützt, sofern sie die Bedingungen der Glaubwürdigkeit erfüllt. Diese Hilfe muss man in Anspruch nehmen, wenn die eigenen Erkenntnismittel nicht ausreichen. Eine Bedingung für die Glaubwürdigkeit ist, dass die Aussage, auch wenn man sie nicht positiv beweisen kann, doch zumindest keinen anderen gesicherten Erkenntnissen widerspricht. Das Karma-Gesetz zum Beispiel, das der Buddha gelehrt hat, findet man im Einklang mit dem übergeordneten Gesetz von Ursache und Wirkung. Ein weiterer Test ist, ob der Sprecher sich durch Aussagen, die er an anderer Stelle gemacht hat, selbst widerspricht. Außerdem hinterfragt man die Motivation des Sprechers. Hätte er einen Grund für eine bewusste Täuschung oder zumindest eine bloße ungesicherte Behauptung? Auch prüft man den Weg zur Erkenntnis, den der Sprecher selbst durchlaufen hat. Kann er auf dem Gebiet, über das er eine Aussage macht, eine Autorität sein? Es sind die gleichen Fragen, die wir uns stellen, wenn wir uns für ein Urteil über ein Ereignis, von dem wir selbst keine gesicherte Erkenntnis haben können, auf die Aussagen eines Zeugen verlassen. Es gibt aber selbst in der buddhistischen scholastischen Tradition Diskussionen darüber, ob solche Schlussfolgerungen, die auf Glauben oder besser auf dem Argument der Glaubwürdigkeit beruhen, tatsächlich als verlässliche Erkenntnismittel gewertet werden können. Da solche „Argumente des Glaubens" aber für jene zuvor genannten Erkenntnisse, die für den Heilsweg im Buddhismus zentral sind, gar nicht nötig sind, ist die Frage letztlich für den Weg zur Befreiung nicht entscheidend.

Zusammenfassend lässt sich sagen: Der Buddhismus, zumindest in der indisch-tibetischen Tradition, wie ich sie kenne, versteht sich als ein zusammenhängendes System von Grundlage, Pfad und Resultat. Die Grundlage ist das Verständnis unserer Lebenswirklichkeit. Diese zu erkennen und zu beschreiben ist Aufgabe der Philosophie im Buddhismus. Der Buddhismus ist ein Weg, eine Methode, die uns zum Dharma hinführen soll. Erwachen oder Erleuchtung (skt. *bodhi*, tib. *byang chub*) ist die vollkommene Erkenntnis und Verinnerlichung des Dharma. Im Kern bedeutet Erwachen die ungetäuschte Erkenntnis der Wirklichkeit. Entsprechend ist auch der Weg zum Erwachen ein Entwicklungsprozess, der im Kern auf Erkenntnis beruht. Philosophische Untersuchungen sind deshalb ein wichtiges Instrument sowohl, um die Erkenntnis zu gewinnen, als auch, um sie verständlich beschreiben und vermitteln zu können. Und indem der Buddhismus sich als Philosophie präsentiert, stellt er sich auch der kritischen philosophischen

Diskussion. Ebenso enthält der buddhistische Weg zweifellos aber auch Elemente, die wir dem Bereich der Spiritualität und der Religion zuordnen können.

Der Dalai Lama betont immer wieder, dass der Buddhismus unterschiedliche Anteile hat, die wir als Wissenschaft, als Philosophie und als Religion verstehen können.

Zum Schluss möchte ich Ihnen dieses Bild einer Fledermaus zeigen. Es hängt mit einer tibetischen Geschichte zusammen. Die Fledermaus ist nämlich sehr klug. Sie hat Flügel und sie hat Zähne. Wenn nun der Steuereintreiber der Vögel kommt, zeigt die Fledermaus ihre Zähne und sagt: „Sieh her, ich gehöre zu den Nagetieren, nicht zu den Vögeln." Wenn aber der Beamte der Nagetiere die Steuer eintreiben will, zeigt die Fledermaus ihre Flügel und entgegnet: „Wie Du siehst, gehöre ich zu den Vögeln und nicht zu den Nagetieren." Auch die Vertreter des Buddhismus nehmen gern verschiedene Rollen an. Sie unterhalten sich gerne mit Wissenschaftlern, aber auch mit Philosophen, und ebenso gern tauschen sie ihre Erfahrungen mit anderen Religionen aus. Und jedes Mal präsentieren sie den Buddhismus gern von einer Seite, die in die jeweilige Familie hineinpasst.

Transkription des Vortrags: Iris Zeume

Literatur

Āryadeva: *Die 400 Verse über die Übungen auf dem Weg zur Erleuchtung* (*Catuḥśataka*, tib. *bZhi rgya ba*). Unveröffentlichte Übersetzung von C. Spitz und B. 2007. Hamburg: Schweiberer.

Hopkins, J./ Geshe Lhundup Sopa 1989. *Cutting through Appearances. The Practice and Theory of Tibetan Buddhism*. Ithaka/New York: Snow Lion.

Löffler, W.2006: *Einführung in die Religionsphilosophie*. Darmstadt: Wissenschaftliche Buchgesellschaft.

Metzinger, Th. 2010. *„Spiritualität und intellektuelle Redlichkeit. Wahrhaftigkeit, wissenschaftliche Rationalität und das philosophische Projekt der Selbsterkenntnis"*. Vortrag auf dem Kongress „Meditation und Wissenschaft" in Berlin, 26.–27.11.2010. http://www.meditation-wissenschaft.org/dokumentation-kongress-2010.html.

Tillich, P. 1953. *Der Mut zum Sein*. Stuttgart: Steingrüben.

Wangpo, G. J. 1989. *Kostbarer Kranz der Lehrmeinungen* (*dKon mchog 'jig med dbang po: Grub mtha' rin chen 'phreng ba*), übersetzt von J. Hopkins und G.L. Sopa: *Cutting through Appearances. The Practice and Theory of Tibetan Buddhism*. Ithaka/New York.

Weber-Brosamer, B. & Back, D. M. 1997. *Die Philosophie der Leere. Nāgārjunas Mūlamadhyamaka-Kārikās Übersetzung des buddhistischen Basistextes mit kommentierenden Einführungen*. Wiesbaden: Harrassowitz.

Michael Zimmermann

Der Buddhismus – mehr als Religion und Philosophie

Wie gerade schon von Christof Spitz hervorgehoben wurde: Die „Schlupflöcher" für Stellungnahmen zur Frage, ob der Buddhismus Religion oder Philosophie sei, werden immer weniger. Viele wesentliche Aspekte wurden schon benannt, und so bleibt von meiner Seite nicht allzu viel hinzuzufügen. Im Folgenden werde ich mich daher auf einige wenige Punkte beschränken.

Geradewegs zum Thema: Ich bin der Ansicht, dass der Buddhismus weder allein Religion noch Philosophie ist, sondern beide Komponenten deutlich in sich trägt, so wie das in den zwei vorangehenden Vorträgen von Herrn Professor Michael von Brück und Herrn Christof Spitz bereits auch klar zum Ausdruck gebracht wurde. Zum einen gibt es da die nicht gerade einfache Frage, was eigentlich unter Religion und Philosophie zu verstehen sei. Sie haben dies in dem Vortrag des Kollegen von Brück gehört. Während es in der Frage der Philosophie vielleicht noch ein wenig einfacher zu bestimmen ist, um was es bei der Philosophie eigentlich geht, ist man im Bereich der Religion, nämlich bei der Frage des Religionsbegriffes, auf einem viel schwierigeren Pflaster. Ob man nun versucht, Religion substanziell oder funktionell zu bestimmen: der alte Diskurs in der Religionswissenschaft, wie Religion zu definieren sei, ist bis heute noch zu keinem befriedigendem Ergebnis gekommen. Das ist auch kaum zu erwarten, gehen doch die Ideen und Ansätze in einem erst seit relativ kurzer Zeit die gesamte Vielheit von religiösen Erscheinungsformen in West *und* Ost ernst nehmenden religionswissenschaftlichen Diskurs in ganz unterschiedliche Richtungen.

Ein anderer Punkt, für dessen Einbringung ich Christof Spitz überaus dankbar bin, ist die Frage der Wahrnehmung einer bestimmten Religionsgruppe durch sich selbst. Ich glaube, sein Vortrag hat in grandioser Weise deutlich werden lassen, dass eine strikte Trennung in Religion und Philosophie, von der wir – wieder einmal betrachtet aus westlicher Perspektive und so auch in diesem Panel – ja irgendwo ausgehen, in dieser Weise in der Selbstwahrnehmung der Buddhisten gar nicht zum Tragen kommt. Natürlich sollte man sich als Religionswissenschaftler bei dieser Fragestellung auch die Mühe machen, sich mit der Selbstwahrnehmung und der eigenen Einschätzung der Repräsentanten des Buddhismus auseinanderzusetzen. Und wenn man von deren Sichtweise ausgeht, so scheint eine Differenzierung in Religion auf der einen Seite und Philosophie auf der andern doch alles andere als natürlich. Dafür, dass uns Christof Spitz dies aus der Tradition heraus in anschaulicher Weise vor Augen geführt hat, gebührt ihm unser aller Dank.

Es gibt bis zum heutigen Tag die Tendenz – und auch das ist in dem Referat des Kollegen von Brück zur Sprache gebracht worden – alle anderen Religionen als die abrahamischen Religionen noch immer nicht als vollwertige Religionen anzuerkennen. Man hört solches in regelmäßigen Abständen beispielsweise aus Rom. Es erstaunt dann doch sehr, wenn es da heißt, der Buddhismus sei wegen des Fehlens eines Gottes keine Religion. Es ist deutlich, dass wir im Westen – aus der Geschichte heraus bedingt – bis heute Schwierigkeiten damit haben, mit anderen Religionen als den beiden großen maßgeblichen christlichen Denominationen auf gleicher Augenhöhe zurechtzukommen. Auf diesem Hintergrund ist es eher verständlich, dass es durchaus starke Tendenzen gibt, den Buddhismus als eine Philosophie und nicht als eine vollwertige Religion verstehen zu wollen.

Später – und auch das hat Herr von Brück deutlich gemacht –, vor allem im Zuge der britischen Kolonialisierung von Sri Lanka, dem damaligen Ceylon, und dem damit verbundenen Zusammentreffen des Buddhismus mit einer als deutlich überlegen wahrgenommenen Kulturströmung des Westens und damit einhergehend auch mit einer als überlegen wahrgenommenen Religion, dem Christentum, entstand in den buddhistischen Gemeinschaften der Wunsch, sich dieser als neu und fortschrittlich empfundenen Zeit anzupassen. Dies hatte zur Folge, dass viele der Elemente, die man in der eigenen Religion zuvor als positiv wahrgenommen oder unreflektiert tradiert hatte, nun als eher negativ, rückständig oder gar „abergläubisch" empfunden wurden und man daran ging, sie abzuwerten oder gar aufzugeben. Man stand unter dem Einfluss des Strebens nach einer Rationalisierung von Religion, ganz im Sinne des Protestantismus der britischen Kolonialherren, so wie er zu dieser Zeit eben vertreten wurde. Folglich traten im Zuge dessen die mystischen und nicht-rationalen Aspekte des Buddhismus eher in den Hintergrund. Der Buddhismus wurde auch aus diesem Grunde primär als eine Philosophie und Wissenschaft wahrgenommen und nicht so sehr als eine Religion. Zum Glück gehören die Zeiten dieser westlich-kolonialen Bevormundung und Dominanz immer mehr der Vergangenheit an.

Im Folgenden möchte ich den einen oder anderen historischen Aspekt aus der Buddhismusforschung selbst beisteuern, durch den ein noch differenzierteres Licht auf die Frage geworfen werden kann, ob der Buddhismus eine Religion oder Philosophie sei. Ich denke, mit einiger Bestimmtheit sagen zu können, dass sich Historiker auf dem Gebiet der Buddhismusforschung weitgehend einig sind, dass der Buddha in erster Linie ein Heilspragmatiker war. Das soll heißen, dass er denjenigen Belehrungen und Anweisungen Vorrang gab, die die spirituellen und ethischen Verhaltensregeln zum Inhalt hatten, die von den Anhängern eingeübt werden sollten. Im Einzelnen standen also Aspekte der direkten Heilsrelevanz im Vordergrund und nicht abstrakte Spekulationen oder die philosophische Auseinandersetzung um ihrer selbst Willen. Belege dafür findet man zum Beispiel in einigen Lehrreden das Pāli-Kanon, also einer der ältesten Sammlungen buddhistischer Lehrreden, die uns heute erhalten sind. In diesen Lehrreden weigert sich der Buddha, auf bestimmte Fragen Antworten zu geben. Die entsprechenden Lehrreden kennen die meisten von Ihnen vielleicht. Es wird dort beispielsweise gefragt, was mit einem Tathāgata, also einem Erwachten, passiere, wenn er ins Nirvāṇa eingehe; ob er dann existiere oder nicht; ob die Welt ewig sei oder nicht, und Ähnliches (siehe z. B. das *Abyākatasaṃyutta)*. Es gibt einen ganzen Komplex an Fragen, den der Buddha in den im Pāli-Kanon geschilderten Dialogen unbeantwortet lässt. Das sind zumeist Fragen, deren Beantwortung in den Bereich der philosophischen Spekulation führen würde.

Ein weiteres Beispiel für die pragmatische Orientierung der frühen Lehrreden, das die meisten unter Ihnen wohl auch kennen werden, ist das Gleichnis vom vergifteten Pfeil (siehe *Cūḷamālunkya Sutta)* Die Geschichte handelt von einer Person, die von einem mit Gift beschmierten Pfeil getroffen wird, den zu entfernen ein Arzt gerufen worden ist. Die verletzte Person würde aber der Entfernung des Pfeils erst dann zustimmen wollen, wenn Antworten zu einer ganzen Reihe von Fragen gegeben worden wären, nämlich ob der Mann, der den Pfeil abgeschossen hätte, klein-, mittel- oder großwüchsig sei; in welchem Dorf oder in welcher Stadt der Mann lebe; aus welchem Material der Bogen, mit dem der Pfeil abgeschossen worden war, hergestellt sei; von welchem Vogel die Federn stammen, die am Pfeil befestigt waren, u.s.w. Der Verletzte würde natürlich sterben, wenn man sich erst der Recherche und Beantwortung all dieser Fragen zuwenden würde. Diese Geschichte wird dann parallel zur buddhistischen Lehre wie zu erwarten im obigen Sinne ausgedeutet. Bei der Lehre geht es also allein um Erlösung, um Heilsgewinn, und nicht um philosophische Spekulation und damit einhergehende interessante, aber eben nicht heilsrelevante Fragen. Philosophische Spekulation hier also als ein zwar interessanter, aber vom eigentlich Wesentlichen wegführender Zeitvertreib mit einer zudem gleichnishaft lebensgefährlichen Dimension.

Soweit also zur Gründerfigur, dem Buddha Gautama. Sie kennen wahrscheinlich auch die Problematik um seine Person, nämlich dass wir genau gesehen gar nicht richtig wissen, was er lehrte. Dies jedoch sollte uns hier nicht näher beschäftigen, denn ich denke, dass diese theorieabgeneigte, pragmatisch auf das Heil zielende Stimme in der Tat eine mehr oder weniger wichtige ist, die aus dem Pāli-Kanon spricht und sich mit der Grundstimmung der historischen Persönlichkeit des Buddhas Gautama in Verbindung bringen lässt.

Diese frühe Gewichtung und Ausrichtung innerhalb der buddhistischen Lehre hat, so meine ich, in der Geschichte des Buddhismus bis heute dazu geführt, dass es in ihm oder zumindest in vielen seiner Schulen eine „Dominanz des Pragmatischen" gibt, was darin zum Ausdruck kommt, dass der eigentliche Erlösungsweg im Vordergrund steht und höher bewertet wird als der Gewinn philosophischer Erkenntnis. Wenn Sie sich die Anschauungen des renommierten Buddhismusforschers Lambert Schmithausen vor Augen halten, der über Jahrzehnte hier in Hamburg gelehrt hat, so scheint seine Grundannahme in eine ähnliche Richtung zu gehen. Seiner Meinung nach lassen sich wesentliche philosophische und scholastische Spekulationen im Buddhismus erst späteren Entwicklungsstufen zuordnen (Schmithausen 1973, 161ff.). Diese Ansicht hat in der Buddhismuskunde inzwischen weite Verbreitung gefunden. Es ist natürlich ganz richtig, dass es, wie Herr von Brück erwähnte, Ansätze zur philosophischen Spekulation bereits in den frühen kanonischen Schriften des Buddhismus gibt. Es handelt sich dabei um kleine Begriffsreihen, so genannte *mātṛkas,* die als eine Vorform späterer scholastischer Kategorisierungsversuche aufgezählt werden. Im Grunde sind all die Anstrengungen, die Lehren des Buddha zu systematisieren, zu harmonisieren und sie metaphysisch zu deuten, Entwicklungen, die erst Jahrhunderte nach ihm zur Blüte gekommen sind. Und selbst in diesen späteren Systematisierungsversuchen scheinen viele Lehren im Grunde immer noch primär auf die Heilsrelevanz ausgerichtet zu sein.

Sicher haben Sie auch schon davon gehört, dass Wissenschaftler heute den Buddhismus als eine Orthopraxie bezeichnen – im Gegensatz zu einer Orthodoxie, in der ja bestimmte Dogmen und Glaubensgrundsätze im Vordergrund stehen.

In der Tat legt der Buddhismus wohl mehr Wert auf das Verhalten, die Praktiken und Übungen als auf bloße Glaubensbekenntnisse, wie sie uns aus der christlichen Tradition bekannt sind. Das ist allerdings ein Punkt der vielleicht im nächsten Panel noch eine Rolle spielen wird, wo es ja darum gehen wird, wer denn eigentlich ein Buddhist ist und ob man denn gleichzeitig Buddhist und Christ sein kann. Vielleicht stellt sich am Ende gar heraus, dass, gemessen an ihren Taten, die besten Buddhisten die Christen sind? Für viele Buddhisten steht die eigene Erfahrung, das eigene religiöse Erleben im Vordergrund. Zumindest ist das einer der wichtigen Punkte, die man in buddhistischen Gruppen hier im Westen immer wieder hört.

Selbstverständlich – und auch da bin ich ganz auf einer Linie mit meinen Vorrednern – gibt es innerhalb des buddhistischen Spektrums eine kaum überschaubare Vielfalt an Anschauungen und Ausrichtungen, und man muss entsprechend vorsichtig sein, wenn man verallgemeinernde Schlüsse zieht. Lassen Sie mich trotzdem den oben genannten Punkt noch einmal zusammenfassen: Ich denke, der Buddhismus hatte in seinem Ansatz, wenn man von seinem Stifter, dem Buddha Gautama ausgeht, relativ wenig Interesse an philosophischer Spekulation, sondern war ganz ausgerichtet auf die wirklich wichtigen Fragen mit Bezug auf die Erlangung des soteriologischen Heils. Ich denke, dass dieser Punkt bis heute ein wichtiges Erbe des Buddhismus darstellt. Die Philosophie hält natürlich irgendwann Einzug in den Buddhismus, und das beginnt nicht erst, als der Buddhismus die Grenzen Indiens überschreitet, sondern natürlich bereits in Indien selbst. Er wird dort, etwa ab dem fünften oder sechsten Jahrhundert, zu einer das indische Geistesleben dominierenden philosophischen Größe, geboren aus dem Interesse an einer Analyse und einer Systematisierung der Lehren des Buddhas.

Noch einen letzten Punkt möchte ich hier kurz anreißen: Ich denke, wir sollten uns davor hüten zu versuchen, den Buddhismus auf irgendeine handliche Formel zu reduzieren. Jede Art von Reduktionismus tut seinen vielfältigen kulturellen, religiösen und philosophischen Erscheinungsformen nicht gut. Ich glaube, dass man auch in diesem Sinne den Buddhismus nicht auf eine Philosophie reduzieren sollte. Sie kennen vielleicht die Bewegung der japanischen „Kritischen Buddhisten" (*hihan bukkyō*), eine in akademischen Kreisen entstandene Gruppierung, die sich Ende der 90er Jahre in Japan vehement zu Wort meldete und sich selbst als eine Art Reformbewegung verstand. Sie versuchte, den Buddhismus in Japan aus seiner in der jüngeren Geschichte wenig kreativen und eher passiven Haltung wieder zum Erwachen zu bringen (Hubbard 1997). Die traditionellen japanischen buddhistischen Schulen sind bis heute in erster Linie den Bestattungszeremonien und Totenkulten zugewandt und erwirtschaften auf diesem Gebiet einen erheblichen Teil ihrer Einnahmen, sodass man in Japan auch ganz offen von einem buddhistischen „funeral business" spricht. Diese Verengung des Spektrums buddhistischen Engagements ist nicht nur aus Sicht der Kritischen Buddhisten äußerst bedauerlich. Der Kritische Buddhismus hat dann aber versucht, die Ursachen für diese Entwicklung auf eine aus seinem Verständnis fehlerhafte Abweichung vom eigentlichen kritischen Geist des Buddhismus zurückzuführen. Ihrer Meinung nach muss sich jede Form eines „wahren" Buddhismus in Vergangenheit und heute an zwei philosophischen Grundpositionen messen lassen: der Lehre vom Nicht-Ich und der Lehre vom Entstehen in Abhängigkeit. Es wurden also philosophische Prüfsteine gesetzt, die zum bestimmenden Merkmal dessen werden sollten, was als Buddhismus zählen darf, und was nicht – was also zwar im Gewande des Buddhismus daherkommt, in Wirklichkeit aber den Anforderungen der philosophischen Grundpositionen nicht standhält. Für die Kritischen Buddhisten fiel damit der allergrößte Teil des japanischen Buddhismus durch das Raster. Sie erkannten ihm den Status, „wahrer" Buddhismus zu sein, einfach ab.

Dieser Ansatz ist, das kann man heute wohl sagen, gründlich misslungen und er musste auch misslingen, denn der Buddhismus ist ein hoch komplexes Phänomen, das in den Gesellschaften auf den verschiedensten Ebenen verwurzelt ist. Er ist ein Kulturphänomen, das sich zwar auch in philosophischer Hinsicht, aber nicht nur in philosophischer Hinsicht äußert, das aber eben auch in Ritualen, in der Spiritualität, in ethischen Vorstellungen und auf verschiedenen Ebenen der Volksreligiosität zu Hause ist. Ich bin überzeugt davon, dass man alle diese Ebenen im Auge haben muss, wenn es um eine Begriffsbestimmung gehen soll. Dazu gehört natürlich die Philosophie genauso wie die Aspekte, die wir normalerweise mit Religion assoziieren, so wie sie der Kollege von Brück bereits angeführt hat. Und damit noch einmal zurück zu der Ausgangsfrage, ob Buddhismus eine Religion oder eine Philosophie sei. Für mich ist das eigentlich eine falsche Frage, allerdings eine Frage, die inspirieren kann und vielleicht auch eine nicht zu leugnende provokative Dimension enthält. Denn natürlich sind im Buddhismus beide Dinge, Religion und Philosophie, eng miteinander verwoben. Es ist ein Miteinander von religiösen und philosophischen Standpunkten, und ich plädiere dafür, den Buddhismus als eine Einheit von Religion, Philosophie sowie ethischer und spiritueller Praxis zu begreifen und ihn in seiner nicht irreduziblen Vielfalt auf allen Ebenen anzuerkennen und wertzuschätzen.

Transkription: Iris Zeume

Literatur

Abyākatasaṃyutta, übersetzt ins Englische in *The Connected Discourses of the Buddha. A New Translation of the Saṃyutta Nikāya*. Volume II, Bhikkhu Bodhi (Übers.). 2000. Boston: Wisdom Publications. 1380-1395.

Brück, M. von. 2007. *Einführung in den Buddhismus*. Frankfurt a.M./Leipzig: Verlag der Weltreligionen.

Cūḷamālunkya Sutta, übersetzt ins Englische in *The Middle Length Discourses of the Buddha. A New Translation of the Majjhima Nikāya*. Bhikkhu Ñāṇamoli & Bhikkhu Bodhi (Übers.). 1995. Boston: Wisdom Publications. 533-536.

Hubbard, J. & Swanson, P.L. (Hrsg.). 1997. *Pruning the Bodhi Tree. The Storm over Critical Buddhism*. Honolulu: University of Hawai'i Press.

Schmithausen, L. 1973. „Spirituelle Praxis und philosophische Theorie im Buddhismus", in: *Zeitschrift für Missionswissenschaft und Religionswissenschaft* 57. 161-186.

Carola Roloff

Buddhismus: Praxis und Ansicht – Religion und Philosophie

Zu den Ausführungen meiner Vorredner Christof Spitz und Prof. Michael von Brück, für dessen Vorstellung einer möglichen Neudefinition von Religion ich sehr dankbar bin, möchte ich folgende Überlegungen anstellen.

Buddhistische Identität basiert auf Zufluchtnahme zu Buddha, Dharma und Saṅgha

Die Frage, ob der Buddhismus eine Religion oder Philosophie ist, hängt eng mit der Frage buddhistischen Selbstverständnisses zusammen, wie sich buddhistische Identität entwickelt. Buddhistische Identität entsteht durch oder basiert auf der Zufluchtnahme zu Buddha, Dharma und Saṅgha. Religiöse Praxis und philosophische Ansicht entwickeln sich durch die Auseinandersetzung mit der Lehre des Buddha und im Dialog mit der Gemeinschaft der Praktizierenden. Wenn wir das Gelehrte als hilfreich und richtig befinden, passen wir uns mit unserem Verhalten und unserer Ansicht dem buddhistischen Handeln und Denken an, wie es uns der Buddha vorgelebt hat. Auch zeitgenössische Lehrerinnen und Lehrer und erfahrene Buddhistinnen und Buddhisten dienen uns dabei als Vorbild und Inspiration.

Der Buddhismus ist nicht nur Religion, sondern auch Philosophie. Er beinhaltet sowohl Verhalten/Praxis als auch philosophische Ansicht/religiöse Überzeugung. Der Buddha ermuntert dazu, seine Lehre zu hinterfragen. Er lehrt, seine Worte wie Gold durch Brennen, Schneiden und Reiben zu prüfen und nur nach eingehender Prüfung anzunehmen und nicht einfach aus Respekt vor ihm. Tibetische Meister, so auch der Dalai Lama (1991, 22-23), betonen immer wieder, der Buddha habe gelehrt, man solle sich nicht auf die Person, sondern auf die Lehre stützen, nicht auf die Worte, sondern auf ihre Bedeutung, nicht auf die zu interpretierende, sondern auf die endgültige Bedeutung und nicht auf das gewöhnliche Bewusstsein, sondern auf die ursprüngliche Weisheit.

Von der Seite der Praxis bzw. des Verhaltens her hat, Christof Spitz sehr schön, ganz im Sinne der Gelugpa-Tradition des tibetischen Buddhismus, dargestellt, was basierend auf indischen Quellen minimal erforderlich ist, um eine Person als Buddhistin oder Buddhisten bezeichnen zu können. Mit tiefem Vertrauen nimmt man von Herzen Zuflucht in Buddha, den Stifter des Buddhismus, in den Dharma, die Lehre des Buddha, und in den Saṅgha, die buddhistische Gemeinde oder Gemeinschaft. So das buddhistische Selbstverständnis. Die Zufluchtnahme ist in allen Traditionen des Buddhismus bekannt, allerdings gibt es Unterschiede im Hinblick auf die Interpretation von Buddha, Dharma und Saṅgha. Ich möchte das am Beispiel des Saṅgha deutlich machen.

Verschiedene Interpretationen von ‚Saṅgha‘ im Wandel der Zeit

Der Begriff „Saṅgha" wird unterschiedlich interpretiert. In den meisten asiatischen Ländern, egal ob Theravāda oder Mahāyāna, versteht man darunter entsprechend dem Vinaya vor allem den Mönchs-Saṅgha, aber darüber hinaus auch den Nonnen-Saṅgha.

Im Mahāyāna wird der Begriff Saṅgha des Weiteren auch auf alle vier Gemeinschaften bezogen, die dem Buddha nachfolgen: weibliche und männliche Laien sowie Mönche und Nonnen. Diese vier Gruppen bilden in den meisten Ländern, in denen der Buddhismus praktiziert wird, die buddhistische Gemeinde. Eine Ausnahme hiervon ist z.B. Japan, wo die Mönchs- und Nonnenorden im Sinne des Vinaya ausgestorben waren. Im Theravāda, obwohl auch hier die vier Gruppen wohl bekannt sind, wird der Begriff „Saṅgha" in der Regel nicht auf Laien, sondern nur auf Mönche und Nonnen bezogen.

In einer weiteren Interpretation bilden sogar nur die „Heiligen" (skt. *ārya*) den Saṅgha. Insbesondere diese letzte Interpretation lässt vermuten, dass es manchen Buddhisten schwer fiel, in eine Gruppe von Menschen, die naturgemäß mit Fehlern behaftet ist, von Herzen Zuflucht zu nehmen.

Im tibetischen Buddhismus sind alle drei Auslegungen bekannt. Alle drei Interpretationen entstammen dem indischen Buddhismus zur Zeit seiner Überlieferung nach Tibet. Der indische Buddhismus hatte sich bis dahin, also über einen Zeitraum von etwa 1300 bis 1700 Jahren, auch in Indien schon sehr verändert. Es ist schwer zu sagen, welche dieser Lehren vom Buddha selbst stammen. Andererseits ist es ein Zeichen einer lebendigen Tradition, dass sie sich im Laufe der Jahrhunderte verändert, ganz im Sinne der buddhistischen Lehre von *anitya*, Unbeständigkeit. Alle Dinge, auch die buddhistische Lehre, verändern sich von Moment zu Moment, kein Moment einer Gegebenheit ist wie der andere. Die Traditionen des Buddhismus deuten dies einerseits als Degeneration der Lehre bis zu ihrem völligen Verschwinden, gleichzeitig besteht Dankbarkeit für die Exegese, weil die Befürchtung besteht, dass die Lehren des Buddha ohne entsprechende Kommentare wohl nicht mehr verständlich wären. Nicht selten wird den Kommentaren heute mehr Autorität zugesprochen als den Worten des Buddha selbst.

Aufnahme in die buddhistische Gemeinde und ‚Glaubensbekenntnis‘

Die Ansicht, dass die Aufnahme in die buddhistische Gemeinde durch die Zufluchtnahme erfolgt, wird heute von allen buddhistischen Gemeinschaften in der Deutschen Buddhistischen Union (DBU) geteilt. In vielen Traditionen ist die so genannte Zufluchtnahme mit einem kleinen Ritual verbunden. Sie wird beim ersten Mal, aber auch wiederholt, vor einem Mönch oder einer Nonne zelebriert, oder auch vor einem ganzen Saṅgha, meist einem Mönchs-Saṅgha. Sie kann aber auch vor Lehrerinnen und Lehrern abgelegt werden, die „Laien", also keine Mönche oder Nonnen sind. So wird es im zeitgenössischen Buddhismus gelehrt. In der Präambel der Satzung der DBU ist die Zufluchtnahme Teil des Minimalkonsenses aller buddhistischen Gemeinschaften. Das 1984 verfasste buddhistische

Bekenntnis beginnt mit der Zufluchtnahme zu den Drei Juwelen: Buddha, Dharma und Saṅgha. Von Herzen Zuflucht in sie zu nehmen ist Grundlage der Praxis bzw. des Verhaltens.

Kennzeichnend für eine buddhistische Ansicht sind die drei Wesensmerkmale (skt. *tri-lakṣaṇa*, p. *ti-lakkhaṇa*): Unbeständigkeit (skt. *anitya*, p. *annica*), Leiden bzw. Unzulänglichkeit (skt. *duḥkhatā*, p. *dukkha*) und Nicht-Selbst (skt. *anātman/nairātmya*, P. *anatta*). Diese drei Merkmale gehören zur „Kernlehre" der meisten heute noch lebendigen buddhistischen Traditionen. Sie stellen eine Art „Glaubensgrundsatz" dar. Mit Zugeständnis an die Mahāyāna-Gruppierungen in der DBU konnten sich alle Gemeinschaften 1984, und erneut 2004, für das Buddhistische Bekenntnis auf eine Erweiterung von drei auf vier Kennzeichen einigen, wie sie vor allem in der Vajrayāna-Tradition bekannt sind. Als viertes Kennzeichen kommt zu den drei bereits genannten „friedvoll" (skt. *śānta*) hinzu. Dieses vierte Merkmal findet sich ebenso wie die drei erstgenannten bereits im *Abhidharmakośabhāṣya* (ca. 4. Jh.), ist also keine spezifisch tibetische Schöpfung. Die vier Kennzeichen bzw. vier Siegel sind: Alles Bedingte ist unbeständig. Alles Befleckte ist leidvoll. Alle Phänomene sind ohne eigenständiges Selbst, und Nirvāṇa ist Frieden.

Tibetisch-buddhistische Mönchsgelehrte sind sich einig, dass die drei Wesensmerkmale oder die vier Siegel nicht allen Buddhisten bekannt sind oder gar von allen verstanden werden. Manche haben noch nie in ihrem Leben davon gehört und werden trotzdem als Buddhisten bezeichnet. Als Beispiel wird gern eine alte Tibeterin genannt, die mit großem Vertrauen einen Stūpa umwandelt, aber weder schreiben noch lesen kann. Aufgrund ihres großen Vertrauens und kraft karmischer Eindrücke aus früheren Leben kann sie aber trotzdem die Erleuchtung erlangen, ohne in diesem Leben auch nur ein Wort buddhistische Philosophie zu studieren. Doch selbst sie wird nicht gänzlich frei sein von philosophischen Ansichten wie z.B. Vertrauen in Karma (Taten) und entsprechende Wirkungen.

Interessant ist auch, dass man im tibetischen Buddhismus davon ausgeht, dass es in Indien achtzehn verschiedene Lehrmeinungen gab. Sie alle werden bis heute als buddhistische Lehrmeinungen anerkannt, egal ob sie überdauert haben. In der philosophischen Debatte wird diskutiert, ob jeder Buddhist und jede Buddhistin notwendigerweise eine dieser anerkannten Lehrmeinungen vertreten muss. Die Antwort ist nein, vielmehr gebe es *de facto* sehr viel mehr Lehrmeinungen, denn im Kontinuum einer Person können viele verschiedene, teils auch unausgereifte Lehrmeinungen miteinander vermischt sein. Man geht sogar davon aus, dass dies sehr häufig der Fall ist. D.h. dass es so viele verschiedene buddhistische Ansichten geben kann wie es Buddhistinnen und Buddhisten gibt; auch wenn sie nicht in jedem Punkt voneinander abweichen und auch nicht alle offiziell verkündete und dokumentierte Lehrmeinungen sind.

Buddhismus ist beides: Religion und Philosophie

Wenn wir nun das in der philosophischen Debatte Tibets beliebte Tetralemma (tib. *mu bzhi,* skt. *catuṣkoṭi*) hinzuziehen, um zu untersuchen, inwieweit sich unsere beiden Kategorien „Philosophie" und „Religion" miteinander in Verbindung setzen lassen, so denke ich, dass es alle vier Möglichkeiten gibt: Etwas, das beides ist, etwas das beides nicht ist, also weder A noch B, etwas das A ist, aber nicht B, und umgekehrt B ist, aber nicht A.

Religion ist mehr als nur Ethik, Kult und Glaube

Wenn wir jedoch die Frage, ob Buddhismus Religion oder Philosophie ist, auf „weder noch" oder „sowohl als auch" reduzieren, tendiere ich mehr zu „sowohl als auch", also sowohl Religion als auch Philosophie. Um Buddhist zu sein, ist es nicht unbedingt nötig, Philosoph zu sein. Das Herz in Richtung der drei Zufluchtsobjekte Buddha, Dharma und Saṅgha auszurichten, ist aber meines Erachtens unerlässlich, wenn man sich offiziell als Buddhist bezeichnen möchte. Hier stimme ich also mit Michael Zimmermann überein: Ob eine Person sich als Praktizierende oder Praktizierender einer Religion bezeichnen kann, ist meiner Meinung nach davon abhängig, ob man diese Religion auch tatsächlich anwendet.

Wie ich den Ausführungen meiner Vorredner entnommen habe, ist es auch in der Philosophie wichtig, die Konsequenz aus der eigenen Erkenntnis zu ziehen. Auch hier gibt es den Anspruch, sich für die Gesellschaft und für den eigenen Weg konsequent, aus den Erkenntnissen resultierend, zu verhalten. Das entspricht ganz meinem Ansatz, so wie ich es aus dem Buddhismus heraus verstehe.

Wenn ich mir aber nun die Religionsbegriffe aus dem europäischen Kontext heraus im Vergleich dazu anschaue, wie wir sie z.B. in der *Einführung in den Buddhismus* von Herrn Prof. Michael von Brück nachlesen konnten, ist der Religionsbegriff strittig (Brück 2007). Im modernen Sinn wird Religion auf dem geschichtlichen Hintergrund der Entwicklung des europäischen Christentums definiert, ist also aus dem christlich-konfessionellen Streit heraus entstanden. Erhebt man diese europäischen Besonderheiten zur Norm, ist der Buddhismus keine Religion, weil es als zentrales Merkmal den Glauben an einen Schöpfergott nicht gibt. Wenn wir Religion also darauf reduzieren, dass sie ein Glaube an einen Schöpfergott ist, und sie weiterhin darauf reduzieren, dass sie eine Lehre zur Überwindung von Leid ist, die lediglich in Ethik und kultischer Praxis besteht, denke ich, werden wir damit weder dem Buddhismus noch den anderen großen Weltreligionen gerecht. Ich empfinde solch eine Definition sogar als respektlos gegenüber den Religionen. Denn die meisten Religionen haben ein anspruchsvolles und komplexes Denkgebäude, also auch entsprechende Philosophien, die teilweise Jahrtausende alt sind und sich immerhin bis heute gehalten haben. Wenn nichts daran wäre, würden sie wohl kaum noch existieren. Sehr deutlich wird dies, wenn man die Schriften und Weisheitsschriften studiert, die der Verlag der Weltreligionen zum Hinduismus, Buddhismus, Konfuzianismus und Daoismus, zum Judentum, Christentum und Islam herausgibt.

Zum Umgang mit buddhistischen Dogmen in der Moderne

Ich habe für mich einen anderen Ansatz gewählt, um mit buddhistischen Lehr-
sätzen, wie wir sie im Tripiṭaka finden, und Abhandlungen umzugehen. Natürlich gibt es bestimmte Aussagen in den kanonischen Texten, die, auf Zeit-Raum-
Schiene betrachtet, nicht mehr akzeptabel waren bzw. sind. Gerade hier in Europa
ist man mit dem Aufkommen der Naturwissenschaften in Erklärungsnot geraten.

Ich erinnere mich z.B. an meine Schul- und Konfirmationszeit Anfang der
1970er Jahre. Damals hatte ich mit der Schöpfungsgeschichte oder mit den Höl-
lendarstellungen usw. meine Probleme und konnte diese so nicht akzeptieren.
Stattdessen habe ich mich gefragt, was denn die Naturwissenschaften dazu sagen. Aber aus solchen Gründen gleich auf Religion insgesamt herabzuschauen
und zu meinen, Religion sei nur Kult und Glaube, und gut, vielleicht noch ein
bisschen Ethik, habe aber ansonsten philosophisch nichts zu bieten, ist für mich
nicht nur nicht haltbar, sondern auch zu kurz gegriffen. Ich denke, dass das zu
einfach wäre.

Auch betrachte ich gern den Buddhismus im Vergleich zu anderen Religionen
speziell aus der Perspektive der Frau. Natürlich sehe ich dann in allen Religionen
Aussagen über Frauen, die ich so nicht akzeptieren kann. Meiner Meinung nach
geht hier es nicht darum, dass frauenfeindliche Aussagen in den Texten stehen.
Das ist verzeihlich. Dies muss man vielmehr historisch und auf dem Hintergrund
der damaligen Gesellschaften sehen. Womit ich hingegen ein Problem habe, ist
wenn zeitgenössische Vertreter der Religionen diese Aussagen auch noch heute verwenden, um Frauen zu unterdrücken und die Textstellen weiterhin entsprechend wörtlich auslegen. Für mich ist das absolut inakzeptabel.

Wahre religiöse Identität kommt von innen

Zusammenfassend lässt sich feststellen: Ich denke, dass der Buddhismus beides
ist, eine Religion und eine Philosophie. Der Buddhismus hat beide Aspekte und ist
beides, d.h. sowohl als auch. Der buddhistische Begriff *dharma,* Tibetisch „tschö"
(chos) schließt beides ein, Verhalten bzw. Praxis und Ansicht. Es hängt letztlich
von den Praktizierenden ab, ob sie auch beides anwenden. Ich denke, entscheidend für eine Buddhistin oder einen Buddhisten ist, ob man die rechte Motivation hat, ob man mit einer aufrichtigen, altruistischen Motivation praktiziert. Das
kann jede Person nur für sich selbst entscheiden, ob sie ihre Religion mit Körper,
Rede und Geist, getragen von einer guten Motivation lebt. Ein Christ würde vielleicht sagen: „Ein in Gedanken, Worten und Taten rein handelnder Mensch ist ein
wahrer Christ." Von Äußerlichkeiten, kultischen Handlungen oder Ritualen allein,
lässt sich das sicher in keiner Religion abhängig machen. Von außen können wir
nicht entscheiden, ob jemand Religion praktiziert. Das kann jeder nur im Inneren
für sich entscheiden.

Interessant ist in diesem Zusammenhang, dass im Tibetischen „Buddhist"
„Nang-pa" heißt. Genau genommen ist damit wohl ein „Innerer" im Sinne eines
Insiders im Gegensatz zu einem Häretiker gemeint. Mein Lehrer, der Ehrw. Ge-

she Thubten Ngawang, hat diesen Begriff zumindest für uns hier im Westen auch noch anders erklärt, nämlich als eine Person, die nach Innen gerichtet ist. Dies sei nur als Beobachtung angemerkt. Ich bin dem Begriff bisher nicht in Form einer Studie weiter nachgegangen. Aber wie Prof. Rudolf Kaschewsky, katholischer Theologe, Indologe und Tibetologe an der Universität Bonn mir bei einem Besuch an der Universität Hamburg erklärte, gibt es auch im Christentum das Phänomen, dass etymologische Erklärungen in alten Kommentaren aus philologischer Sicht heute nicht mehr aufrecht erhalten werden können, trotzdem aber weiter tradiert werden, weil sie für Praktizierende sehr gehaltvoll sind.

Multireligiöse Gesellschaften erfordern eine Neudefinition von Religion

Wie ich durch Michael von Brücks zuvor genannten Text noch einmal bestätigt fand, macht Religionswissenschaft europäische Besonderheiten nicht zur Norm von Religion. Sie definiert Religion eher als eine Art kulturellen Diskurs und als eine Gesamtheit menschlicher Kulturleistungen im Hinblick auf das Letztgültige. Das erscheint mir auf den ersten Blick als etwas sehr weit gefasst. Darüber hinaus ist auch der Kulturbegriff strittig. Wenn wir dieser kulturhistorischen oder kulturwissenschaftlichen Definition folgen, dass Religion ein Feld von Erscheinungen, Akteuren und sozialen Bezügen ist, das von Kunst und Politik unterscheidbar ist, wird es sehr kompliziert. Aber ich bin mir relativ sicher, dass man im Sinne des Tetralemma auch hier ein Beispiel finden würde, auf das diese Definition zutrifft, ohne Religion zu sein. Das ist mir einfach zu wenig. Deswegen denke ich in der Tat, dass für die heutige Zeit, in der wir von der Bedeutsamkeit von Integration sprechen und wir in der Gesellschaft damit konfrontiert sind, dass viele Kulturen miteinander leben, eine Neudefinition von Religion benötigt wird. Das halte ich für sehr wichtig. Sie sollte aber von Respekt für jede Religion getragen sein und die Beschränkung auf die abrahamitischen Religionen konstruktiv überwinden.

Transkription: Rolf Schmidt

Literatur

Brück, M. von. 2007. *Einführung in den Buddhismus*, Frankfurt a.M./Leipzig: Verlag der Weltreligionen.
Dalai Lama XIV, Tenzin Gyatso. *Die Vorträge in Harvard*. Grafing: Aquamarin Verlag.

Religiöse Bi-Identität

Perry Schmidt-Leukel

Kann man gleichzeitig Christ und Buddhist sein?

Die Frage

Die Frage, auf die mein Beitrag zu antworten versucht, ist in historischen Dimensionen gesehen relativ neu. Ob man als Christ zugleich auch einer anderen Religion angehören kann, wurde in christlich geprägten Ländern nicht ernsthaft erwogen – vermutlich schon deshalb nicht, weil es als ausgemacht galt, dass solches selbstverständlich unmöglich ist. Die Kulturen des indischen oder ostasiatischen Raumes hingegen kennen verschiedene Formen religiöser Mehrfachzugehörigkeit. Dass man beispielsweise durchaus Buddhist, Konfuzianer und Daoist sein kann, wurde im China des zweiten Jahrtausend überwiegend bejaht, obwohl dies im ersten Jahrtausend noch weitaus weniger klar war. Von solcher religiöser Mehrfachzugehörigkeit scheinen allerdings auch im Osten Religionen wie das Christentum oder der Islam eher ausgeklammert gewesen zu sein. Andererseits ist die Frage wiederum nicht ganz so neu, wie man vielleicht meinen könnte. Sie wurde im zwanzigsten Jahrhundert bereits zu Beginn der 70er Jahre von einer Gruppe thailändischer Priester aufgeworfen und recht differenziert beantwortet (Secretariatus pro Non-Christianis 1974, 230; Spae 1980, 63). Und 1978 publizierte der amerikanische Theologe John Cobb seinen berühmt gewordenen Aufsatz mit dem Titel „Can a Christian be a Buddhist, too?" (Cobb 1978), dem er zwei Jahre später einen Essay mit der korrespondierenden Frage folgen ließ: „Can a Buddhist be a Christian, too?" (Cobb 1980).

Wie die thailändischen Priester und auch John Cobb deutlich machen, handelt es sich hierbei keineswegs um eine rein theoretische Frage. Es ist der Kontext einer sich zunehmend intensivierenden Religionsbegegnung, der sie zu einer ernsthaften praktischen Angelegenheit werden lässt. Wie Rose Drew ebenso lapidar wie treffend formuliert: „Die heutzutage wachsende Interaktion der religiösen Traditionen … bedeutet, dass religiöse Identitäten zunehmend unter dem Einfluss von mehr als nur einer Tradition gebildet werden." (Drew in diesem Band, S. 111; vgl. auch Bernhardt & Schmidt-Leukel 2008). Besonders wichtig wird die Frage durch jene Form des interreligiösen Dialogs, bei der die Beteiligten bewusst und gezielt nach der möglichen Wahrheit im Glauben des anderen suchen. Ein grundsätzliches Ziel des Dialogs besteht ja darin, den religiös anderen besser zu verstehen. Das aber heißt, diesen idealerweise so zu verstehen wie er bzw. sie sich selber versteht. Es bedeutet, die Welt durch die Augen des anderen sehen zu können. Wie Wilfred Cantwell Smith (1989, 47) es einmal ausgedrückt hat: „Um den Glauben von Buddhisten zu verstehen, darf man nicht auf irgendetwas blicken, das ‚Buddhismus' genannt wird. Vielmehr muss man auf die Welt blicken und zwar, so weit wie möglich, durch buddhistische Augen."[1]

---

1 Dieses, wie auch alle folgenden Zitate wurden, wenn nicht anders angegeben, von mir übersetzt.

Lebt jemand den interreligiösen Dialog in dieser Weise, dann wird er oder sie möglicherweise auch jene Einsichten, Wahrheiten und Weisheiten erkennen, die der religiös andere mit Hilfe seiner religiösen Tradition erblickt. Wahrheit aber darf nicht geleugnet werden. Aus spiritueller Sicht gibt es keine Alternative: Wer mit Hilfe einer anderen religiösen Tradition Wahrheit erkennt (oder auch nur zu erkennen glaubt), muss diese in sein eigenes Leben integrieren. Das aber heißt auch: Sie muss in Bezug zum eigenen Glauben gesetzt werden. Aus diesem Grund betonte ein anderer Pionier des interreligiösen Dialogs, der im August 2010 verstorbene Raimundo Panikkar, dass ernsthafter interreligiöser Dialog immer in einen intra-religiösen Dialog übergehen wird, einen „Dialog in mir selbst" – „eine Begegnung in der Tiefe meiner persönlichen Religiosität" (Panikkar 1978, 40), die, so Panikkar, zu der aufregenden Erfahrung führt, „Wahrheit aus dem Innersten von mehr als nur einer religiösen Tradition heraus zu sehen" (ebd., 52). Panikkar, der diesen Weg selbst konsequent verfolgte, bekannte daher bereits 1970 von sich: „Ich ‚zog los' als ein Christ, ‚fand' mich selbst als ein Hindu und kehre zurück als ein ‚Buddhist', ohne dass ich aufgehört hätte, ein Christ zu sein" (ebd., 2).[2]

Panikkar blieb kein Einzelfall. Wenigstens zwei weitere Beispiele seien hier kurz genannt: Nach dem ceylonesischen Theologen Aloysius Pieris sind Christentum und Buddhismus unterschiedlich geprägte und akzentuierte Ausformungen einer grundsätzlichen spirituellen Komplementarität, nämlich der Komplementarität von Liebe und Weisheit. Beide Religionen wissen um diese Komplementarität, auch wenn diese im Buddhismus primär vom Aspekt der Weisheit und im Christentum primär vom Aspekt der Liebe her gesehen wird. So formuliert Pieris im Hinblick auf die Begegnung beider Religionen: „Tief in einem *jeden* von uns lebt ein Buddhist und ein Christ, die dort immer schon in einem tiefgehenden Austausch miteinander stehen – in einer Begegnung, die jede der beiden Traditionen, die buddhistische ebenso wie die christliche, auch in die lehrhafte Ausformung ihrer ursprünglichen Wesenserfahrung aufgenommen hat" (Pieris 1989, 162). Damit weist auch Pieris auf den intrareligiösen Dialog als die eigentliche Tiefendimension des interreligiösen Dialogs hin. Zugleich aber macht er deutlich, dass nach seiner Auffassung die Begegnung von Buddhismus und Christentum auf dieser Ebene beiden Religionen zu einem besseren und volleren Verständnis dessen helfen kann, worum es in ihren eigenen zentralen Erfahrungen geht. Mit anderen Worten, Christen brauchen den Buddhismus, um im volleren Sinn Christen zu sein und Buddhisten brauchen das Christentum, um im volleren Sinn Buddhisten sein zu können.

Dieser Linie folgt auch das neueste Buch des von Pieris stark beeinflussten amerikanischen Theologen Paul Knitter (2009), „Without Buddha I could not be a Christian" („Ohne Buddha könnte ich kein Christ sein"). In rückhaltloser und zugleich erfrischender Offenheit schildert Knitter hierin, wie es ihm in einem jahrzehntelangen inneren Prozess nur unter dem Einfluss buddhistischer Lehren und buddhistischer Praxis gelang, seinen christlichen Glauben so zu entfalten und zu verändern, dass dieser für ihn selbst glaubwürdig und lebbar wurde. Als letzte Konsequenz dieses Prozesses beschloss Knitter schließlich die Dreifache Zuflucht

---

2   Erstveröffentlichung dieses Textes: Madrid 1970.

zu nehmen und die Bodhisattva-Gelübde abzulegen, ohne jedoch aufzuhören, katholischer Christ und Theologe zu sein (Knitter 2009, 216). Wie sehr dieses 2009 erschienene Buch eine inzwischen stark angewachsene Entwicklung widerspiegelt, zeigt sich darin, dass es nach einer Besprechung in der New York Times am 10. Oktober 2009[3] wochenlang ausverkauft war. Wie gesagt Panikkar, Peris und Knitter sind nur Beispiele. Mehrere andere, darunter auch durchaus profunde Theologen, haben von sich eine solche religiöse Doppelidentität behauptet (vgl. Drew 2011).

Gegensätzliche Antworten

So lässt sich die Frage, ob man als Christ gleichzeitig auch Buddhist sein kann, scheinbar leicht mit einem klaren „Ja" beantworten und zwar einfach deshalb, weil es eben Christen gibt, die sich zugleich auch als Buddhisten bekennen und in beiden Traditionen praktizieren. Ganz so einfach ist es jedoch nicht. Denn es erheben sich in beiden Traditionen auch ernstzunehmende Stimmen, die die Möglichkeit einer christlich-buddhistischen Doppelidentität bestreiten. Auch hier seien einige Beispiele genannt: Auf christlicher Seite etwa haben jüngst Keith Yandell (ein Experte auch in östlicher Philosophie) und Harold Netland gemeinsam ein Buch publiziert, dessen Ziel darin besteht, die wesentliche Unvereinbarkeit von Christentum und Buddhismus zu belegen. Nach ihrer Auffassung lassen sich Dharma und Evangelium nicht miteinander verbinden, vielmehr bleibe es bei einem klaren Entweder-Oder (vgl. Yandell & Netland 2009, x, xvii, 175-212). In demselben Sinn schreibt der junge Theologe Ernest Valea (2008, 188f.): „jede (der beiden Religionen) ist falsch aus der Sicht der jeweils anderen. Daher war es mein Ziel, zu zeigen …, dass man nicht beiden Traditionen angehören kann." Und nach Paul Griffiths, einem katholischen Theologen und gleichzeitig anerkannten Fachmann für indo-tibetischen Buddhismus, ist es „performativ" – also vom praktischen Vollzug her – „ebenso unmöglich zugleich griechisch orthodoxer Christ und tibetischer Gelugpa Buddhist zu sein, wie es unmöglich ist, gleichzeitig Sumo Ringer und Seiltänzer zu sein" (Griffiths 2001, 13).

Auch auf buddhistischer Seite finden sich ähnliche Aussagen. Im Dezember 2009 hatte ich Gelegenheit, den wenig später verstorbenen buddhistischen Mönch Dhammavihari, ehemals als Prof. Jotiya Dhirasekera bekannt, zu treffen. Ven. Dhammavihari war nicht nur ein Experte im Theravāda-Buddhismus, sondern engagierte sich auch im christlich-buddhistischen Dialog. Die Vorstellung, man könne zugleich Christ und Buddhist sein, lehnte er mit einem spontanen und emphatischen „impossible" ab. Bekannt ist auch die im Zusammenhang unserer Frage vom 14. Dalai Lama gemachte Aussage, man solle nicht versuchen, dem Körper eines Schafs einen Yak-Kopf aufzusetzen (vgl. Dalai Lama 1996a, 105). Wiederholt hat der Dalai Lama darauf hingewiesen, dass sich trotz aller profunder Übereinstimmungen zwischen Buddhismus und Christentum im Bereich von Ethik und spiritueller Praxis dennoch die Wege trennen, wenn es zu den zentralen Fragen von Gott und Schöpfung komme (vgl. ebd. 82; Dalai Lama 1996b, 154f.).

---

3   http://www.nytimes.com/2009/10/10/us/10beliefs.html

„... bei den Begriffen von Gott und Schöpfung trennen sich die Wege von Buddhisten und Christen" (Dalai Lama 1996a, 55).[4] Dennoch willigte er ein, dass Christen, die dies wünschen, die Bodhisattva-Gelübde ablegen. Man könne ja, so seine Begründung, trotz einer unvollkommenen Erkenntnis dennoch ein ernsthafter und altruistisch gesinnter Bodhisattva sein (vgl. Dalai Lama 1996b, 158).

Andererseits gibt es jedoch auch auf buddhistischer Seite gegenläufige Positionen. Beispielsweise urteilte Bhikkhu Buddhadasa (1967, 38), der bedeutende thailändische theravāda-buddhistische Reformer: „... wenn wir die Essenz beider Religionen verstanden haben, dann können wir gleichzeitig Christen und Buddhisten sein". Und der bekannte vietnamesische Meister Thich Nhat Hanh (1999, 195) schreibt: „Es ist möglich, den Buddha und gleichzeitig Jesus zu kennen. Es gibt Menschen, die ihre Wurzeln sowohl in der buddhistischen als auch in der christlichen Tradition haben."[5]

Wie umstritten, aber auch aktuell, unsere Frage ist, zeigt sich vielleicht besonders deutlich an folgendem Fall: Im Februar 2009 wurde Kevin Thew Forrester mit großer Mehrheit zum anglikanischen Bischof von Northern Michigan gewählt. Forrester ist zugleich praktizierender Zen-Buddhist und sagt von sich selbst, er folge dem Weg des Christentums und des Zen-Buddhismus. Dagegen erhob sich massiver Widerstand innerhalb anderer anglikanischer Diözesen in den USA. Aufgrund der fehlenden Zustimmung durch die anglikanische Gemeinschaft, konnte Forrester daher trotz seiner Wahl nicht zum Bischof geweiht werden.

Worauf lässt sich der Umstand zurückführen, dass es auf unsere Frage solch gegensätzliche Antworten gibt? Vermutlich spielen hierbei – wie so oft – eine ganze Reihe unterschiedlicher Gründe und Motive eine Rolle. Darunter dürften sich jedoch auch die beiden folgenden finden:

Erstens – das Verständnis von Christsein oder Buddhistsein. Das heißt, wer die Frage, ob man als Christ zugleich auch Buddhist sein kann, verneint, hat offensichtlich ein anderes Verständnis von dem, was es heißt, ein Christ oder ein Buddhist zu sein, als jene, die die Frage bejahen.

Zweitens – die Einschätzung der Kompatibilität beider Religionen. Das heißt, beide Seiten schätzen im Hinblick auf das, was sie für essentiell christlich und essentiell buddhistisch halten, die Frage der Vereinbarkeit unterschiedlich ein. Auf diese beiden Punkte möchte ich nun etwas näher eingehen. Kommen wir also zunächst zu der Frage:

---

4   „... the conceptions of God and Creation are a point of departure between Buddhists
     and Christians."
5   „It is possible to know the Buddha and at the same time know Jesus. There are people
     who have roots within both the Buddhist tradition and the Christian tradition."

Was heißt es, ein Christ oder ein Buddhist zu sein?

Die interne Vielgestaltigkeit von Christentum und Buddhismus

Christentum und Buddhismus bilden sehr große, alte und ausgesprochen vielschichtige Traditionen. Es gibt weder „den Buddhismus", noch „das Christentum", sondern zahlreiche unterschiedliche Buddhismen und Christentümer.
Letztendlich gibt es so viele Christentümer wie es Christen gibt und so viele Buddhismen wie es Buddhisten gibt (vgl. Smith, 1978, 141-153 u. 233, Anm. 120).
Natürlich ist innerhalb von Buddhismus und Christentum immer wieder versucht
worden, zu normieren, was das wahre Christentum oder der wahre Dharma sei.
Aber erstens hat es darauf in beiden Traditionen viele verschiedene Antworten
gegeben, von denen sich keine jeweils vollständig durchsetzen konnte. Und zweitens hat es selbst in jenen speziellen Schulen oder Kirchen, die sich um ein bestimmtes Verständnis von Buddhismus oder Christentum herum gebildet haben,
immer wieder neue Interpretationen und Auslegungen gegeben, die teilweise auch
zu institutionellen Veränderungen, Aufspaltungen, Neugründungen usw. führten.
Das aber bedeutet, dass es im Laufe der Zeit auch innerhalb bestimmter Sub-
Traditionen beider Religionen wichtige Veränderungen gab und gibt. Nicht alles, was beispielsweise im Mittelalter von der katholischen Kirche als essentiell
christlich oder katholisch betrachtet wurde, wird auch heute noch von der katholischen Kirche so eingestuft. So galt es etwa einst als selbstverständlich, dass ein
Christ an die Existenz des Teufels, der Hölle oder von Wundern glaubt, während
dies heute von vielen Christen keineswegs so gesehen wird.

Es gibt also eine enorme interne Vielgestaltigkeit bis hin zur Heterogenität innerhalb von Christentum und Buddhismus und daher gibt es auf die Frage, was
denn eigentlich ein Christ oder ein Buddhist sei, keine eindeutige Antwort – oder
besser gesagt – eine große Vielfalt unterschiedlicher Antworten. Das wiederum führt zu einer wichtigen Konsequenz: Vermutlich gibt es bestimmte Formen
des Verständnisses von Christsein, die mit bestimmten Formen des Verständnisses von Buddhistsein unvereinbar sind, vielleicht sogar tatsächlich so unvereinbar
wie Sumo-Ringen und Seiltanzen. Andererseits gibt es aber offensichtlich auch
bestimmte Formen des Verständnisses von Christsein, die mit bestimmten Formen
des Verständnisses von Buddhistsein durchaus vereinbar und auch praktisch ver-
bindbar sind. Ich werde später darauf zurückkommen, was das konkret bedeutet.

Zuvor möchte ich jedoch noch einige weitere Aspekte ansprechen, die für unsere Frage von Bedeutung sind.

Der Unterschied von Person und Tradition

Ich möchte die These aufstellen, dass kein einzelner Mensch jemals eine religiöse Tradition wie den Buddhismus oder das Christentum und nicht einmal eine bestimmte Teil- oder Subtradition vollständig verinnerlichen kann. Nicht einmal ein
Papst kann alles in seinem persönlichen Glauben und Leben umsetzen, was den
römischen Katholizismus ausmacht, und dasselbe gilt in ähnlicher Weise für ei-

nen Dalai Lama und die Gelugpa-Schule. Jeder einzelne Mensch ist mit der religiösen Tradition, die sein Leben prägt, auf seine ganz persönliche – und damit unverwechselbare – Art und Weise in Berührung gekommen. Natürlich gibt es zahlreiche historisch, soziologisch, kulturell usw. bedingte Ähnlichkeiten im Hinblick darauf, wie sich Menschen Religion aneignen. Aber auf der Ebene dessen, was bestimmte Aspekte einer Religion jemandem in seinem bzw. ihrem Lebensweg ganz konkret bedeuten, müssen wir doch davon ausgehen, dass die Religion eines jeden Menschen „Patchwork-Religiosität" ist. Es sind immer nur bestimmte Ausschnitte, bestimmte Aspekte einer großen religiösen Tradition, die für uns in unserer je eigenen Lebensreise an bestimmten Stellen Bedeutung erlangen und sich damit zu einem individuellen Muster zusammenfügen.

Das hat zwei wichtige Konsequenzen:

Erstens: Es gibt nicht so etwas wie „den Buddhisten", „den Christen", „den Muslim", „den Hindu" usw. Wir haben es immer mit einem ganz konkreten, unverwechselbaren Menschen zu tun, für dessen persönliche Identität und Religiosität bestimmte Facetten einer religiösen Tradition wichtig geworden sind. Keiner von uns ist eine religiöse Schablone und religiöse Identität sollte auf dieser persönlichen Ebene auch nicht als Repräsentation einer solchen Schablone missverstanden werden. Es scheint mir wichtig zu sein, dass wir uns dessen, gerade auch in der interreligiösen Begegnung, bewusst bleiben. Hier begegnen sich letztlich nicht „Buddhisten" und „Christen", sondern konkrete, unverwechselbare Menschen, deren Leben auf die ein oder andere Weise von Einflüssen durch Aspekte des Buddhismus oder des Christentums geprägt wurde.[6]

Zweitens: Für Menschen, die in einem religiös relativ homogenen und geschlossenen Umfeld leben, kommen diese Einflüsse eben aus dem Umkreis jener religiösen Tradition, die ihr Umfeld prägt. Doch heute werden solche religiös geschlossenen und homogenen Milieus immer seltener. Zunehmend entwickeln Menschen ihre persönliche Religiosität unter dem Einfluss von Facetten, die aus unterschiedlichen religiösen Traditionen stammen. Das aber heißt, wir werden auf der Ebene der persönlichen Religiosität und Identität zunehmend mit hybriden Entwicklungen zu rechnen haben (vgl. hierzu Schmidt-Leukel, 2008).

Besonders deutlich etwa wird dies bei Kindern aus interreligiösen Ehen. Ist bei beiden Elternteilen die unterschiedliche religiöse Prägung manifest, dann durchlaufen solche Kinder von Anfang an eine religiöse Sozialisation, die sich aus zwei verschiedenen Traditionen speist, was sich auch in der entsprechenden religiösen Prägung dieser Kinder niederschlagen dürfte. Multireligiöse Prägung liegt aber auch bei jenen vor, die aus einem christlichen Sozialisationshintergrund kommen und irgendwann Buddhisten wurden. Gerade eine durch buddhistische Meditation geschärfte Introspektion wird dazu beitragen, dass solche Menschen sich ihrer frühen christlichen Prägung immer wieder bewusst werden. Die Frage ist jedoch, wie dann damit umgegangen wird: Versucht man diese christlichen Wurzeln zu überwinden oder werden darin auch positive Elemente erkannt, die mit den neuen, buddhistisch geprägten Erfahrungen irgendwie zu verbinden sind?

---

6   Dies hat mit Recht besonders Hasan Askari betont (Askari, 1991, bes. 120-133).

In den USA hat sich hierzu Ende August 2010 eine lebhafte und ausgesprochen spannende Diskussion entwickelt. Sie wurde durch zwei Blogs von Dennis Hunter ausgelöst und hat weit über hundert Reaktionen hervorgerufen.[7]

Der synkretistische Charakter religiöser Traditionen

Was ich zuletzt über den einzelnen Menschen gesagt habe, gilt in gewisser Weise auch für die religiösen Traditionen selbst. Das heißt, jede große Religion hat sich selbst ebenfalls unter zahlreichen Einflüssen aus anderen religiösen Traditionen entwickelt und diese in sich aufgenommen. Es gibt also nicht so etwas wie einen „reinen" Buddhismus oder ein „reines" Christentum. Im Buddhismus verbinden sich von Anfang an Ideen und Praktiken der verschiedenen indischen Śramaṇa-Bewegungen mit Elementen der älteren vedischen Religion. Im Verlauf der weiteren Entwicklungen kommt es immer wieder zu wechselseitigen Beeinflussungen zwischen Buddhismus und diversen Entwicklungen innerhalb des so genannten Hinduismus. Darüber hinaus kommt es zu zahlreichen Amalgamierungen buddhistischer Elemente mit Elementen der Religionen jener Kulturen, in die hinein der Buddhismus sich verbreitete, wie dies etwa im Fall der chinesischen Welt, aber auch der tibetischen, besonders offensichtlich ist. Ganz ähnliche Entwicklungen lassen sich auch für das Christentum belegen. Was aber bedeutet dies für die Position, man solle einem Schaf keinen Yak-Kopf aufsetzen? Jeffrey Carlson (2003, 79) hat darauf mit Recht geantwortet: „Was wir ein Yak nennen ist ein Amalgam von in veränderlicher Weise aufeinander bezogenen ‚bits and pieces', einschließlich dessen, was man als ‚nicht-Yak'-Elemente bezeichnen könnte und das gleiche ist wahr für das, was man als das Schaf bezeichnen würde." Das Yak ist also gar kein reines Yak und das Schaf kein reines Schaf.

Die Begrenztheit religiöser Traditionen

Wie gesagt ist es nun aber dennoch möglich und auch der Fall, dass innerhalb von Christentum und Buddhismus bestimmte Auffassungen von Christsein oder Buddhistsein vertreten werden, die von vornherein eine gleichzeitige Zugehörigkeit zur jeweils anderen Tradition ausschließen. Schon rein formal können bestimmte Gruppen von Christen festlegen, dass jemand, der als Christ zugleich auch noch irgendwelche andere religiöse Lehren oder Praktiken annehme, allein deshalb bereits kein wahrer Christ mehr sei. Anders herum ausgedrückt: Ein „wahrer" oder „echter" Christ zeichne sich unter anderem dadurch aus, dass er nicht auf andere Religionen höre. Obwohl eine solche Haltung im Christentum verbreiteter zu sein scheint als im Buddhismus, ist sie doch auch im Buddhismus möglich. So schreibt beispielsweise der mittelalterliche tibetische Gelehrte Sa-skya Paṇḍita (1181-1251) in seinem Werk „Der Ozean treffender Aussprüche" (V. 399):

---

7   http://www.buddhistgeeks.com/2010/08/christian-buddhism/
http://www.buddhistgeeks.com/2010/08/the-koan-of-christian-buddhism/

„Wer anderen Lehrern Verehrung entgegenbringt,
wo es doch den Buddha, den Beschützer der Wesen gibt,
der gräbt am Ufer eines Flusses mit den acht Qualitäten
einen Brunnen mit alkalihaltigem Wasser." (Hahn 2007, 333)

Worauf könnte sich nun aber die Haltung stützen, echtes Christsein oder Buddhistsein verlange eine exklusive Zugehörigkeit bzw. Praxis? Auch hier sind wiederum unterschiedliche Gründe und Motive im Spiel. Z.B. wird vielleicht angenommen, dass nur eine exklusive Zugehörigkeit echte Ernsthaftigkeit demonstriere. Charakteristisch hierfür ist beispielsweise die Auffassung von Catherine Cornille, wonach die unbedingte Hingabe an eine letzte, transzendente Wirklichkeit praktisch nur gelebt werden kann, wenn damit die unbedingte Verpflichtung auf eine bestimmte religiöse Tradition verbunden ist (Cornille 2003, 44; 2002, 3). Besteht dabei aber nicht die Gefahr, jene letzte Wirklichkeit mit den vorletzten menschlichen Wirklichkeiten, also mit den Religionen, zu verwechseln? Ich leugne nicht, dass letzte oder transzendente Wirklichkeit durch die endlichen Wirklichkeiten von Religionen vermittelt wird. Aber die Gegenwart des Absoluten im Bedingten muss meines Erachtens so gedacht werden, dass dabei die Begrenztheit des Bedingten deutlich bleibt. Sonst tritt – christlich gesprochen – die Religion selbst an die Stelle Gottes oder – buddhistisch gesprochen: Das Floß selbst wird zum anderen Ufer. Dies gilt auch für die zentralen Mitlergestalten. Wenn Jesus Christus als das Bild des unsichtbaren Gottes bezeichnet wird (Kol. 1:15) und Buddha als die Verkörperung des Dharmas (Saṃyutta Nikāya 22:87; Itivuttaka 92) oder des Nirvāṇas (Aṅguttara Nikāya 3:54-56), so verweisen die Worte „Gott", „Dharma" und „Nirvāṇa" doch auf etwas, das zugleich die Begrenztheit auch von Christus und Buddha übersteigt.

Religionen sind aber nicht nur quasi ‚vertikal', das heißt in ihrem Verhältnis zur letzten, transzendenten Wirklichkeit begrenzt. Sie unterliegen solchen Begrenzungen auch auf der ‚horizontalen' Ebene, das heißt in ihrem Verhältnis zu den jeweils anderen Religionen. Damit will ich sagen, dass keine unserer großen religiösen Traditionen in umfassender Weise die Wahrheit über die Beziehung des Menschen zur letzten Wirklichkeit zum Ausdruck bringt. Aus diesem Grund – so scheint es mir – nimmt mit der Größe und dem Alter einer Religion in der Regel auch ihre interne Vielfalt und Vielgestaltigkeit zu. Es gibt aber in den Religionen eine starke Tendenz, diese horizontale Begrenztheit zu leugnen. Eng verbunden ist damit die Tendenz zu einer Homogenisierung des menschlichen Transzendenzbezugs: Je stärker eine Religion vertritt, dass in ihr *alles* Wesentliche gesagt ist, und dass alles Wesentliche richtig nur auf diese *eine* spezifische Weise gesagt werden kann, desto weniger wird sie für den Gedanken offen sein, sie könne durch eine andere Religion Bereicherung erfahren.

Doch selbst wenn eine solche vertikale und horizontale Begrenztheit eingeräumt wird, stellt sich immer noch die Frage, ob sich zentrale Aspekte des Christseins und des Buddhistseins tatsächlich miteinander verbinden lassen. Wer bestreitet, dass man als Christ zugleich Buddhist sein kann, geht offensichtlich von einer starken Unvereinbarkeit beider Traditionen aus. Wie aber könnten solche Elemente bzw. Formen ihres Verständnisses aussehen, die sich miteinander verbinden lassen?

Kompatibilität oder Inkompatibilität?

Gott – Nirvāṇa/Dharmakāya

Als häufigster Grund für eine Unvereinbarkeit von Christentum und Buddhismus wird die Gottesfrage benannt. Auch dies geschieht in verschiedenen Varianten. So wird beispielsweise behauptet, der Buddhismus bestreite exakt die Existenz dessen, was Christen als „Gott" behaupten (z.B. Williams, 2002, 26; zur Diskussion vgl. D'Arcy May 2007, 67-154) Oder es wird gesagt, zentrale ontologische Grundannahmen des Buddhismus, wie etwa die Impersonalität, Insubstantialität, Bedingtheit oder Leerheit aller Dinge, schlössen implizit aus, dass es so etwas wie einen ‚Gott' im christlichen Sinn geben könne (vgl. z.B. Yandell & Netland 2009, 181-192; Valea 2008, 121-126). Oder es wird gesagt, dass zumindest der Begriff eines göttlichen Schöpfers, wie er mit dem christlichen Gottesbegriff untrennbar verbunden ist, im Buddhismus unmöglich sei.[8]

Man kann jedoch bestreiten, dass der Buddhismus wirklich atheistisch ist. Zumindest dann, wenn mit „atheistisch" gemeint sein soll, dass der Buddhismus jegliche absolute oder transzendente Wirklichkeit leugne. Das Nirvāṇa, etwa, gilt in vielen alten buddhistischen Schulen nicht einfach als der Zustand des Erleuchteten, sondern als eine „un-bedingte" (*asaṃskṛta*), „transzendente (wörtlich: „über-weltliche") (*lokottara*), „tod-lose" (*amṛta*) Wirklichkeit, die der Erleuchtete in seiner Erleuchtung erfährt, die aber unabhängig von dieser Erleuchtung existiert und daher die Erleuchtung erst möglich macht (vgl. Schmidt-Leukel, 2006b, 48-50).[9] Es handelt sich dabei jedoch um eine unbeschreibbare und nicht mit menschlichen Kategorien begreifbare Wirklichkeit, da sie völlig vom Saṃsāra verschieden ist.

Auch Nāgārjunas berühmtes und provokantes Diktum, es gebe keinen Unterschied zwischen Saṃsāra und Nirvāṇa, muss keineswegs so verstanden werden, als solle damit das Nirvāṇa auf die Ebene des Saṃsāra heruntergezogen werden. Vielmehr argumentiert Nāgārjuna, dass der Saṃsāra letztlich ebenso unbegreifbar und unbeschreibbar sei wie das Nirvāṇa und dass deshalb zwischen beiden auch nicht mehr unterschieden werden kann (vgl. ebd., 115-124). Die Unterscheidung erfüllt ihren Zweck allein auf der Ebene der relativen Wahrheit, die dazu dient, den Menschen richtig auf die höchste Wirklichkeit hin zu orientieren. Auch im Christentum wurde traditionell betont – und zwar keineswegs nur von einigen am Rande der Tradition stehenden Mystikern –, dass mit dem Wort „Gott" auf eine Wirklichkeit verwiesen wird, die jedes menschliche Begreifen und jede wörtlich wahre Beschreibung übersteigt (vgl. Schmidt-Leukel 2005, 201ff.).

Eine Kompatibilität von Buddhismus und Christentum ist in dieser Frage daher möglich, wenn die entsprechenden, auf Transzendenz verweisenden Konzep-

---

8   Für eine ausführliche Darstellung und Diskussion der buddhistischen anti-theistischen Argumente vgl. Schmidt-Leukel 2006a.

9   Die in der Gegenwart häufiger anzutreffende Vorstellung, *nirvāṇa* sei lediglich der Zustand des Erleuchteten, wird in traditionellen buddhistischen Traktaten explizit verworfen und zwar mit dem Argument, dass das *nirvāṇa* dann lediglich eine bedingte Realität (bedingt durch die Vollendung des achtfachen Pfades) und folglich vergängliche Realität sei, da nach buddhistischer Ontologie alles, was bedingt entsteht, auch vergeht.

te als *Ausdruck unterschiedlicher Erfahrungen* mit derselben letzten Wirklichkeit verstanden werden. Nochmals: Ich sage nicht, dass „Gott", „Nirvāṇa" oder „Dharmakāya" (als ein im Mahāyāna geläufiger Begriff für die letzte Wirklichkeit) dasselbe sind oder dieselbe Bedeutung haben. Dies ist ganz klar nicht der Fall. Ihre Bedeutung wurzelt vielmehr in unterschiedlichen Erfahrungen, aber eben Erfahrungen, die sich als unterschiedliche Erfahrungen mit derselben transzendenten Wirklichkeit deuten lassen.

Zwei unterschiedliche Erfahrungsweisen sind beispielsweise Erfahrungen, in denen die letzte Wirklichkeit eher mittels nicht-personaler Bilder und Vorstellungen erlebt bzw. meditativ verinnerlicht wird, und solche, in denen sie wie eine personale Wirklichkeit erscheint bzw. als Person im Gebet angesprochen wird. Es wäre aber zu einfach, einerseits dem Buddhismus nur Meditation und impersonale Transzendenzvorstellungen zuzuweisen und andererseits dem Christentum nur das Gebet und ein personales Gottesbild. Vielmehr finden sich beide Grundformen in beiden Traditionen, auch wenn vielleicht die Schwerpunkte anders gesetzt sind.

Norman Fischer, Jude und zugleich renommierter Sōtō-Zen-Roshi, der von 1995 bis 2000 Ko-Abt des San Francisco Zen Centers war, hat eine von seiner Zen-Praxis inspirierte Neu-Übersetzung der Psalmen verfasst (Fischer 2003). In seiner Einleitung zu diesem außergewöhnlichen Buch geht Fischer auch auf den Gebetscharakter der Psalmen ein. Er vermerkt hierzu, dass jedes Sprechen ein Ausgreifen, ein Ausstrecken, ein In-Beziehung treten sei und somit bereits in gewisser Weise Gebetscharakter habe. Letztlich aber, so Fischer, greifen wir immer über das Konkrete hinaus: „Das, wonach wir uns ausstrecken und in das hinein wir uns ausstrecken – auch wenn wir nicht wissen, dass wir es tun – ist das/der grenzenlos Unbegreifbare, das/der Unnennbare." (ebd., xviii)[10] In diesem Sinn kann Fischer auch als Buddhist dem Gebet eine tiefe spirituelle Bedeutung abgewinnen, die seiner Bedeutung in Judentum und Christentum nicht widerspricht. Als er die Klagemauer in Jerusalem besuchte, so Fischer, habe er dort in diesem Sinn gebetet.

Christus – Buddha

Das gerade Gesagte hat wichtige Konsequenzen für das Verständnis von Buddha und Christus. Beide sind Mittler der letzten Wirklichkeit. Das heißt, beide haben die letzte Wirklichkeit in so besonderer Weise erfahren, dass diese ihr Leben vollständig bestimmte und beide, je auf ihre eigene Art, zum prägenden Faktor für die Beziehung zahlloser anderer Menschen zur letzten Wirklichkeit wurden. Wenn sich Buddhismus und Christentum nun aber nicht direkt auf die letzte Wirklichkeit beziehen, sondern auf unterschiedliche Erfahrungen mit der letzten Wirklichkeit, dann können Jesus Christus und Gautama Buddha als unterschiedliche Mittler solch unterschiedlicher Erfahrungen verstanden werden. Das heißt, sie stehen dann nicht in einer unmittelbaren Konkurrenz zueinander. Eine authentische, aus ehrlicher innerer Wertschätzung geborene Verehrung beider ist möglich, ohne dass die Verehrung des einen, die des anderen schmälern würde. Das

---

10 „What we're always reaching out and into, even when we don't know that we are, is
     the boundless unknowable, the unnameable."

heißt, es ist *dann* möglich, wenn die von ihnen jeweils vermittelten Erfahrungen nicht in einem letzten unversöhnlichen Gegensatz zueinander stehen.

Engagement – Anhaftungslosigkeit

Das aber bringt mich zurück zu dem, was Aloysius Pieris, den ich zu Beginn meines Vortrags zitiert habe, als die Komplementarität von Liebe und Weisheit bezeichnet. Ich möchte dies etwas abwandeln und hier von einer Komplementarität von liebendem Engagement und weisheitlicher Anhaftungslosigkeit sprechen. In der vom Buddha vermittelten Erfahrung spielt die Überwindung unserer Anhaftung an die Dinge dieser Welt eine zentrale Rolle. In der von Christus vermittelten Erfahrung spielt das liebende Engagement in der Welt und für die Welt eine vergleichbar zentrale Rolle: „... jeder, der liebt, stammt aus Gott und erkennt Gott. Wer nicht liebt, hat Gott nicht erkannt" – so wird der Kern der Botschaft Jesu an einer Stelle des Neuen Testaments zusammengefasst (1 Joh 4:7f). Buddhistische Anhaftungslosigkeit und christliche Liebe – so meine These – bilden keinen Gegensatz. Auch christliche Liebe ist von einer Form des Nicht Anhaftens begleitet: Es geht darum, in der Welt zu sein, ohne von der Welt zu sein (vgl. Joh 17:14-18). Oder – so sagt es Paulus – wer etwas hat, der habe es als hätte er nicht (vgl. 1 Kor 7:29-31). Umgekehrt muss buddhistische Anhaftungslosigkeit von der Entfaltung einer liebenden und mitleidvollen Gesinnung begleitet sein, da sie sonst zu einer spirituell unheilsamen Indifferenz verkommt.[11] Weil somit beide Traditionen darum wissen, dass Anhaftungslosigkeit und Liebe nicht nur aufeinander bezogen, sondern wechselseitig aufeinander angewiesen sind, ist es auch möglich, dass Christen und Buddhisten, die ihre jeweilige Tradition von dieser Erfahrungsebene her verstehen, eine tiefe Affinität zur jeweils anderen Tradition empfinden. Eine Affinität, die so weit geht, dass sie sich selbst als auf die andere Tradition angewiesen erleben, ohne dabei der eigenen Religion den Rücken kehren zu wollen, zu können oder zu müssen.

Obwohl hierzu sehr viel mehr zu sagen wäre, will ich es dabei bewenden lassen und mich statt dessen noch einem weiteren wichtigen Punkt zuwenden.

Wechselseitige Transformationen

Aus den bisherigen Ausführungen dürfte klar geworden sein, dass ich nicht der Meinung bin, Buddhismus und Christentums seien dasselbe. Wer als Christ gleichzeitig Buddhist sein will – oder umgekehrt – wird in der anderen Tradition nicht einfach auf dasselbe stoßen, auch wenn es unbestreitbar zahlreiche Gemeinsamkeiten und Ähnlichkeiten gibt. Die detaillierten Untersuchungen von

---

11 Vgl. hierzu beispielsweise die Ausführungen in Buddhaghosas Visuddhi-Magga 318f. über die „nahen" und „fernen Feinde" von Güte und Gleichmut. Hierbei wird deutlich, wie der Gleichmut und die Güte einander wechselseitig vor ihren „nahen Feinden", d.h. die ihnen ähnlich sehenden Fehlformen, bewahren: Die Güte bewahrt die Gleichmut davor, zur Gleichgültigkeit zu werden, und der Gleichmut bewahrt die Güte davor, Gier zu sein.

Rose Drew haben deutlich gezeigt: Christen, die sich zugleich dem Buddhismus zuwenden, tun dies deshalb, weil sie diesen gerade in seiner Verschiedenheit als faszinierend, als ebenso hilfreich wie herausfordernd empfinden (vgl. Drew 2011). Vergleichbares lässt sich wohl auch von Buddhisten sagen, die sich entweder darum bemühen, in konstruktiver Weise ihre jüdischen oder christlichen Wurzeln zu integrieren, oder, die – wie etwa Thich Nhat Hanh (1999, 195) – Jesus zwar nicht als ihren natürlichen, aber als einen „adoptierten Ahn" verehren.

Wenn es zwischen Buddhismus und Christentum starke Affinitäten bei gleichzeitiger Verschiedenheit gibt, dann sind buddhistische Christen oder christliche Buddhisten Menschen, die diese spannungsvolle Bezogenheit beider Religionen in ihrem eigenen Leben erfahren. Die Notwendigkeit, beides miteinander zu integrieren, wird dabei vermutlich auch zu Veränderungen führen. Das heißt, weil Christentum und Buddhismus sowohl aufeinander bezogen als auch voneinander verschieden sind, wird ihre Interaktion vermutlich Transformationen auf beiden Seiten hervorbringen. An jenen, die in und aus beiden Traditionen heraus leben, könnten solche Transformationen besonders deutlich werden.

Vermutlich beinhaltet dies zunächst, dass die Tiefenbegegnung mit der jeweils anderen Tradition dazu führt, dass es im Verständnis der eigenen, primären Religion zu veränderten Schwerpunktsetzungen kommt. So können Christen durch die innere Begegnung mit dem Buddhismus dazu veranlasst werden, im Hinblick auf ihr Gottesverständnis eher von mystischen und apophatischen Ansätzen auszugehen. Sie werden sich auf jene Traditionen im Christentum stützen, in denen Gott nicht als das höchste Seiende verstanden wird, sondern als der Urgrund allen Seins, als das „in dem wir leben und weben und sind" (Apg 17:28). Die Praxis der Meditation wird ihr Verständnis des Gebets bereichern und verändern – ein Umstand, der sich bereits sehr deutlich bei vielen buddhistisch beeinflussten Christen erkennen lässt (vgl. hierzu Gross & Muck 2003; Seitlinger & Höcht-Stöhr 2004).

In vergleichbarer Weise lässt sich erkennen, dass die Begegnung mit dem Christentum bei vielen Buddhisten eine neue Sensibilität für soziale Verantwortung und soziale Gerechtigkeit hervorgebracht hat. Damit können bestimmte Aspekte der buddhistischen Sozialethik wiederbelebt, ja deutlich verstärkt werden. Auch zeitgenössische buddhistische Menschenrechtsaktivitäten, wie etwa das Engagement zur Gleichstellung der Geschlechter, gehen zwar nicht auf christliche, aber doch auf westliche Einflüsse zurück.[12]

Man kann jedoch noch weiter fragen und überlegen, wie Buddhisten auf zentrale christliche Vorstellungen, etwa die der Unverwechselbarkeit des Einzelnen, reagieren oder welche Bedeutung Buddhisten zentralen spirituellen Werten oder Tugenden des Christentums wie etwa der Vergebung und der Hoffnung zumessen können. Auch Buddhisten sind Menschen, die Schuld auf sich laden. Kann – und wenn ja, wie – im buddhistischen Kontext der spirituelle Wert von Vergebung gewürdigt werden? Muss Hoffnung allein als eine Form von Verblendung erscheinen oder lässt sie sich auch buddhistisch als eine spirituelle Tugend verstehen (vgl. Schmidt-Leukel 2009, 187-193)? Können hier vom Christentum Im-

---

12 Zur Diskussion christlicher und westlicher Einflüsse auf die Entstehung des so genannten „Engaged Buddhism" vgl. Queen 1996; Deitrick 2003.

pulse empfangen werden, die zu Transformationen im buddhistischen Verständnis führen?

Ich meine, dass mit solchen Prozessen zu rechnen sein wird und dass jene, die aus beiden Traditionen heraus leben, hierbei sozusagen an vorderster Stelle stehen. Ich möchte dies mit einem Beispiel illustrieren, bei dem ich nochmals auf Norman Fischers zenbuddhistische Psalmen-Übersetzung zurückkomme. Die Vier Edlen Wahrheiten des Buddhismus bieten eine Analyse des Leids und lehren einen Weg zu seiner Überwindung. Doch, so schreibt Fischer (2003, xvi), nach seiner Erfahrung führe der Versuch, die Vier Edlen Wahrheiten zu leben, bei vielen westlichen Buddhisten nicht selten zu einer Verdrängung des Leids, als sei – so Fischer – das Leid etwas, „das man vermeiden, verhüten, dem man entfliehen und ausweichen soll." Verdrängtes Leid breche aber irgendwann hinter dem vermeintlich erreichten inneren Frieden umso stärker wieder hervor. Genau hierin erkennt Fischer nun eine konkrete und konstruktive Herausforderung durch die Psalmen: „Die Psalmen machen klar, dass man vor dem Leid nicht fliehen und es nicht umgehen kann. Ganz im Gegenteil, Leid kommt immer wieder, es ist selbst ein Weg, und gerade durch das Leid, durch das Zulassen des Leids, durch ein Loslassen in das Leid hinein und ein Herausrufen aus dem Leid, können Barmherzigkeit und Friede kommen (etwas, das natürlich auf äußerst deutliche Weise durch das Beispiel Jesu ausgedrückt ist)" (ebd., xvi).[13]

Durch seine zenbuddhistische Praxis findet der Jude Norman Fischer zurück zu seinen jüdischen Wurzeln, sieht sie aber in einem neuen, buddhistisch geprägten Licht. Zugleich erlaubt er seinem neu gewonnenen Verständnis jüdischer Spiritualität auch seine Sicht des Buddhismus zu erweitern und verändern und gelangt auf diesem Weg zu einer profunden Wertschätzung Jesu. Ein wahrhaft erstaunlicher, aber vollkommen nachvollziehbarer Prozess. Hier zeigt sich an einem konkreten Beispiel, dass die gleichzeitige Integration verschiedener religiöser Traditionen zu ebenso profunden wie beeindruckenden Lernprozessen führen kann, die vermutlich ohne diese Integration so nicht möglich gewesen wären. In jedem Fall ist Fischer ein Beispiel dafür, dass Wahrheit, die mit Hilfe einer anderen religiösen Tradition erkannt wird, nicht verleugnet werden darf, sondern in die eigene Tradition integriert werden muss, auch wenn es diese dabei verändert.

Literatur

Askari, H. 1991. *Spiritual Quest. An Inter-Religious Dimension*, Leeds: Seven Mirrors.
R. Bernhardt, P. Schmidt-Leukel (Hrsg.) 2008. *Multiple Religiöse Identität. Aus verschiedenen religiösen Traditionen schöpfen*. Zürich: Theologischer Verlag Zürich.
Buddhadasa, B. 1967. *Christianity and Buddhism*. Bangkok: Samakeesarn Press
Carlson, J. 2003. Multiple Belonging, in: *Buddhist-Christian Studies 23*, 77-83.
Cobb, J. 1978. Can a Christian be a Buddhist, too? In: *Japanese Religions 10*, 1-20.

---

13 „The Psalms make it clear that suffering is not to be escaped or bypassed. Much to the contrary, suffering returns again and again, a path in itself, and through the very suffering and the admission of suffering, the letting go into suffering and the calling out from it, mercy and peace can come (this is most poignantly expressed, of course, in the example of Jesus)."

Cobb, J. 1980. Can a Buddhist be a Christian, too? In: *Japanese Religions 11*, 35-55.

Cornille, C. 2002. Introduction, in C. Cornille (Hrsg.), *Many Mansions? Multiple religious belonging and Christian identity*. Maryknoll: Orbis. 1-6.

Cornille, C. 2003. Double Religious Belonging, in: *Buddhist-Christian Studies 23*, 43-49.

Dalai Lama 1996a. *The Good Heart: A Buddhist Perspective on the Teachings of Jesus*. Boston: Wisdom Publications.

Dalai Lama 1996b. *Beyond Dogma*. Berkeley: North Atlantic Books.

D'Arcy May, J. (Hrsg.) 2007, *Converging Ways? Conversion and Belonging in Buddhism and Christianity*. St. Ottilien: EOS.

Deitrick, J. 2003. Engaged Buddhist Ethics. Mistaking the boat for the shore, in: C. Queen, C Prebish & D. Keown (Hrsg.), *Action Dharma. New Studies in Engaged Buddhism*. London/New York. 252-269.

Drew, R. 2011. *Buddhist and Christian? An Exploration of Dual Belonging*. London/New York: Routledge.

Fischer, N. 2003. *Opening to You. Zen-Inspired Translations of the Psalms*. New York: Penguin.

Griffiths, P. 2001. *Problems of Religious Diversity*. Oxford: Blackwell.

Gross, R. & Muck, T. (Hrsg.) 2003. *Christians Talk about Buddhist Meditation – Buddhists Talk about Christian Prayer*, New York/London:

Hahn, M. (Hg.) 2007. *Vom Rechten Leben*. Frankfurt a.M.: Verlag der Weltreligionen.

Knitter, P. 2009. *Without Buddha I Could not be a Christian*. Oxford: One World Publications.

Panikkar, R. 1978. *The Intra-Religious Dialogue*. New York, (eine deutsche Übersetzung dieses Buches erschien als: Panikkar, R. 1990. *Der neue religiöse Weg. Im Dialog der Religionen leben*. München: Kösel).

Pieris, A. 1989. *Liebe und Weisheit*. Mainz: M. Grünewald.

Queen, C. 1996. Introduction: The Shapes and Sources of Engaged Buddhism, in: C.S. Queen & S.B. King (Hrsg.), *Engaged Buddhism. Buddhist Liberation Movements in Asia*, Albany: SUNY. 1-44.

Schmidt-Leukel, P. 2005. *Gott ohne Grenzen. Eine christliche und pluralistische Theologie der Religionen*. Gütersloh: Gütersloher Verlagshaus.

Schmidt-Leukel, P. 2006a. The Unbridgeable Gulf? Towards a Buddhist-Christian Theology of Creation, in P. Schmidt-Leukel (Hrsg.), *Buddhism, Christianity and the Question of Creation*, Aldershot: Ashgate. 111-178.

Schmidt-Leukel, P. 2006b. *Understanding Buddhism*, Edinburgh: Dunedin Academic Press.

Schmidt-Leukel, P. 2008. Multireligiöse Identität. Anmerkungen aus pluralistischer Sicht, in: R. Bernhardt, P. Schmidt-Leukel (Hrsg.), *Multiple religiöse Identität*, Zürich: Theologischer Verlag Zürich. 243-265.

Schmidt-Leukel, P. 2009. *Transformation by Integration*. London: SCM Press.

Secretariatus pro Non-Christianis 1974. *Bulletin*, Rom: Vatikan Press.

Seitlinger, M. & Höcht-Störr, J. (Hrsg.) 2004. *Wie Zen mein Christsein verändert. Erfahrungen von Zen-Lehrern*. Freiburg i. Br.: Herder

Smith, W.C. 1978. *The Meaning and End of Religion*. San Francisco: Harper.

Smith, W.C. 1989. *Towards a World Theology*. Maryknoll: Orbis.

Spae, J. 1980. *Buddhist-Christian Empathy*. Chicago/Tokyo: Chicago Institute of Theology and Culture.

Thich Nhat Hanh 1999. *Going Home: Jesus and Buddha as Brothers*. New York: Riverhead.

Valea, E. 2008. *The Buddha and the Christ. Reciprocal Views*. o.O.: booksurge.

Williams, P. 2002. *The Unexpected Way. On Converting from Buddhism to Catholicism*. Edinburgh/New York: Continuum.

Yandell, K. & Netland, H. 2009. *Buddhism. A Christian Exploration and Appraisal*. Downers Grove: Inter Varsity.

Eva-Maria Koch

Kann man gleichzeitig Buddhist und Christ sein?

Fast lebenslang beschäftigt mich diese Frage, auch wenn ich mir anfänglich dessen nicht bewusst war. Mein Vater erzählte mir aus dem Elend der Weltkriege, von Vergänglichkeit und Tod und von persönlicher Verantwortung. Meine Mutter gestaltet ihren Alltag im Bewusstsein der Allgegenwärtigkeit Gottes und ein Nennonkel lehrte mich die buddhistischen Grundbegriffe von Karma, Wiedergeburt und Erleuchtung. Mein kindlicher Geist nahm alles als Teil der einen Wirklichkeit wahr, in der buddhistisches Gedankengut selbstverständlich neben dem abendlichen Gebet „an den lieben Gott" seinen Platz hatte. Es war eine naive Sicht. Ein Beispiel: Es war mir klar, dass meine kleinen Dummheiten bestraft würden – aber nicht, weil Gottvater mir persönlich böse war, sondern weil er das Gesetz des Karma geschaffen hatte, was ihn von lästiger Buchführung befreite.

So war es, bis ich ca. im 12. Lebensjahr im Religionsunterricht ein Referat gehalten habe mit dem Titel „Und ihre Taten folgen ihnen nach" (nach dem gleichnamigen Kapitel in den Tiergeschichten von Manfred Kyber). Meine Lehrerin war hell entsetzt, denn der Begriff „Karma" verstörte ihr Konzept. Sie belehrte mich, dass so die Heiden dächten. Christenmenschen wüssten, dass sie aus eigener Kraft kein gutes Werk zustande brächten, denn Gutes entstünde allein aus der Gnade Gottes. Ich hingegen – samt meinem Streben nach guten Werken – sei sündig. Hilfe gäbe es allein durch den Glauben an Jesus Christus, der uns als Lamm Gottes vor ihm rechtfertigt. Ihre Rede ließ mich ratlos: Warum gab Gott denn nicht allen Menschen diese Gnade zu gutem Tun? Er hatte doch sicher genug davon. Das kam mir ziemlich fahrlässig vor – die Anspannung des kalten Krieges mit der Kuba-Krise lag in diesem Jahr über uns.

Und weiter: War ich denn nicht mehr verantwortlich, wenn ich etwas Dummes angestellt hatte? Meine Nachforschungen in der Bibel ergaben mindestens 20 Hinweise, die einen Zusammenhang zwischen unseren Taten und ihren Folgen darstellen, so z.B. das berühmte „Wer das Schwert nimmt, wird durch das Schwert umkommen." (Matth. 26,52). Später, als ich einige Semester Theologie studierte, fand ich theologisch-linguistische Forschungsergebnisse, die zeigten, dass die hebräische Sprache zwischen dem Tun und dem Ergehen danach nicht unterscheiden kann, dass beide sozusagen eine Entität bilden. Warum spielt das in Theologie und Verkündigung kaum eine Rolle? Mein Gerechtigkeitssinn ließ sich nicht beschwichtigen mit der Formel vom „unergründlichen Ratschluss" Gottes. Das Konzept vom „Karma", dem „Tun-Ergehens-Zusammenhang" (Koch 1953) half mir hingegen, ernste Erkrankungen und andere Schwierigkeiten zu ertragen, statt an unergründlicher Willkür oder Zufälligkeit zu verzweifeln.

Die enge Dogmatik und der Wahrheitsanspruch meiner Religionslehrerin hat mich zu weiterer Suche angetrieben und mir so ungewollt zu größerer Klarheit verholfen. Sie ließ mich nie wieder ein Referat halten. Heute – nach ca. 45 Jahren – will ich einen zweiten Versuch wagen. Meine Überlegungen ranken sich um drei Themenkomplexe: Zunächst geht es um das Spannungsfeld zwischen Wahr-

heit und Wahrheitsanspruch, danach beschäftigt mich die Frage nach der Schnittmenge der beiden Religionen und schließlich sollen praktische Aspekte der
Selbsterkenntnis und Geistesschulung betrachtet werden.

Der Wahrheitsanspruch ist hinderlich

Kann man gleichzeitig Buddhist und Christ sein?
Die wichtigsten Schnittmengen der beiden Religionen liegen auf der Hand: Ethik,
Liebe, Mitgefühl und ein Leben, dass nicht ausschließlich in weltlichen Aktivitä-
ten aufgeht. Und was trennt? Trennend sind die Konzepte, mit denen jeweils die
Notwendigkeit der religiösen Forderungen begründet wird.

Ein Beispiel: Die Nächstenliebe wird christlich damit begründet, dass Gott
oder Christus uns zuerst geliebt hat. Buddhistisch entwickelt man ein Verständnis,
eine Wahrnehmung davon, in jedem Wesen die Güte der eigenen Mutter zu erkennen. Rein rational betrachtet klingen beide Begründungen gleichermaßen spe-
kulativ. Aber auf der emotionalen Ebene erzeugen beide das Gefühl, reich be-
schenkt zu sein und tiefe Dankbarkeit erfüllt den Geist. Ein weiteres Beispiel:
Um leidhafte Erfahrungen erträglich zu machen, wird christlich daran postuliert,
dass Glück und Leid aus der Hand des einen Gottes kommen, der uns als seinen
geliebten Kindern zuspricht „Fürchte dich nicht" und Geborgenheit vermittelt.
Und es wird daran erinnert, dass auch wir unser Kreuz auf uns nehmen sollen,
wie Jesus das seine vorbildlich getragen hat. Buddhistisch kann im Leid eine Er-
leichterung gesehen werden, weil es negatives Karma bereinigt und damit beendet. Zudem stärkt das eigene Leid das Mitgefühl für alle anderen Lebewesen, die
aus Unwissenheit fortgesetzt Ursachen für Leiden schaffen und darin verstrickt
bleiben. Dadurch werden die Nachteile des Saṃsāra zur Triebfeder der befreien-
den Geistesschulung. So unterschiedlich die Konzepte auch sind – sie führen beide zu einer Beruhigung des Geistes und zur Akzeptanz des Unabänderlichen. Die
Reihe dieser Beispiele ließe sich fortführen. Entscheidend ist, ob durch das jeweilige Konzept der Geist in heilsame Bahnen gelenkt wird oder nicht. Das ist für
mich die wesentliche Schnittmenge der beiden Religionen. Vielleicht kann man
überspitzt formulieren: Gerade weil verschiedene Traditionen zu verschiedenen
Zeiten an verschiedenen Orten mit verschiedenen Überlegungen zu den gleichen
praxisrelevanten Ergebnissen kommen, geben uns die verschiedenen Traditionen
Wesentliches für das Gedeihen menschlichen Lebens.

Warum halten wir dennoch an konzeptuellen Wahrheitsansprüchen fest?
Der Beginn jeder religiösen Suche nach Wahrheit liegt in den existentiellen Fragen nach der Sinnhaftigkeit von Krankheit und Leid, sowie der als bedrohlich
empfundenen Aussicht auf den Tod. Die Antwort, die wir auf diese Fragen finden, ist uns kostbar – und zwar umso kostbarer, je besser sie uns vor den existentiellen Ängsten schützt. Das heißt im Umkehrschluss: Je intensiver unsere Angst
ist, desto starrer halten wir an „unserer Wahrheit" fest. Jede andere Antwort erscheint uns nicht nur als eine fehlerhafte Theorie von den letzten Dingen, sondern
als persönliche Bedrohung unseres mühsam errungenen inneren Gleichgewichtes.

Wer dieses Gleichgewicht stört, wird abgewehrt oder verteufelt. So schlägt der legitime Wunsch nach religiöser Vergewisserung um in den Anspruch, die alleinige Wahrheit zu besitzen.

Daraus kann ein Problem werden, wenn damit ein Entweder-oder-Modus begründet wird. Problematischer noch: Durch eine zusätzliche Wertung verschärft er sich zum Schwarz-Weiß-Modus: Ich bin auf der richtigen Seite, du bist auf der falschen. Psychologisch gesehen ist das eine unreife Form der Stabilisierung eines schwachen Ich, in welchem Differenzierung und Integrationsfähigkeit noch unterentwickelt sind. Dogmatismus und Fanatismus sind direkt proportional zur inneren Unsicherheit. Das reife Ich hingegen sieht sich durch Fremdes nicht grundsätzlich gefährdet.

Aus über 30 Jahren in einer interreligiösen Ehe mit einem Theologen kann ich nur sagen: Es lohnt, sich der Verunsicherung der eigenen Theoreme auszusetzen. Ich muss gestehen, dass ich anfänglichen durchaus missionarische Anwandlungen hatte, die zum Glück an meinem Partner abgeprallt sind. So können wir z.B. die Losungen gemeinsam lesen und uns gegenseitig die christliche bzw. buddhistische Position dazu erläutern. Daraus ist ein gemeinsamer Fundus von Schnittmengen entstanden, der sich vor allen Dingen auf konkretes Handeln im Alltag bezieht.

Zum Beispiel die Freigiebigkeit: Es ist gleichgültig, ob eine Spende im Namen Jesu an die Geschöpfe Gottes geht oder nach Buddhas Lehre an die fühlenden Wesen, die meine Mütter sind. Von pragmatischer Bedeutung ist lediglich, ob mein Mitgefühl und mein Wille zum Verzicht stark genug sind, um einen Überweisungsträger ausfüllen.

Zum Beispiel ein religiöses Fest: Kann ich denn als Buddhistin in diesen Tagen Advent und Weihnachten feiern ? Ja selbstverständlich! Ich würde es als Verrat an meinem eigenen Bodhisattva-Ideal empfinden, wenn ich den großen Bodhisattva der abendländischen Tradition – Jesus Christus – nicht die Ehre erweisen würde. Ich kann seine Anweisungen annehmen wie von einem buddhistischen Lehrer und würde mich hüten, seine Belehrungen mutwillig oder aus Geringschätzung zu brechen. Ich freue mich über seine Taten.

Diesen ersten Abschnitt möchte ich kurz zusammenfassen: Die Suche nach Wahrheit ist psychisch lebensnotwendig. Wahrheitsansprüche – „allein seligmachende" gar – sind hinderlich. Mitfreude an der Tugend und Güte anderer labt das eigene Herz.

Die Essenz: Das Ziel ist die Wandlung des Herzens, die Schulung des Geistes

Kann man gleichzeitig Buddhist und Christ sein?
Ich muss gestehen, dass ich trotz intensiver Bemühungen nicht verstanden habe, was meine Religionslehrerin damals mit der lutherisch geprägten Rechtfertigungslehre gemeint hat.

Aber eines hat mich als Kind tief beeindruckt: Das Bildnis des gefolterten Christus. Wie konnte er das nur freiwillig ertragen? Wie konnte er eine so starke

Liebe entwickeln, dass er seinen Peinigern vergab? Im Buddhismus fand ich das Ideal des Bodhisattvas, der aus Mitgefühl und Liebe bereit ist, sein ganzes Sein dem Wohle der Lebewesen zu widmen – so z.B. in einer der Jataka-Geschichten, in denen der spätere Buddha Śākyamuni als Bodhisattva seinen Körper einer hungrigen Löwin hingibt. Hat Jesus also das buddhistische „Tonglen" praktiziert, das Austauschen des eigenen Glückes gegen das Leid der anderen?

Beide – Jesus Christus und Buddha – fordern mich auf, ihrem Weg zu folgen. Aber wie kann ich nur diese Stabilität des Geistes, diese unfassbare Liebe erreichen? Ist das nicht eine völlige Überforderung? Nein – Buddha und Jesus sind keine Zyniker. Die gute Botschaft ist: Sie haben Zutrauen in unsere Entwicklungsfähigkeit, in die Wandlung des Herzens und die Schulung des Geistes. Das ist für mich der Dreh- und Angelpunkt, die Essenz, ohne die Nachfolge nicht möglich ist.

Zu diesem Zweck geben uns beide Religionen eine Fülle von Handlungsanleitungen, die uns verwandeln sollen zu wahren Ebenbildern Gottes, zu Manifestationen der Buddhanatur. Dazu ist es notwendig, die Härte des in sich selbst verkrümmten Herzens zu erlösen, die Verblendungen des Geistes zu reinigen. Die gemeinsamen Empfehlungen zielen im Wesentlichen auf zwei Punkte: Zum einen darauf, das süchtige Greifen nach weltlichen Gütern und Werten zu bändigen – und zum anderen, die zerstörerischen Aspekte von Ärger, Wut und Hass zu besiegen.

Zusammenfassend kann man sagen: Es geht in beiden Religionen darum, nicht in den gewohnten egozentrierten und triebgesteuerten Verhaltensweisen stecken zu bleiben.

Folgerichtig sind auch die psychischen Prozesse, die von uns gefordert werden, vergleichbar: Dazu gehören besonders Verzicht, Demut, Selbstvergessenheit, Geduld, Disziplin, Mitgefühl, Liebe und Opferbereitschaft. Mit anderen Worten: Ein friedlicher und klarer Geist, der auch unter schwierigsten Bedingungen stabil und liebevoll bleibt. In diesem Sinne steht aus meiner Sicht die buddhistische Geistesschulung in einem engen Zusammenhang mit dem Geist der Nachfolge Christi. In der christlichen Tradition gibt es für die Nachfolge des Gekreuzigten die Metapher vom Weizenkorn (Joh. 12,24). Ich denke, dass sowohl die christliche als auch die buddhistische geistliche Schulung darin besteht, sehenden Auges zuzulassen, dass das Weizenkorn, unser Ich, in die Erde gelegt wird und stirbt (vgl. Chöd-Praxis[1]) Erst danach kann es Frucht bringen. Das ist einfach notwendig. Und es macht Angst.

In diesem Zusammenhang kann der erbitterte Streit zwischen und innerhalb der Religionen gesehen werden als Abwehr der Angst, mit der eigenen Verwandlung zu beginnen. Das heißt nicht, dass ich die wissenschaftliche Theologie, die historisch-kritische Forschung und die buddhistische Debatte nicht schätzen würde. Sie haben einen hohen Stellenwert gegen die Dumpfheit eines diffusen Glaubens. Aber ich möchte sie daran messen, ob sie die eine wesentliche Funktion er-

---

1   Chöd ist eine meditative Methode, die philosophischen Begriffe von Vergänglichkeit, Substanzlosigkeit und Nicht-Dualität sozusagen in Szene setzt und dadurch erlebbar macht. Das Ziel ist ein Zustand emotionaler Stabilität jenseits von Furcht und Hoffnung (vgl. Allione 1984).

füllen: Den Balken im eigenen Auge zu sehen und die Nachfolge in der Geistesschulung in Gang zu setzen.

Der Weg: Selbsterkenntnis zeigt mir die Mittel

Kann man gleichzeitig Buddhist und Christ sein ?
Ob ich den einen oder anderen Weg verfolge: Ich muss mich mit den ethischen Geboten auseinandersetzen. Sie funktionieren wie Leitplanken, die schmerzhaften Widerstand leisten, wenn ich von meinem Weg abkomme. Das Gebot der Nächsten- und Feindesliebe konfrontiert mich mit meiner eigenen Unzulänglichkeit und Lieblosigkeit. Das Über-Ich meckert, das kindliche ES jault auf, das ICH kann das seichte Glück der Verdrängung nicht aufrecht erhalten. Die Plagegeister aus dem Unbewussten werden geweckt, buddhistisch auch als „Dämonen des Geistes" oder einfach als negative Geistesfaktoren bezeichnet. Die Plagegeister heißen u.a. nackte Gier, ungeahnter Hass, Zerknirschung bis zur Selbstzerfleischung, Zweifel und religiöses Burn-out-Syndrom. Wenn das ICH hingegen die Kraft zur Verdrängung aufbringt, lauern die Gefahren bereits auf der anderen Seite: Selbstgerechtigkeit, Hochmut und Stolz, Werkgerechtigkeit, Erwartung göttlicher Zeichen und Scheinheiligkeit.

Psychologisch gesehen erscheint mir der christliche Begriff der Sünde emotionsgeladen – mit der Gefahr, in Schuldgefühlen zu versinken. Die buddhistische Feststellung einer „unheilsamen Tat" hat hingegen eher den Charakter einer Information über meinen geistigen Zustand.

Welche Wege stehen offen? Beide Religionen eröffnen zur Entlastung den Weg von Reue und Bekenntnis. Jesus bietet den Gläubigen an, alle Sünde auf ihn zu werfen, um sich von der Last zu befreien. Buddhistisch gesehen ist die Vorstellung, eigene Ursachen von Leid einem anderen aufzubürden, unmöglich. Es bleibt nur, ernüchtert die Verantwortung zu übernehmen, reinigenden Meditationen durchzuführen und den Geist durch geeignete Gegenmittel in die Balance zu bringen. Um das Unheilsame an der Wurzel zu packen, muss die falsche Vorstellung von der Existenzweise des Ich überwunden werden. Das geschieht buddhistisch durch die rechte Anschauung – das Verständnis von abhängigem Entstehen und Leerheit.

Zum Schluss noch einmal die Frage: „Kann man gleichzeitig Buddhist und Christ sein?"
Die Frage kann ich nur aus meinem bisherigen buddhistischen Verständnis beantworten:

Meine naive kindliche Verschränkung der Konzepte kann ich heute – leider? – nicht mehr aufrecht erhalten. Besonders in der Frage von Karma vs. Rechtfertigungslehre scheint mir rein praktisch kein Sowohl-als-Auch möglich.

Aber es gibt eine weite gemeinsame Wegstrecke: Die Geistesschulung. Schicht um Schicht wird unsere Egozentrik abgeschält, bis die Buddhanatur, respektive die Ebenbildlichkeit Gottes sichtbar wird. Von den buddhistischen so genannten

„Sechs Vollkommenheiten" können die ersten 4 gemeinsam geübt werden: Frei-gebigkeit, Ethik, Geduld mit Feinden und Tatkraft aus dem Geist von Mitgefühl und Liebe. Allerdings genieße ich es, dass – soweit ich es überblicken kann – die buddhistischen Anleitungen dazu systematischer und ausführlicher sind. Zu den beiden nächsten Themen – Konzentration und Weisheit i.S. der Erkenntnis der Leerheit[2] – habe ich keine biblischen Äquivalente gefunden.

Neben der gemeinsamen Wegstrecke gibt es auch eine Parallele, die die In-tensität der Wandlung betrifft: Biblisch wird davon gesprochen, den „neuen Men-schen anzuziehen" (Eph. 4,23f., auch: 1.Joh. 3,2; Gal. 2,20) – tibetisch-buddhis-tisch zeigt das Gottheitenyoga[3] den Weg zur Desidentifikation mit dem alten so genannten Ich.

Und erstaunlicherweise steht in der Bibel ein Satz, der christlich eher als Ne-bensatz wahrgenommen wird, buddhistisch aber als Anzeichen für gelungene Geistesschulung gilt: „Dem Reinen ist alles rein" (Tit. 1,15). Und zu guter Letzt gilt christlich wie buddhistisch: Als Ergebnis des geistlichen Weges wird Freude beschrieben, die unabhängig geworden ist von äußeren Bedingungen, weil sie aus der tiefsten Quelle schöpft.

Literatur

Allione, T. 1984. *Tibets weise Frauen.* Glonn: Capricorn Verlag.
Dalai Lama 1996. *Die Lehre des Buddha vom abhängigen Entstehen.* Hamburg: Dhar-ma Edition.
Dalai Lama 2001. *Dzogchen.* Berlin: Theseus Verlag.
Koch, K. 1953. *Sdq im Alten Testament: Eine traditionsgeschichtliche Untersuchung.* Dissertation, Universität Heidelberg.

---

2   Die „Leerheit" bezeichnet die endgültige Seinsweise aller Phänomene in Abhängigkeit,
    d.h. die Phänomene sind leer von inhärenter Existenz. Die transzendentale Erfahrung
    dieser philosophischen Erkenntnis ist der höchste Schutz vor allen leidhaften Erfahrun-
    gen (vgl.V. Dalai Lama 1996, 2001).
3   Eine Meditationsmethode aus dem Vajra-Fahrzeug, bei der das Resultat des Übungswe-
    ges in den Weg hineingenommen wird.

Ulrich Dehn

Christ und Buddhist zugleich?

In den Ausführungen von Perry Schmidt-Leukel und Eva-Maria Koch und der ansonsten vorliegenden Literatur wird bereits mehr als deutlich, dass die Themafrage eigentlich nur rhetorisch gemeint sein kann und sowohl die spirituellen Realitäten als auch das religionsgeschichtliche Material deutlich die Richtung einer Antwort zeigen: Zahlreiche biografische Narrative beweisen, dass diese Frage eindeutig beantwortet werden kann und muss im Sinne dessen, dass, wenn es die Wirklichkeit gibt, naturgemäß auch die Möglichkeit geben muss.

Es sollen jedoch zunächst einmal einige Diskursebenen kurz erläutert werden, die in diesem Zusammenhang eine Rolle spielen. Die Frage nach der Möglichkeit, gleichzeitig ChristIn und BuddhistIn zu sein, hat es nicht nur mit religionswissenschaftlichen oder spirituellen bzw. theologischen/philosophischen Komponenten zu tun, sondern auch mit normativen und Machtaspekten sowie Beziehungs- und Vernetzungskomponenten.

Die Frage der **normativen** Ebene lautet: Kann ich mit dieser Problemstellung wirklich leidenschaftslos und ausschließlich ideengeschichtlich umgehen oder gibt es wertende Aspekte, die zu berücksichtigen sind? Das heißt, Religionen werden insbesondere dann, wenn man das (umgangssprachliche) Stichwort der „Weltreligionen" verwendet, als kompakte Gebilde betrachtet, die Wahrheit und mutmaßlich kohärente Systeme transportieren, die wirkungsgeschichtlich und institutionell einander ausschließen und das Leben in einem großen Narrativ anlegen und anbieten. Vor kurzem hat eine Gruppe von amerikanischen Religionswissenschaftlern (Esposito, Fasching & Lewis 2008) noch einmal dieses Element hervorgehoben: das Leben in einer Religion als einem großen Narrativ, in dem ich als Einzel- und (Religions-)Gemeinschaftswesen „wohne", mich wohlfühle und spirituell definiere und dass diese Verbindung einstmals eine wesentliche Komponente der religiösen Konstitution darstellte, sich jetzt aber durch die Globalisierung religiöser Prozesse aufzulösen beginnt oder schon aufgelöst hat.

Die normative Ebene sagt: wir können eigentlich nur in *einer* Religion wirklich authentisch und wahrhaft sein, und ist vermutlich intersubjektiv mehrheitlich verbreitet. Sie korrespondiert mit der **Machtebene**, die dazukommt, wenn wir es mit Institutionen zu tun haben, die außerreligiöse Interessen ins Spiel bringen und eine weitgehende monoreligiöse Gesinnungshomogenität der Mitglieder anstreben müssen, auch wenn ihre Repräsentanten als denkende Einzelsubjekte die Vereinbarkeit des Glaubens mit Elementen anderer Glaubenstraditionen affirmieren mögen. Es sind heute nicht mehr Ketzerverbrennungen und Häresieverdikte, sondern Lehrzuchtverfahren, Entzug von Prüfungsberechtigungen, Dienstsuspendierungen, gegebenenfalls auch Lehrrechten, die mit Bi-Identitäten und ähnlichen Dingen verbunden sein können und den Machtaspekt signifizieren. Jedoch muss die Machtebene in Diskursen diese Art nicht notwendigerweise eine große Rolle spielen.

Wir haben es mit zwei weiteren Ebenen zu tun, die nur schwer von einander zu differenzieren sind. Ich würde von der **deskriptiven** und der **religionswissenschaftlichen** Ebene sprechen. Das bedeutet, wir beobachten multiple religiöse Identitäten, wie sie Perry Schmidt-Leukel erwähnt und beschreibt. Er geht so weit, zu sagen, dass es eigentlich nur multiple religiöse Identitäten gebe. Dem würde ich unter einer Bedingung folgen. Das Problem ist ja: Wenn wir diesen Begriff der multiplen religiösen Identität verwenden, unterstellen wir, dass es auch das andere gibt: die kompakte, monoreligiös definierbare, nicht weiter ausdifferenzierungsbedürftige, weil in sich kohärente religiöse Identität. Insofern ist der Begriff in sich schon wieder problematisch, denn das letztgenannte, die nichtmultiple religiöse Identität, gibt es vermutlich nur als fiktive institutionell definierte Größe. Aber der Begriff sollte einstweilen heuristisch sinnvoll sind. Somit beschreiben wir multiple religiöse Identitäten, die vorhanden sind und sich in Interviews, Selbstzeugnissen und Fremdanalysen präsentieren und zugänglich machen.

Das andere ist die religionswissenschaftliche Ebene, die nicht notwendigerweise aufgrund von empirischem Material arbeiten muss, sondern ideengeschichtliche Elemente gegeneinander abwägt und darüber Auskunft gibt, wie Religionen entstanden und wie sie miteinander in Interaktion gekommen sind, wie das in einzelne Gläubige hinein herunter gebrochen wird und wo die Berührungspunkte und die Kompatibilitäten sind. Hier findet sich eine diskursive Ebene, auf der religiöse Elemente miteinander ins Verhältnis gebracht werden können, die auf der deskriptiven Ebene noch unverbunden erscheinen mögen. Mythen können in Interaktion treten, wie Menschen, sie können zu gegenseitigen Verweissystemen in unterschiedlichen Kontexten werden, wie etwa die interkulturelle und interreligiöse Verwendbarkeit der Geschichte von den Blinden und dem Elefanten zeigt.

Wir wissen also: Religionen sind keine kompakten Gebilde. Sie sind komplexe Konstrukte, die sich geschichtlich entwickelt und aneinander gespiegelt haben, die nur dadurch gewachsen sind, dass sie in Interaktion miteinander traten, weil es nie abstrakte Gebilde gab, sondern weil sie sich herunter gebrochen haben in einzelnen Individuen. Ich würde allerdings nicht so weit gehen, zu behaupten, dass es so viele Christentümer gebe wie es Christen gibt oder so viele Buddhismen wie es Buddhisten gibt. Ich vermute, dass die Gemeinsamkeiten – heilige Schriften, Riten, gemeinsame Mythen, Narrative und Gemeinschaftsformen – Gemeinsamkeitselemente generieren, die natürlich auch individuelle Gestaltungsräume bieten, allerdings ohne dass deshalb bereits unendliche viele neue Religionsformen geschaffen würden.

Eine Beantwortung der Frage nach dem *double belonging* wird sich zwischen zwei unterschiedlichen Religionsverständnissen aufhängen müssen – das ist zum einen ein Überbewerten von Religion als kompakt definierbarer Glaubens- und Lebensform, als gewachsener religiöser Tradition, die als solche historisch und institutionell wahrnehmbar ist und nicht ignoriert werden kann, zum anderen eine Stilisierung von Fluidität des Religiösen, die die Bestandteile religiöser Seinsformen nur noch als Elementensammlungen meint fassen zu können: religiöse Facetten, die angeeignet werden, die auch wieder abgestoßen werden und die zu immer neu konstruierten Formen von multiplen religiösen Identitäten zusammen-

gesetzt werden. Man könnte dies jetzt an den Facetten und an den Elementen ver-
anschaulichen, aus denen Christentum und Buddhismus bestehen, dies kann aber
auf dem knappen hier zur Verfügung stehenden Raum nicht geleistet werden. Ob
es sich um die Kombination von christlichem Glauben mit Reinkarnationsvorstel-
lungen, von Karma-Denken mit christlicher Ethik oder die Anreicherung christlicher Spiritualität mit buddhistischen Meditationsmethoden handelt – das Feld
möglicher religiöser Mosaike ist weit und kann hier nur angedeutet werden.

Die Frage, an welcher Stelle zwischen den beiden bezeichneten Polen ein
Religionsverständnis sinnvoller Weise anzusiedeln sei, wird sich in der wissenschaftlichen Diskussion nicht schlüssig beantworten lassen, sondern kann nur im
Vollzug des ausgewogenen Berücksichtigens von Eigenverständnissen, Deskrip-
tionen, religionsgeschichtlichen Fäden und der Analyse von ideen- und religionsso-
zialgeschichtlichen Prozessen bearbeitet werden.

Bi-Identitäten

Im Sinne einer Konkretisierung der Frage nach Bi- oder Multireligiosität möchte
ich zwei Biografien zwischen Buddha und Jesus erwähnen, die aus Japan bekannt
sind. Dem seien einige Gedanken von Ulrich Schoen zum Thema der Bi-Identität vorgeschaltet. Schoen hat die Bi-Identität bereits an der Tatsache festgemacht,
dass jeder Mensch zwei Elternteile hat und insofern zwei möglicherweise weit
auseinander strebende Erbgüter in sich vereinigen muss. Sein einschlägiges Buch
setzt ein mit dem „Doppelten Lottchen" von Erich Kästner (Schoen 1996, 17-19).
Für Schoen (1996, 133-135) stehen nicht die dogmatischen Vereinbarkeiten zweier Religionen im Vordergrund, sondern Beziehungsnetze, Machträume und ihre
Aufbrechung, die Überbrückung kultureller Klüfte und die Schaffung von Ener-
gien gegen „ptolemäische Systeme" der Religionen Brückenmenschen wie die
deutsch-türkische Muslima Saduman werden zu Vermittlerinnen zwischen zwei
„Universen", weil sie sowohl das „abendländische Christentum" als auch den
„morgenländischen Islam" durch ihre Eltern und in ihrer Erziehung kennen gelernt hat und in die Begegnung bringen kann. Nach einer alten islamischen Tradition stellen der schwarze Stein in der Außenwand der Kaaba in Mekka und der
Felsen unter dem Felsendom in Jerusalem die beiden Brennpunkte einer Ellipse
dar, die sich am Jüngsten Tag zu dem einen wahren Mittelpunkt vereinen werden,
zu einem einzigen Stein. Das ist der Traum von Saduman. In anderen Beispielen
schildert Schoen das schmerzhafte Ausleben von brückenschlagender Bi-Identität in bi-kulturellen oder bi-religiösen Ehen, die sich an der Monokulturalität ihrer Religionsgemeinschaften abarbeiten müssen.[1]

Die beiden japanischen Religionsphilosophen YAGI Seiichi (geb. 1932) und
TAKIZAWA Katsumi (1909–1984) haben zur Themafrage einiges aus ihrer jeweiligen Denkbiografie beizutragen, allerdings weniger im Duktus der von Schoen
geschilderten religiös-situativen Biografien als vielmehr in dem von theologisch-

---

1   So etwa die deutsch-türkische christlich-islamische Ehe von Martin und Zeyneb, die
     zahlreiche rechtliche und mentalitäre Barrieren überwinden muss (Schoen 1996, 154-
     161). Vgl. zum Thema des Brückenschlags auch Gloël 2007.

philosophischen Begegnungsprozessen. Takizawa war Buddhist, der sich zwischen Zen-Buddhismus und japanischen Glaubensbuddhismus (Amidismus) aufhielt. Als Student buddhistischer Philosophie ist er über die Beratung durch den japanischen Religionsphilosophen Nishida Kitaro und die Begegnung mit christlicher Theologie in Europa, in Deutschland und in der Schweiz zu dem Versuch gekommen, christliches und buddhistisches Gedankengut miteinander zu verbinden. Er hat einen lebenslangen Prozess durchgemacht, der dann dazu führte, dass er sich im gereiften Erwachsenenalter hat taufen lassen. Takizawa geht von einem Urfaktum Immanuel, einem Urereignis aus, das eine unverbrüchliche Beziehung des Menschen zu „Gott", zu einem sein eigenes Bewusstsein überschreitenden Etwas konstituiert und den Religionen gemeinsam ist: Sein Gegenüber kann Amida oder Gott sein, nicht jedoch ein historisches Wesen. Diese dem Christentum und dem Buddhismus gemeinsame Urerfahrung wird ergänzt und bestätigt durch die historische und spezielle Erfahrung in Jesus Christus bzw. die buddhistische Erfahrung mit Amida, die die Urerfahrung nicht konterkariert, sondern vielmehr jeweils konkretisiert und spezifiziert (Takizawa 1993, 290-304; Takizawa 1987).

Der Weg Yagis war umgekehrt. Er kam vom Christentum her, studierte christliche Theologie, promovierte in Deutschland zum Neuen Testament und fand in dieser Zeit den Weg zum Buddhismus durch die Begegnung mit dem evangelischen Japanologen Wilhelm Gundert, der als Missionar in Japan gewesen war. Er hatte auf dem Rückweg von Ulm, wo er Gundert besucht hatte, zu seinem Studienort Göttingen, in seinem Zug im doppelten Sinne ein Erleuchtungserlebnis: er las in Gunderts deutschen Übersetzung des Hekiganroku aus dem Bi-Yän Lu, die ihm von Gundert geschenkt worden war, also einer Schrift aus dem Zen-Buddhismus. Die Sonne brach durch den vorher bewölkten Himmel und er hatte in diesem Augenblick den Eindruck, dass Erleuchtung noch einmal anders verstanden werden müsse, als er das bisher vom Neuen Testament her verstanden hat. Er sprach von einem „zweiten Bekehrungserlebnis" (Fritsch-Oppermann 2000, 140; Luz 1988). Yagi verstand sich fortan als ein Grenzgänger zwischen christlicher und buddhistischer Philosophie und gab dieser Existenz einen philosophischen Rahmen mit der Idee der „Front-Struktur als Brücke vom buddhistischen zum christlichen Denken" (Yagi 1988) Unter Berufung auf einen Text des buddhistischen Philosophen NISHITANI Keiji erläutert Yagi anhand einer Wand, die zwei Zimmer trennt, die Struktur zweier zwar von einander getrennter, aber durch die Wand ja auch zugleich miteinander verbundener Räume, Welten, religiöser Systeme. Der Wand ist zueigen, dass sie das, was jenseits meines Bereichs liegt, doch auch zu einem Bestandteil meines Teils des „Raums" macht und umgekehrt mein Bereich nicht nur mir „gehört". Der Begriff der *śunyatā* (Sanskrit für Leere) bedeutet in der Erläuterung durch Nishitani und Yagi, dass „kein Seiendes lediglich und ausschließlich zu sich gehörende Bestandteile hat" (Yagi 1988, 24). Dieser hermeneutische Formalrahmen lässt Yagi zu einem Philosophen auf der Grenzlinie werden, der im steten Dialog mit dem anderen Grenzgänger Takizawa bis zu dessen Tod 1984 sein Denken entfaltete.

Mit Takizawa und Yagi zeichnen sich zwei Wege vor unseren Augen ab, die sich von den beiden unterschiedlichen Polen her aufeinander zu entwickelten und schließlich an einer Stelle kreuzen, wo sie zwar nicht identisch werden, aber in sehr ähnlicher Weise eine Brückenfunktion ausüben, die Ulrich Schoen für einige Ebenen – Religionssoziologie, Machtebene, Lebenswelten – beschrieben hat. Hier veranschaulicht sich etwas exemplarisch: Biografische Narrative werden wichtig und führen dazu, dass religiöse Elemente miteinander vereinbar werden und authentische Identitäten ausbilden lassen.

Wie setzt sich eine solche Identität zusammen, wie authentisch ist sie, woraus ist sie gewachsen? Ist sie mehr als ein kokettes Ausprobieren, ein Experimentieren im chemischen Labor der religiösen Elemente? Kann hier alles harmonieren oder ist auch Zischen und Explodieren möglich? Gibt es möglicherweise ein Kollidieren von Selbstwahrnehmungen und einem kritischen analytischen Fremdblick entsprechend der oben erwähnten religionswissenschaftlichen Perspektive? Welchen Stellenwert hätte eine mögliche Diastase der Perspektiven?

Versuch eines Fazits

Um noch einmal abschließend einige Aspekte ins Bewusstsein zu rufen:

Es sollte nicht aus den Augen verloren werden, was in dem englischen Begriff „religious belonging" aufgehoben ist. Zu einer religiösen Identität kann eine soziale Bindung gehören, die für viele Menschen wichtig ist und zumeist einen Bestandteil des theologischen/philosophischen wie auch institutionalisierten Selbstverständnisses darstellt: *Saṅgha* als eine der drei „Zufluchten" des gläubigen Buddhisten, *Kirche* als Bestandteil des christlichen Glaubensbekenntnisses, *umma* als weltweite und lokale muslimische Gemeinschaft etc. Eine religiöse Identität soll in der Regel nicht etwas sein, was das Individuum nur mit sich selbst austrägt. Eine der Grundlehren des Buddhismus besagt, dass Individuen nur in Beziehung zueinander und in der gegenseitigen Abhängigkeit in der Verbundenheit miteinander existieren, und das kann sich in der Konstitution religiöser Identität in der sozialen Bindung niederschlagen, in der gelebte Religion stattfindet. Dieser ideengeschichtliche Hinweis sollte allerdings gegen Missbrauch auf der Machtebene gewappnet sein. Er kann quasi para-intentional zum Thema der Brückenfunktion hinführen, die dann eben nicht mehr nur die eine, sondern die beiden Gemeinschaften beträfe.

Wichtig bleibt festzuhalten, dass die Frage danach, ob jemand gleichzeitig Christ und Buddhist sein kann, nicht im wissenschaftlichen Diskurs beantwortet werden kann, jedenfalls nicht im Sinne eines normativen oder im Sinne von Kohärenzen argumentierenden Vorgangs. Die Kombinationsfähigkeit von religiösen Glaubenselementen, d.h. die Frage von religiösen Kohärenzen, ist, wie die Spiegelungsgeschichte der religiösen Traditionen zeigt, in jeder Richtung offen und lässt keine belastbaren Urteile zu. Wahrnehmbar – und in gewissem Maße wissenschaftlich auswertbar – sind religiös-biografische Narrative, die immer wieder aufs Neue von der Offenheit und Vielfalt des religiös Glaub- und Lebbaren Zeugnis ablegen. Diese Narrative sollen für die, die sie erzählen, stimmen, und sie sollen erzählbar sein, also auch für andere, die zuhören, stimmen. Es mag daraus, jenseits der Themen von Absolutheit, Wahrheit, Häresie und (Un-)Richtigkeit, ein Chor der Brückenmenschen und eine Vielzahl neuer Mythen und Hörgewohnheiten entstehen, denn hier – nicht am Ort der Monokulturalität von Religion – ist der Weg, den die Religionsgeschichte geht.

Literatur

Esposito, J. L., D. J. Fasching & T. Lewis 2008. *Religion and Globalization: World Religions in Historical Perspective*, New York/Oxford: Oxford University Press.

Fritsch-Opperman, S. 2000. *Christliche Existenz im buddhistischen Kontext. Katsumi Takizawas und Seiichi Yagis Dialog mit dem Buddhismus in Japan*, Münster: Lit.

Glöel, H.-M. (Hrsg.) 2007. *Wir sind Brückenmenschen. Wie sich Christen und Muslime begegnen – Biographische Notizen*, Neuendettelsau. Erlanger Verlag für Mission und Ökumene.

Luz, U. 1988. Zur Einführung, in: S. Yagi (Hrsg.), *Die Front-Struktur als Brücke vom buddhistischen zum christlichen Denken*, München: Kaiser, 7-19.

Schoen, U. 1996. *Bi-Identität. Zweisprachigkeit, Bi-Religiosität, doppelte Staatsbürgerschaft*, Zürich/Düsseldorf: Walter.

Takizawa, K. 1980. *Reflexionen über die universale Grundlage von Buddhismus und Christentum*, Frankfurt a.M.: Lang.

Takizawa, K. 1987. *Das Heil im Heute*, Göttingen: Vandenhoeck und Ruprecht.

Takizawa, K. 1993. Theologie und Anthropologie – ein Widerspruch? Entwurf einer einen The-Anthropologie, in: ders., *Junsuishinjingakujosetsu (Einleitung zu einer reinen Theo-Anthropologie)*, 3. Auflage, Fukuoka: Sōgensha, 290-304.

Yagi, S. 1988. *Die Front-Struktur als Brücke vom buddhistischen zum christlichen Denken*, München: Kaiser, 7-19, bes. 11f.

Christof Spitz

Eine Wahrheit, eine Religion?

Herzlichen Dank meinen Vorrednern für die erhellenden Einsichten, besonders auch meiner langjährigen Dharma-Schwester Eva-Maria Koch für ihren sehr persönlichen und bewegenden Vortrag.

Zunächst erlauben Sie mir einige Bemerkungen zu meiner eigenen Biografie in diesem Kontext. Ich habe einen ähnlichen Hintergrund wie Eva-Maria, komme allerdings nicht aus einem protestantischen, sondern aus einem katholischen Elternhaus. Mittlerweile bin ich aber länger Buddhist als Katholik. Vielleicht bin ich immer noch ein bisschen Katholik. Ich denke, die Frage lässt sich für mich weniger schwarz-weiß beantworten, vielmehr geht es wohl eher um graduelle Unterschiede. Denn auch wenn ich mich nicht länger als Katholik, sondern als Buddhist bezeichne, weiß ich, dass ich von meiner katholischen Erziehung geprägt bin. Manches davon ist unbewusst; manchen Einfluss aber bewahre ich mir bewusst. Vieles schätze ich weiterhin im Christentum und möchte es als Teil meiner eigenen Persönlichkeit und meines Lebens nicht aufgeben. Vielleicht bin ich deshalb – was meine religiös-spirituelle Ausrichtung betrifft – zu 70% Buddhist und 30% Christ.

Im Christentum hat mich seit meiner Kindheit und Jugend das Leben Jesu besonders beeindruckt; als eine große Persönlichkeit, die ihr eigenes Leben für das Wohl der anderen hingegeben hat. Als solche ist Jesus für mich noch heute ein leuchtendes Beispiel, ein großes Vorbild. Aus buddhistischer Sicht kann ich ihn als Bodhisattva interpretieren. Das lässt aber auch gleichzeitig eine Problematik erkennen: Wir greifen eine Interpretation aus der eigenen Religion auf, die wir für uns als wesentlich empfinden, und wenden sie auf eine andere Religion an, obwohl diese Interpretation nicht unbedingt deren Selbstverständnis entspricht. Doch können wir hierdurch die andere Religion wertschätzen und sogar als sehr inspirierend erfahren.

Der Buddhismus sprach mich durch die Rationalität an, mit der er vorgeht. Genau aus diesem Grund rebelliere ich innerlich immer ein bisschen, wenn Meditation als ein Abschalten des diskursiven Denkens verstanden wird, oder als eine Art Entspannungsmethode. Ich bezweifle, dass sich eine Einsicht in die Wirklichkeit ohne jede Begrifflichkeit entwickeln kann. Deshalb schätze ich besonders die Tradition des tibetischen Buddhismus. Darin kenne ich mich durch meine Übersetzertätigkeit vor allem aus. Ich habe dabei gelernt, dass es im tibetischen Buddhismus sehr viele Arten analytischer Meditation gibt. Diese habe ich als sehr hilfreich erfahren. Diese Form der Meditation hat mich stets beeindruckt und sehr geprägt. Auch die Offenheit, mit der man die wirklich wichtigen, essentiellen Fragen des Lebens wie Tod und Sterben betrachtet, finde ich im Buddhismus sehr beeindruckend. Fragen, die im alltäglichen Leben gern verdrängt werden, werden mit einer gewissen Gelassenheit, aber auch Ernsthaftigkeit thematisiert. Und natürlich schätze ich die systematische Methode, die ich im Buddhismus finde, die

Praxis der Geistesschulung. Es funktioniert tatsächlich: Wenn man sich darin übt, stellen sich entsprechende Erfolge ein.

Nun sollte ich etwas zu der Aussage des Dalai Lama sagen, man solle nicht versuchen, dem Körper eines Schafs einen Yak-Kopf aufzusetzen, die Prof. Schmidt-Leukel zitierte. Es wäre eine große Ehre, im Namen Seiner Heiligkeit sprechen zu können, aber dazu fühle ich mich nicht berufen. Wir müssten ihn selbst dazu befragen. Aber vielleicht kann ich zumindest einige Anmerkungen machen, was ich hier und da beim Übersetzen für ihn an ähnlichen Stellen aufgenommen habe.

Was könnte er damit gemeint haben? Spontan denke ich: Das ist wieder eines dieser typisch griffigen Bilder, die die Tibeter so gerne benutzen. Angesichts der ungebändigten Kraft der Naturgewalten in Tibet haben sie manchmal eine auf uns vielleicht etwas rau und grob wirkenden Ausdrucksweise. So benutzen sie auch gern einen anderen Begriff. Sie sprechen in diesem Zusammenhang häufig von „Tschötug", wörtlich übersetzt: Dharma-Eintopf bzw. ein Eintopf mehrerer Religionen. Zwar lieben Tibeter ihren abendlichen Nudeleintopf. Aber hier steht der Vergleich für die negativen Seiten des Synkretismus, die Vermischung verschiedener religiöser Traditionen. Die Gefahr ist, dass der individuelle, einzigartige Geschmack jeder einzelnen Tradition durch die Vermischung verloren geht.

Eine weitere Gefahr, die man sieht, ist, dass man in der persönlichen Praxis den Leitfaden für sich selbst verlieren könnte. Das ist es vielleicht, was Sakya Paṇḍita meinte, als er sagte: „Wenn Du hier das gute Wasser hast, warum suchst Du dann nach etwas anderem?" Ich verstehe das so: Wenn man bei der spirituellen Praxis auf ein Hindernis trifft, insbesondere wenn bei der Geistesschulung vermehrt Hindernisse auftauchen, tendiert man dazu, sich nicht dem Problem im eigenen Geist zu stellen, sondern davon zu laufen und lieber nach etwas anderem zu suchen. Und wenn dann auch dort Hindernisse auftauchen, sucht man wieder nach etwas anderen. Oder, wenn ich etwas im Moment vernunftmäßig nicht gleich nachvollziehen kann, urteile ich vorschnell: Weil ich es nicht verstehe, muss es falsch sein. Urteilen wir nicht manchmal viel zu leicht aus unserer persönlichen, sehr eingeschränkten Perspektive heraus, ohne in Betracht zu ziehen, dass sich eine Wahrheit aus einer anderen Perspektive auch anders darstellen kann? Das ist ein Phänomen, dem buddhistische Meister und sicher auch Meister anderer religiöser Traditionen entgegenwirken wollen. Die Gefahr ist natürlich, zugestandenermaßen, dass diese Warnung zu Machterwerb missbraucht wird. Das wurde ja bereits angesprochen. Dem stimme ich voll und ganz zu. Aber ich würde nicht gleich von vornherein unterstellen, dass ein solches Sektierertum der vorrangige Grund ist, warum von der Vermischung mehrerer Traditionen abgeraten wird, insbesondere Anfängern, also Personen, die noch keine solide Grundlage aus einer Tradition erworben haben. Letztlich bleibt die Entscheidung für eine religiöse Tradition natürlich einem selbst überlassen, und man muss selbst bewerten, warum man eine Religion wechseln oder mehrere Religionen gleichzeitig anwenden will. Das wichtigste ist, ehrlich mit sich selbst zu sein.

Der Dharma wird oft mit einem Spiegel verglichen, in dem man sich selbst betrachtet. Aber er kann auch zu einer Art Schein-Dharma werden. Das heißt, man bildet sich ein oder gibt bei anderen vor, Spiritualität zu praktizieren, ohne dass sie wirklich ins eigene Herz eingekehrt ist. Die Verantwortung, sich selbst zu beobachten und darauf zu achten, dass dies nicht gescheit, liegt bei einem selbst. Es ist Teil der spirituellen Redlichkeit, zu schauen: Bin ich wirklich ehrlich, vor allem auch mit mir selbst? Dies gilt für die Praxis des Buddhismus oder des Christentums oder einer anderen Religion. Die Frage ist die gleiche: Bin ich aufrichtig mit mir selbst oder lasse ich mich allzu schnell von meinen Vorurteilen leiten, vielleicht sogar geprägt von Rechthaberei und Hass?

Was ich damit sagen möchte, ist, dass es beide Möglichkeiten gibt: Argumente für die Integration mehrerer religiöser Traditionen und Argumente für die konsequente Verfolgung eines Weges. Es ist nicht falsch, nur einem Weg zu folgen. Welchen Weg eine Person wählt, muss sie letztlich mit sich selbst ausmachen. Dies ist ja auch bereits hinreichend durch verschiedene Beispiele zum Ausdruck gekommen. Letztlich ist dies eine sehr individuelle Angelegenheit, insofern lässt sich die Frage der Möglichkeit einer multiplen religiösen Identität nicht pauschal beantworten.

Der Dalai Lama sagt in diesem Zusammenhang: Wir haben hier zwei Konzepte, die sich auf den ersten Blick zu widersprechen scheinen. Das eine Konzept ist: Es gibt nur eine Wahrheit, und entsprechend kann nur eine Religion die richtige sein. Das andere Konzept ist: Es gibt mehrere Wahrheiten, und diese kommen durch mehrere Religionen zum Ausdruck. Seiner Auffassung nach widersprechen sich diese beiden Konzepte nicht, wenn man nämlich das erste Konzept auf das Individuum bezieht und das zweite auf die Gesellschaft insgesamt. Ich kann es also für mich selbst so empfinden, dass entweder der Buddhismus oder aber das Christentum für mich wahr ist, dass für mich die eine Religion plausibler ist als die andere, besser nachvollziehbarer oder methodisch für mich angemessener. Das ist für mich im Vortrag von Eva-Maria Koch sehr deutlich zum Ausdruck gekommen. Ich habe sie so verstanden, dass es für sie an einigen Stellen offenbar so war. Gleichzeitig kann ich aber die Offenheit und die Wertschätzung haben, dass für andere Menschen diese Frage anders beantwortet wird. So kann ich zu dem Schluss kommen, dass es in einer Gesellschaft mit vielen Menschen von so unterschiedlicher Veranlagung und Prägung sehr hilfreich, nützlich und notwendig ist, verschiedene Religionen und verschiedene Wahrheiten vorzufinden. Auch wenn ich mich persönlich für eine Religion entscheide, bleibt der Pluralismus für die Gesellschaft als Ganzes die bessere Option.

Es ist völlig unnötig, die verschiedenen Religionen gegeneinander auszuspielen. Sie können sehr wohl nebeneinander und miteinander bestehen. Wir sollten uns diese Offenheit bewahren und es jedem Menschen selbst überlassen, wie er für sich diese Frage beantwortet, ob man gleichzeitig etwa Buddhist und Christ sein kann. Was individuell möglich ist, sollte jeder für sich entscheiden. Meine Sorge ist, dass die Frage in einen Imperativ umgewandelt werden könnte: Als ob man als moderner spirituell oder religiös ausgerichteter Mensch gleichzeitig mehrere Religionen anwenden müsse. Auch hier haben Tibeter eine eher pragmatische Herangehensweise, die mir sehr behagt. Sie sagen häufig: Wenn du in den Supermarkt gehst, nimmst du dir, was du brauchst und was für dich am besten passt. Aber du kommst nicht auf die Idee, jemand anderes zu beschimpfen, weil er ein anderes Kleidungsstück auswählt oder im Restaurant ein anderes Menü auswählt. Für die einen passt dies, für andere jenes und für wieder andere beides. So gibt es eine große Bandbreite. Jeder sollte diese Frage für sich beantworten, ernsthaft und seriös mit sich selbst ausmachen können.

Transkription: Iris Zeume

Rose Drew[1]

Christliches Selbstverständnis und die Frage der doppelten Religionszugehörigkeit

Die heutzutage wachsende Interaktion der religiösen Traditionen im Westen bedeutet, dass religiöse Identitäten zunehmend unter dem Einfluss von mehr als nur einer Tradition gebildet werden. So hört man beispielsweise nicht selten von Christen, die an buddhistischen Meditationskursen teilnehmen oder Bücher von bekannten Buddhisten wie dem Dalai Lama lesen. Vereinzelt finden sich auch Christen, die so tief in die buddhistische Geisteswelt und Praxis eingestiegen sind, dass sie sich nicht nur dem Christentum, sondern auch dem Buddhismus zugehörig fühlen. Begriffe wie ‚multiple Zugehörigkeit' oder ‚doppelte Zugehörigkeit' sind dort angemessen, wo Einzelne fest in beiden Traditionen verwurzelt sind und sich selbst als engagierte Anhänger beider Traditionen bezeichnen.[2] In völlig eindeutigen Fällen von buddhistisch-christlicher Doppelzugehörigkeit praktizieren diese Menschen in beiden Traditionen, gehören sowohl einer buddhistischen als auch einer christlichen Gemeinschaft an, verstehen sich selbst als Buddhist sowie Christ und haben ein formelles Bekenntnis zu beiden Traditionen (in der Regel durch Taufe[3] und dreifache Zufluchtnahme[4]) abgelegt. John Dunne beschreibt die zeitweilige Übernahme einer fremden religiösen Perspektive als ein

---

1 Aus dem Englischen übersetzt von Timon Reichl. Die englische Version wurde 2009 auf einer Konsultation des WCC in Colombo/Sri Lanka vorgetragen; ihre Publikation steht noch aus (Anm. d. Übers.).

2 Nach Cornille sind christlich-buddhistische und jüdisch-buddhistische multireligiöse Identitäten die im Westen am stärksten verbreiteten Formen dieses Phänomens (Cornille 2003, 43). Die Prävalenz buddhistisch-christlicher multireligiöser Identitäten scheint sich auch darin zu bestätigen, dass es eine signifikante Internetpräsenz von Menschen gibt, die sich zugleich als Buddhisten und Christen verstehen. Einige solcher Online-Gemeinschaften zählen bereits viele hundert Mitglieder. Siehe exemplarisch ‚A Christian Buddhist Gathering Page': http://webspace.webring.com/people/tj/jmalcomson/christianbuddhist.html (letzter Zugang Mai 2010). Diese Website wird von John Malcomson betrieben, der sich selbst als „Christlichen Buddhisten" bezeichnet und erklärt: „Wir diskutieren die Ähnlichkeiten zwischen Christentum und Buddhismus sowie die Frage, ob es berechtigt oder möglich ist, Christ/Buddhist oder Buddhist/Christ zu sein.' Siehe auch ‚Buddhist Christian Vedanta Network': http://buddhist-christian.org/ (letzter Zugang Mai 2010), und Joseph Andersons Blog ‚Lotus and Lily Field Notes': http://www. lotuslily.net (letzter Zugang Mai 2010). Für weitere relevante Links siehe Victoria Scarletts ‚Links for Buddhist-Christian practitioners': http://www.lotuslily.net/?page_id=260.

3 Neben persönlichem Glauben wird traditionell die Taufe als das Kriterium für christliche Identität angesehen, wobei aufgrund von fehlender Entscheidungsfreiheit in der Kindertaufe, christliche Praxis und Mitgliedschaft in einer Gemeinde wahrscheinlich die präziseren Indikatoren einer gelebten christlichen Identität darstellen.

4 Der Buddha ist der Verkünder des Dharma (die Wahrheit bezüglich der Wirklichkeit der Dinge und wie man in Übereinstimmung mit dieser Wahrheit handeln soll) und die von ihm begründete Gemeinschaft der vollendeten Jünger ist als Saṅgha bekannt. Die Zufluchtnahme zu diesen ‚drei Juwelen' wird häufig umgesetzt durch die Rezitation der dreifachen Formel: ‚Zum Buddha nehme ich meine Zuflucht; zum Dharma nehme ich meine Zuflucht; zum Saṅgha nehme ich meine Zuflucht.' Nach Rupert Gethin ist diese Zufluchtnahme „im Wesentlichen das, was ein Individuum als Buddhisten definiert" (Gethin 1998, 34).

„Hinübergehen" und „Zurückkehren" (Dunne 1972, ix.) Für einige Menschen mit buddhistisch-christlicher Doppelzugehörigkeit ist ihre Identität das Resultat eines solchen Prozesses (oder vieler) des Hinübergehens und Zurückkehrens, bei dem sie es weder als möglich noch als erstrebenswert empfinden, zu exakt jenem Punkt zurückzukehren, von dem sie einst ausgegangen waren. Vielmehr stellen sie fest, dass dieser Prozess sie selbst und ihr eigenes Verständnis so sehr verändert hat, dass die Religion des Anderen nicht mehr länger als ‚anders' wahrgenommen wird, so dass das ‚Hinübergehen' zu ihr beinahe ebenso als Heimkehr empfunden wird, wie die Rückkehr zu der Sichtweise und den Praktiken jener Tradition, in der sie aufgewachsen sind.

Wie lässt sich dieses Phänomen erfassen? Ist es möglich ein echter Christ *und* ein echter Buddhist zu sein? Wie werden diese Traditionen in Denken und Praxis miteinander verbunden? 1990 schrieb Sallie King (sie ist Zen-Buddhistin und Quäker):

> Mich fasziniert die Situation derjenigen, die mehr als eine Weltsicht in Herz und Geist vereinen. ... [J]ede Weltsicht existiert als ein intaktes Paket. Aber es ist nicht allein. Dort ist noch ein weiteres intaktes Paket, das gleichfalls funktioniert. ... Wie leben wir dann? ... Bedauerlicherweise ist diese Situation mit all ihren faszinierenden Möglichkeiten sehr wenig erforscht (King 1990, 125-126).

Obwohl das wissenschaftliche Interesse an buddhistisch-christlicher Doppelzugehörigkeit im letzten Jahrzehnt zugenommen hat, bleibt der Großteil der Forschungsarbeit noch zu tun. Durch meine Dissertation habe ich versucht, hierzu einen Beitrag zu leisten.[5] Detailliert werden dort die theologischen, philosophischen und praktischen Implikationen dieser bedeutsamen gegenwärtigen Entwicklung untersucht, wobei sich das zentrale Augenmerk auf im Westen lebende Menschen mit buddhistisch-christlicher Doppelzugehörigkeit richtet, die in einem christlichen Umfeld aufgewachsen und erst später mit dem Buddhismus in Kontakt gekommen sind. In diesem Aufsatz werde ich auf einige der zentralen Themen und Ergebnisse meiner Untersuchung eingehen und die These nahe legen, dass Menschen mit Doppelzugehörigkeit weniger eine Bedrohung, als vielmehr eine Bereicherung für die christliche Tradition darstellen.

Die Interviewpartner

In dieser frühen Phase der Untersuchung des Phänomens religiöser Doppelzugehörigkeit scheint mir die vermutlich lohnendste Herangehensweise darin zu bestehen, sich direkt auf die Erfahrungen jener zu beziehen, die tatsächlich zwei Traditionen angehören. Meine eigene Arbeit stützt sich daher konkret auf die Aussagen von sechs „Pionieren", die sich selbst offiziell mit beiden Traditionen identifiziert haben und zwar teilweise auf deren Publikationen und teilweise auf Aussagen in von mir durchgeführten Interviews. Fünf der von mir Befragten leben in den USA und sind international bekannte Akteure im buddhistisch-christlichen Dia-

---

5   In überarbeiteter Form erschienen als Drew 2011.

log. Die sechste Befragte ist eine in Großbritannien als Eremitin lebende anglikanische Nonne und buddhistische Lehrerin. Im Folgenden möchte ich diese Personen zunächst kurz vorstellen.

Der verstorbene Roger Corless war Professor Emeritus für Religion an der Duke Universität und Mitbegründer der „Society for Buddhist-Christian Studies" sowie deren Zeitschrift. Ursprünglich aus Großbritannien, lebte er seit den 1960ern in den USA. Er war Katholik und Buddhist der tibetischen Gelugpa Tradition (obwohl er in seine buddhistische Praxis zunehmend Elemente aus dem „Reines Land"-Buddhismus aufnahm). Öffentlich bekannte sich Corless erstmals 1986 als jemand, der sowohl den Buddhismus als auch das Christentum praktiziert (Corless 1986). Allerdings verstand er sich nicht „als ein Buddhist und ein Christ", sondern als „ein Etwas, das sowohl in der Lage ist, authentisch im Buddhismus als auch im Christentum zu funktionieren" (Corless 1996, 10) Als er 2007 starb (wenige Monate nach unserem gemeinsamen Interview), schloss seine Gedächtnisfeier buddhistische und christliche Elemente mit ein.

Ursprünglich von den Philippinen, lebt Ruben Habito seit mehr als zwanzig Jahren in den USA und ist Professor für Weltreligionen und Spiritualität an der Perkins School of Theology der Southern Methodist University, Dallas, Texas. Er ist Katholik (ehemaliger jesuitischer Priester) und Meister der Sanbō Kyōdan Zen-Schule. (Während seines Trainings in Japan, gehörte Habito zu den ersten Katholiken, dessen *kenshō* von einem japanischen Zen Meister bestätigt wurde.[6]) Er ist Gründungsdirektor des „Maria Kannon Zen Center" in Dallas. Habito erklärt, dass er anstrebt „durch und durch" als Buddhist und zugleich „vollständig im Geiste Jesu Christi zu leben" (Habito 2007, 179).

John Keenan ist Professor Emeritus für Religion am Middlebury College, Vermont. Er ist episkopaler (vormals römisch-katholischer) Priester. Den Großteil seiner akademischen Karriere verbrachte er mit der Übersetzung von chinesischen Mahāyāna-Schriften ins Englische und dem Schreiben einer ‚Mahāyāna-Theologie' auf der Basis dieser Texte, indem er „philosophische Themen des Mahāyāna entlehnt und sie der christlichen mystischen Tradition einpfropft" (Keenan 1993, 32). Er ist der einzige unter den Befragten, der nicht im strikten Sinne als doppelzugehörig bezeichnet werden kann, da er keine buddhistische Praxis ausübt und sich auch nicht als Buddhist *an sich* versteht. Vielmehr beschreibt sich Keenan selbst als „Mahāyāna-Christ". Er sieht sich in *philosophischer* Hinsicht als Buddhist und interpretiert die Evangelien und die christliche Theologie aus dem Blickwinkel der Mahāyāna-Philosophie.

Sallie King ist Professorin für Philosophie und Religion an der James Madison Universität in Harrisonburg, Virginia. Sie ist Zen Buddhistin und Quäker[7] und nimmt seit mehr als zwanzig Jahren öffentlich eine „doppelte religiöse Identität" für sich in Anspruch (King 2005, 88). Sie ist mit den Bezeichnungen „bud-

---

6   Kenshō – wörtlich „Wesensschau" im Japanischen – ist eine initiale Erleuchtungserfahrung (die Schau der eigenen Buddha Natur. Diese Erfahrung kann dann durch weiterführende Praxis im Alltag vertieft und geklärt werden).

7   Kings Zweig der Quäker ist mit der „Friends General Conference" verbunden und pflegt die ursprüngliche Quäkerpraxis nicht-vorprogrammierter Andachts-Treffen und den Verzicht auf bezahlte Seelsorge/Geistlichkeit.

dhistischer Christ" oder „buddhistischer Quäker"[8] prinzipiell einverstanden, betont jedoch, dass sie sich als „100% Buddhist und 100% Quäker" versteht, also kein 50:50 Bekenntnis (348).

Die gebürtige Deutsche Maria Reis Habito lebt mit ihrem Ehemann Ruben Habito und ihren beiden Söhnen in Dallas. Nach verschiedenen akademischen Positionen und mehreren Veröffentlichungen in den Bereichen Buddhismus-Studien und interreligiöser Dialog, ist sie nun Direktorin des internationalen Programms des „Taipei Museum of World Religions", Direktorin von „Global Family for Love and Peace", und Co-Direktorin des „Elijah Interfaith Institute". Sie ist zugleich Katholikin und Schülerin eines buddhistischen Meisters aus Taiwan, der Chan-, Theravāda- und tibetische Ordinationen erhalten hat (wodurch all diese Einflüsse auch in ihr buddhistisches Denken und ihre Praxis einfließen). Darüber hinaus praktiziert sie auch innerhalb der Sanbō Kyōdan Zen-Tradition. Sie bezeichnet sich selbst als „buddhistische Christin" (siehe exemplarisch Reis Habito 2003) und sagt, dass sie sich gleichermaßen mit beiden Traditionen identifiziert (430).

Schwester Ruth Furneaux (auch bekannt unter ihrem buddhistischen Namen ‚Kashin sama'[9]) ist eine eremitisch lebende, anglikanische Nonne, die Zen sowie *Satipaṭṭhāna* praktiziert und lehrt. Nachdem sie einige Zeit in buddhistischen und christlichen Gemeinschaften verbracht hatte, lebte Furneaux zum Zeitpunkt der Interviews allein in einer kleinen Einsiedelei in der Nähe von Chepstow in Großbritannien. Ihre Praxis schließt neben Sitzmeditation (eine Verbindung aus formellem *Satipaṭṭhāna* und *shikantaza* – „nur Sitzen") die selbstvollzogene Eucharistie, Lesungen der heiligen Messe und das buddhistische Sōtō-Zen-Amt wie auch Gehmeditation, *Chi*-Arbeit und Zen-Tuschemalerei ein. Furneaux erklärt, dass sie sich „in Buddhismus und Christentum zu Hause" fühle, Identitätslabel jedoch lieber vermeide: „Was ich sage, ist, dass meine Abzeichen ans Kreuz genagelt sind – das können Sie schon an meinem Habit erkennen –, aber ich trage auch das Kreuz mit dem Lotus: das Kreuz geht aus dem Lotus hervor."[10]

Die Herausforderung, Buddhist und Christ zu sein

Meine Untersuchung konzentriert sich darauf, wie reflektierte Menschen mit Doppelzugehörigkeit Theorie und Praxis beider Traditionen in ihrem Leben verbinden, und ob es möglich ist, dabei beiden Traditionen gerecht zu werden. Meines Erachtens stellt sich Menschen mit Doppelzugehörigkeit eine zweifache Herausforderung: Erstens ist es notwendig, christliche und buddhistische Ansichten und Lebensgestaltung so miteinander in Einklang zu bringen, dass Doppelzugehörigkeit weder das Ausblenden offensichtlicher Widersprüche, noch das Auseinanderdriften der religiösen Bindungen und eine gewisse Zerrissenheit nach sich

---

8   350 (Seitenzahlen ohne Jahresangaben verweisen auf meine nicht veröffentlichten Interviewtranskripte).

9   ‚Kashin' bedeutet „Frucht/Ergebnis von shin". Furneaux übersetzt ‚shin' als „Herzgeist/Geist/Gott" (Brief von Furneaux an Drew, 23/1/06).

10   91-2. Das hölzerne Symbol, welches sie über ihrem Habit trägt, ist die Kopie eines chinesischen nestorianischen Kreuzes aus dem neunten Jahrhundert.

zieht. Zweitens müssen der besondere Charakter, die spezifische Einsicht und die Integrität der jeweiligen Tradition erhalten bleiben, so dass ihre Eigenheiten und ihr spezifischer Reiz nicht verloren gehen.

Mich interessiert, wie dieser zweifachen Herausforderung begegnet wird, insbesondere in jenen theoretischen und praktischen Fragen, die unter Umständen ein Konfliktpotenzial zwischen beiden Traditionen beinhalten. So ist beispielsweise der Glaube an einen personalen Gott im Christentum zentral, während der Buddhismus einen solchen Gott nicht anerkennt. Wie gehen dann Menschen mit religiöser Doppelzugehörigkeit mit diesem offensichtlich ernsthaften Widerspruch um? Darüber hinaus müssen sie im Zentrum ihres spirituellen Lebens Platz für zwei Schlüsselfiguren schaffen: Jesus Christus und Gautama Buddha. Können das Wesen und die Bedeutung dieser Figuren sowie die Beziehung zwischen ihnen in einer Weise verstanden werden, die beiden Traditionen treu bleibt und gleichzeitig in sich kohärent ist? Und wie beziehen sich Menschen mit Doppelzugehörigkeit in ihrem religiösen Leben auf jede dieser beiden Figuren? Außerdem lassen sich Wesen und Ziel des spirituellen Weges im Buddhismus als deutlich verschieden vom Wesen und Ziel des spirituellen Weges im Christentum deuten. Wie aber verstehen dann Menschen mit Doppelzugehörigkeit das Wesen und Ziel ihres spirituellen Lebens: Lassen sich Buddhismus und Christentum legitimerweise so verstehen, dass sie das Leben derjenigen, die beiden angehören, auf ein einziges Ziel der Erlösung oder Befreiung hin orientieren? Und schließlich, wie verbinden Menschen mit Doppelzugehörigkeit die *Praxis* von Buddhismus und Christentum? Ist es möglich in dieser Hinsicht beiden Traditionen gerecht zu werden?

Da der Umfang dieses Artikels keine erschöpfende Bearbeitung dieser Fragen erlaubt, möchte ich hier lediglich einige grundlegende Schlussfolgerungen präsentieren.[11]

Die Herstellung von Kohärenz

Meine Untersuchung zeigt, dass Menschen mit Doppelzugehörigkeit dank einer zunehmenden Vertrautheit mit – und einem vertieftem Verständnis von – buddhistischer und christlicher Theorie und Praxis eine auf beide Traditionen zurückgreifende kohärente Weltsicht und ein kohärentes Selbstverständnis erreichen können. Wie Habito es ausdrückt: Obwohl es wichtig ist, die Verschiedenheit beider Traditionen anzuerkennen, kann man doch durch ihre wechselseitige Assimilation im eigenen Leben „dahin kommen, sie nicht mehr als widersprüchlich oder als lediglich oberflächlich vermischbar, sondern ... als eine integrale Perspektive zu verstehen" (155). Es gibt, so Habito, in seinem Leben einen Bereich, wo sich der christliche und buddhistische konzeptuelle Rahmen trotz ihrer Verschiedenheit überschneiden, und er „versuche innerhalb dieser Überschneidung zu leben" (141). Bei der Untersuchung dieser Schnittmenge konnte ich feststellen, dass es innerhalb beider Traditionen orthodoxe Denkrichtungen gibt, die von einer kombinierten christlichen *und* buddhistischen Perspektive aus den Schluss zulassen, dass es eine transzendente letzte Wirklichkeit gibt, dass Jesus Christus und Gau-

---

11 Detaillierter behandelt werden diese Fragen in Drew 2011.

tama Buddha die letzte Wirklichkeit jeweils auf ihre eigene einzigartige Weise vermitteln und dass der Pfad der Erlösung/Befreiung fordert, im Hier und Jetzt egoistische, selbstsüchtige Lebensweisen zugunsten liebender, weiser und mitfühlender Lebensweisen aufzugeben (unabhängig von der Frage, wie das Ziel dieses Pfads genau beschaffen ist und wie viele Leben man haben mag, um es zu erreichen). Aus diesen Übereinstimmungen bildet sich jene Schnittmenge, die der buddhistisch-christlichen Doppelzugehörigkeit ihre Kohärenz verleiht.

Ich möchte noch etwas mehr zu jener Übereinstimmung im buddhistischen und christlichen Denken sagen, die ich im Hinblick auf die Kohärenz des religiösen Lebens und der Weltsicht eines Menschen mit dieser Doppelzugehörigkeit für die grundlegendste halte: nämlich die von Buddhisten und Christen geteilte Überzeugung, dass es nur eine letzte Wirklichkeit gibt. Diese Überzeugung ist deshalb entscheidend, weil sie quasi der Haken ist, an dem sich die beiden unterschiedlichen religiösen Zugehörigkeiten gemeinsam aufhängen lassen. Jacques Dupuis betont, dass „jeder religiöse Glaube ein unauflösliches Ganzes darstellt und nach einer vollständigen Hingabe der Person verlangt", und er räumt ein, dass es deswegen möglicherweise „a priori als unmöglich erscheint, ein solches absolutes Engagement zu teilen, sozusagen zwischen zwei Objekten" (Dupuis 2002, 64). Authentische Doppelzugehörigkeit erfordert jedoch keine solche unmögliche – oder zumindest unerwünschte – Aufteilung der absoluten Hingabe, da die Ungeteiltheit einer rückhaltlosen und unzweideutigen religiösen Hingabe nicht von der Verpflichtung auf das Denken und die Praxis einer einzigen Tradition abhängt, sondern vielmehr von der Hingabe an die eine und ungeteilte letzte Wirklichkeit selbst; Menschen mit Doppelzugehörigkeit beziehen sich auf diese letzte Wirklichkeit schlicht *durch* mehr als eine Tradition.

Nach Catherine Cornille – einer zentralen Stimme in der zunehmenden Debatte um Doppelzugehörigkeit – beruht religiöse Zugehörigkeit auf dem „Sich-Hinweggeben an eine transzendente Wirklichkeit vermittelt durch die konkreten Symbole und Rituale einer bestimmten Religion. Hingabe geschieht somit nicht an das Absolute als solches, sondern durch – und letztlich – *an* die Lehren und Praktiken, die Bestandteil einer konkreten religiösen Tradition sind." (Cornille 2003, 44) Diese Behauptung deckt sich jedoch nicht mit der traditionellen buddhistischen und christlichen Auffassung, die von der Begrenztheit aller Konzepte und Symbole im Hinblick auf jene Realität ausgeht, die diese Konzepte und Symbole transzendiert. In Wilfred Cantwell Smiths Worten richtet sich authentischer Glaube auf „etwas oder Jemanden hinter oder jenseits von Christentum oder Buddhismus" (Smith 1962, 13). Deswegen kann King von sich sagen, sie habe „einen Glauben", nämlich an das, was „vor Buddhismus und Christentum" (365) ist. „*Am meisten* identifiziere ich mich damit", so King (364). Buddhismus und Christentum „bieten lediglich …Werkzeuge. Sie stellen mir Sprachen zur Verfügung, die ich versuche zu sprechen" (390).

Der Dialog dauert an

Da die Kohärenz der buddhistisch-christlichen Weltsicht von der Betonung verschiedener Übereinstimmungen zwischen buddhistischer und christlicher Weltsicht abhängt, könnte man befürchten, dass Menschen mit Doppelzugehörigkeit letztlich auf unzulässige Weise Übereinstimmungen betonen und Divergenzen und Spannungen herunterspielen. Nimmt man noch die Tatsache der wechselseitigen Beeinflussung zwischen buddhistischer und christlicher Sichtweise hinzu, wie sie im Falle der Doppelzugehörigkeit unweigerlich stattfindet, so scheint das Risiko hoch, dass potenziell wichtige Unterschiede zwischen diesen Traditionen verblassen. Allerdings deuten die Reflexionen der Befragten im Gegenteil daraufhin, dass ernsthafte Doppelzugehörigkeit den Blick für die Einzigartigkeit und die Wertschätzung jeder der beiden Traditionen schärft und fördert. Denn letzten Endes ist es ja gerade *wegen* der Unterschiedlichkeit dieser Traditionen, dass Menschen beiden angehören.

In dem Maß, in dem man innerhalb der beiden eigenen buddhistischen und christlichen Perspektiven konvergierende Linien entdeckt, vereinigen sich diese allmählich und lassen eine kohärente, von beiden beeinflusste Weltsicht entstehen. Dies bedeutet jedoch nicht die allmähliche Verschmelzung von Buddhismus und Christentum zu einem einzigen begrifflichen oder rituellen System. Habito, beispielsweise, legt Wert darauf zu betonen, dass er nicht daran interessiert ist, „einen Mischmasch aus christlichen und buddhistischen Elementen" zu bilden; dies bezeichnet er als „eine unverantwortliche Herangehensweise an Spiritualität" (153f.). Alle Befragten argumentierten hier ähnlich, indem sie die Besonderheit der jeweiligen Traditionen betonten und den Vergleich mit Sprachen bemühten, die ihre unverkennbare Integrität bewahren, auch wenn Überschneidungen bestehen und gegenseitige Beeinflussung nicht ausgeschlossen wird. Einige hoben sehr deutlich hervor, dass jede der beiden Traditionen ihre spezifischen Stärken besitzt und dass der besondere Wert von Doppelzugehörigkeit gerade in dieser Möglichkeit liegt, auf die spezifischen Stärken beider Traditionen zurückzugreifen.

Ich konnte feststellen, dass die unterschiedlichen Stärken der jeweiligen Sichtweisen tendenziell eine subtile Spannung zwischen den verschiedenen erlösenden/befreienden Schwerpunkten dieser beiden Traditionen widerspiegeln – im Falle des Christentums das *liebende Engagement* und im Falle des Buddhismus *die weise Nicht-Anhaftung*. Der Buddhismus legt ein stärkeres Augenmerk auf die Nicht-Anhaftung, das Christentum dagegen auf die Liebe, wobei beide Traditionen davon ausgehen, dass sich diese beiden Tugenden nur in einer wechselseitig abhängigen Beziehung kultivieren lassen: Wenn Liebe nicht mit Nicht-Anhaftung einhergeht, dann ist sie nicht bedingungslos, sondern eigennützig (man sucht dann ja das eigene Glück und nicht einfach das der Anderen). Wenn Nicht-Anhaftung frei von Liebe bleibt, wird sie gleichgültig gegenüber dem Leiden anderer, da ihr Mitgefühl und Empathie fehlen. Daher ist es möglich, die jeweiligen Schwerpunkte beider Traditionen aus einer buddhistisch-christlichen Perspektive heraus als komplementär zu begreifen.

In den Reflexionen meiner Interviewpartner bestätigte vieles diese existentielle Komplementarität, wobei jedoch einige Überlegungen verdeutlichten, dass die

Spannung zwischen den jeweiligen Schwerpunkten auch eine *Herausforderung* darstellt. Dass der Versuch, das korrekte Gleichgewicht zwischen christlichem und buddhistischem Schwerpunkt zu finden und beizubehalten, eine fortwährende dialogische Bemühung darstellt, wird besonders anhand einiger Fragen deutlich, mit denen King und Reis Habito nach ihrem eigenen Bekunden zu ringen haben.

Eine Frage, die sich beiden stellt, ist, ob die *bevorzugende Liebe für die eigenen Kinder* ein Element von Anhaftung enthält und, wenn dem so ist, ob dies bedeutet, dass man für seine Kinder keine bevorzugende Liebe empfinden solle oder ob es bedeutet, dass nicht jede Art von bevorzugender Liebe grundsätzlich negativ zu bewerten ist. King empfindet, dass die christliche Tradition dieser besonderen familiären Liebe mehr zustimmt als der Buddhismus (352) und dass dies eine Frage ist, mit der das Christentum den Buddhismus herausfordert: „…bevorzugende Liebe – gibt es dafür einen Platz? Ist das *lediglich* Illusion?", fragt King (375). Dennoch findet sie, dass es hierbei „andererseits … auch eine buddhistische Stärke gibt: bevorzugende Liebe kann leicht zu einer destruktiven Form der Anhaftung führen", eine Möglichkeit, der gegenüber der besondere Schwerpunkt des Buddhismus wachsam hält (375).

Ein weiterer, damit verbundener Fokus des inneren Dialogs zwischen den jeweiligen Schwerpunkten beider Traditionen ist für King und Reis Habito das Empfinden, im christlichen Verständnis werde dem Individuum *qua* Individuum Wert beigemessen, während die buddhistische Weltsicht diese Gewichtung als eine Form von Egozentrismus deute. King betont anerkennend, dass im Quäkertum im Unterschied zum Buddhismus die eigenen *Kinder* als einzigartige Individuen wertgeschätzt werden. „Im Buddhismus", so King, „ist die Wertschätzung einer Person als einzigartiges Individuum überhaupt kein Thema, geschweige denn etwas, worauf besonderer Wert gelegt würde" (419). Entsprechend der buddhistischen Lehre von *anātman* – oder Nicht-Selbst – ‚so King, „ist das *ego* das ganze Problem", und lacht zustimmend. „Nähre ich das *ego* meiner Kinder?", fragt sie sich; „ich weiß es nicht." (419) Reis Habito schlägt vor, dass jene Aspekte der christlichen Weltsicht, die die Einmaligkeit der Person und die Wertschätzung bestimmter menschlicher Beziehungen betonen, Buddhisten möglicherweise als Inspiration dienen, wobei sie jedoch ebenfalls betont, dass Buddhisten in solchen Fragen sehr vorsichtig sind: „genau weil, wenn du sagst ‚ich bin einzigartig und Gott liebt mich', sich das sehr leicht … übersetzen lässt in ‚ich bin besonders', und dann wiederum wird dieses ‚Ich' besonders stark … Buddhisten sind sehr darauf bedacht, keine falsche Vorstellung von einem verabsolutierten ‚Ich' entstehen zu lassen" (498).

Obwohl also die Stärken jeder der beiden Perspektiven anerkannt werden, *insofern* jeder Tradition ihr spezifischer Schwerpunkt zugestanden wird, verdeutlichen die Überlegungen Kings und Reis Habitos doch, dass die beiden Perspektiven scheinbar nicht vollständig in einen vereinheitlichten Blickwinkel integriert werden; ihre Stärken passen nicht perfekt zusammen. Was jedoch die Überlegungen von King und Reis Habito ebenfalls nahe legen, ist, dass jene Punkte, in denen sich Buddhismus und Christentum einer *völligen Übereinstimmung versperren, genau* die Punkte sind, in denen der größte Wert der Doppelzugehörigkeit liegt, da diese Divergenz die gleichzeitige Präsenz beider Perspektiven so wertvoll macht. Und es sind die *konvergierenden* Punkte, die ihnen diesen Wert verdeutlichen, denn King und Reis Habito stimmen darin überein, dass gerade die Spannung zwischen den unterschiedlichen Schwerpunkten dazu verhilft, beide Schwerpunkte quasi im Gleichgewicht zu halten. Anstatt die Unterschiede – und sogar Widersprüche – zwischen Buddhismus und Christentum herunterzuspielen, schenken Menschen mit Doppelzugehörigkeit diesen genau so viel Beachtung wie den *Überschneidungen* zwischen beiden Traditionen.

Doppelzugehörigkeit ist keine „Supermarkt-Spiritualität"

Die vorangegangenen Überlegungen verdeutlichen, dass es sich hier nicht um eine oberflächliche Vermischung von Elementen aus Buddhismus und Christentum handelt, die keine Rücksicht auf die Integrität der jeweiligen Traditionen nimmt. Multireligiöse Identitäten werden oftmals in Verbindung gebracht oder gleichgesetzt mit einem oberflächlichen ‚pick and mix' Zugang zu Religion, was Peter Phan als eine „postmoderne Form von Synkretismus" bezeichnet, „bei der jemand verschiedene Religionen als Supermarkt betrachtet", in dem man auswählt, was einem gefällt „ohne Rücksicht auf … Wahrheitswert und gegenseitige Vereinbarkeit" (Phan 2004, 62). Ohne Zweifel gibt es Menschen mit multireligiöser Identität, die aufgrund eines nur oberflächlichen Verständnisses der Traditionen, aus denen sie schöpfen, viele wenig bedachte und inkompatible Ansichten pflegen und nur die Elemente einer Tradition auswählen, die ihnen gefallen, während sie den Rest ablehnen, insbesondere jene Verpflichtungen, die ihnen zu viel abverlangen. Aber trifft dies nicht ebenfalls für viele zu, die nur einer Tradition angehören? Ich möchte sogar behaupten, dass Menschen mit Doppelzugehörigkeit in zentraler Hinsicht tatsächlich *weniger* anfällig für die Gefahr der Oberflächlichkeit sind, da es ihnen nicht möglich ist, ihre beiden Bekenntnisse *als selbstverständlich* anzusehen. Denn die Präsenz zweier vollständiger, verschiedener Sichtweisen kann leicht zu einer Quelle *genuiner existentieller Angst* werden, wenn man sich nicht der Herausforderung stellt, beide Sichtweisen so weit zu verstehen, dass sie sich miteinander in Einklang bringen lassen.

Das Beispiel meiner Interviewpartner verdeutlicht, dass es durchaus möglich ist, vollständig in zwei Traditionen verwurzelt zu sein, einen beachtlichen Grad von umfassender Kohärenz zu erreichen und vorbehaltlos die Anforderungen beider Traditionen ernst zu nehmen. Allein die Tatsache, dass sie ihre Bindung an beide Traditionen trotz der Erfahrung von Spannungen (wie auch Überschneidungen) über so viele Jahre hinweg aufrecht erhalten haben, sollte ausreichend belegen, dass es sich hierbei nicht um Menschen handelt, die ihre religiösen Bindungen über Bord werfen, sobald diese zur Herausforderung werden. King beispielsweise, empfindet es sogar so, dass es gerade jene Bereiche sind, in denen die Traditionen *sich gegenseitig* in Frage stellen, die für sie zu Bereichen des persönlichen Wachstums wurden. So erklärt sie beispielsweise, dass es bei der Entschlüsselung von Nuancen der buddhistischen Lehre über Nicht-Anhaftung „darum ging, genauer hinzusehen und zu einem neuen Grad an Klarheit zu gelangen, der gerade aus der Infragestellung durch das Christentum erwuchs" (377).

Für jeden meiner Interviewpartner gab es auch Bereiche, in denen Fragen offen blieben (was natürlich auch bei jenen der Fall ist, die auf reflektierte Weise
nur einer religiösen Tradition angehören). Ihre Überlegungen deuten jedoch an,
dass es nicht notwendig ist, auf alle Fragen eine Antwort zu haben, um einem er-
lösenden/befreienden Weg folgen zu können, der von beiden Traditionen geprägt
ist. Um von beiden wertvolle Inspiration zu erhalten, ist es daher auch nicht notwendig, Buddhismus und Christentum als in *jeglicher Hinsicht* vereinbar zu erleben.

Welchen Beitrag leisten Doppelzugehörige zum christlichen Selbstverständnis?

Selbst wenn man davon ausgeht, dass sich Buddhismus und Christentum inhalt-
lich und praktisch soweit miteinander versöhnen lassen, dass man beiden Traditionen zugleich angehören und gerecht werden kann, so stellt sich von einem
christlichen Standpunkt aus vermutlich immer noch die Frage, welchen Einfluss
Menschen mit Doppelzugehörigkeit auf die christliche Tradition ausüben werden.
Was bringen sie in die christliche Gemeinschaft ein? Welchen positiven Beitrag
leisten sie für das christliche Selbstverständnis? Es handelt sich hierbei, wie auch
Paul Knitter in seiner kürzlich erschienenen Monographie zum Thema seiner eigenen buddhistisch-christlichen Identität feststellt, um eine durchaus wichtige
Frage. Sofern Doppelzugehörigkeit nicht ausschließlich als eine persönliche Angelegenheit angesehen wird, muss sie mit der eigenen christlichen Gemeinschaft
in irgendeiner Form geteilt werden. Und Knitter (2009, 216) räumt ein „wenn du
mit deiner Gemeinschaft deine spirituellen Ansichten und Praktiken nicht teilen,
feiern und erforschen kannst, dann gehörst du vielleicht nicht wirklich zu der Gemeinschaft." Was könnte das Ergebnis eines solchen Austausches mit der eigenen
Gemeinschaft sein?
    Meiner Ansicht nach leisten Menschen mit Doppelzugehörigkeit in dreifacher
Hinsicht einen wichtigen Beitrag: Erstens, ermutigen sie zu einem neuen Verständnis christlicher Praxis. Insbesondere von ihrer Anerkennung der *Meditation*
als einem wichtigen Element spiritueller Praxis können viele Christen profitieren.
Ursula King (2003, 149) zufolge ist die Missachtung der Meditation ein Problem
der Kirchen. „Dort wird viel zu viel Wert auf das gesprochene Wort und äußerli-
che Handlungen gelegt", schreibt sie. „Die zeitgenössische Kultur überflutet uns
äußerlich mit Worten, Bildern und ständigem Lärm, das stille Suchen unseres inneren Lebens wird hiervon ertränkt." Sie weist darauf hin, dass heutzutage viele Menschen nach einer neuen Ganzheit suchen und sich deshalb der Meditation zuwenden, bedürftig nach „einer Zeit und einem Ort für Stille und spirituelle
Stärkung". Bei der Auseinandersetzung mit der Frage, welchen Einfluss die Begegnung mit dem Buddhismus auf sie hatte, zitiert Annewieke Vroom aus ihrem
Tagebuch einen Eintrag, der ebenfalls Kings Einschätzung bestätigt:

> Wenn ich in der Kirche sitze, fühle ich mich wie erstickt durch Form. Die
> Bilder, die Lieder, die Predigt, die Kommunion – die Fülle des Ganzen ist
> überwältigend. Wo ist die Leere? Sogar in den zwei Minuten Stille müssen

wir beten. Ich sehne mich danach, auf einem Kissen zu sitzen und zu meditieren. Ich fühle mich von meinem eigenen Gotteshaus entfremdet (Vroom 2005, 3).

Vroom erklärt, dass ihre Loyalität zur christlichen Tradition zwar nicht exklusiv sei, sie aber dennoch eine stärkere Bindung an die christliche als an die buddhistische Tradition empfindet. Sie möchte die *Weiterentwicklung* der christlichen Tradition unterstützen und dieser so helfen, in Europa zu *überleben*. Doch ist sie der Meinung, dass sie ohne ihre Begegnung mit dem *Buddhismus* vermutlich ganz den Kontakt zum Christentum verloren hätte (Vroom 2005, 3-4). Solche Überlegungen deuten darauf hin, dass die Übernahme von Meditation ins Christentum, wie sie von Menschen mit Doppelzugehörigkeit vorangetrieben wird, für viele einen stützenden und erneuernden Einfluss auf ihre christliche Praxis haben dürfte.

Zweitens beeinflussen Menschen mit Doppelzugehörigkeit das christliche Selbstverständnis, indem sie die christliche Teilnahme am interreligiösen Dialog ermutigen und fördern. Nach Michael Amaladoss (1999, 5) sind Menschen, die sich in zwei symbolischen Welten zu Hause fühlen, sich mit Leichtigkeit zwischen beiden hin und her bewegen und in religiöser Mitgliedschaft mit beiden Gemeinschaften leben, „offensichtlich zu Mittlern berufen". Wie Reis Habitos Überlegungen andeuten, hat sie sich häufig in genau dieser Rolle wiedergefunden: „du sprichst von innen, aber du kannst auch von außerhalb reden und Dinge in einer zweifachen Sichtweise erklären." Das „bringt ... [Menschen] dazu, sich zu fragen, woher diese Offenheit kommt, wo diese Akzeptanz des Anderen herrührt ... In diesem Sinne also ... ist der innere Besitz beider Traditionen vielleicht auch ein großer Segen für andere." (491) Letztendlich beweisen buddhistische Christen durch ihre pionierhaften dialogischen Bemühungen ihren Mitchristen, dass vollständige Offenheit gegenüber den Einsichten anderer nicht zu einer Schwächung der christlichen Bindung führen muss.

Tatsächlich erlebten meine Interviewpartner, dass die zusätzliche Identifikation mit einer zweiten Tradition ihren christlichen Glauben eher *gestärkt* hat. Wenn man herauszufinden versucht, in welchen Aspekten buddhistisches und christliches Denken konvergieren, dann drängt einen die Beschäftigung mit der eigenen neuen Sichtweise dazu, sich mit der eigenen ursprünglichen Sichtweise auseinanderzusetzen und diese dabei zu klären und zu vertiefen, was schließlich zu einer profunderen Anerkennung ihrer Wahrheit führt. Zu Recht beschreibt daher Fabrice Blée (1999, 1-2) den Prozess, der zu einer genuinen Doppelzugehörigkeit führt, als eine „zweifache Konversion", insofern nämlich dieser Prozess das Hineinwachsen in die buddhistische Sichtweise und ihre Wahrheit ebenso einschließt wie gleichzeitig die Rückkehr zum Herzen des Christentums. Menschen mit Doppelzugehörigkeit können somit ihre Mitchristen nicht nur zu einer größeren Offenheit gegenüber den Einsichten anderer religiöser Traditionen ermutigen, sondern auch ganz direkt zur Erneuerung des Glaubens ihrer Mitchristen beitragen, indem sie mit diesen ihr vertieftes Verständnis der eigenen Tradition teilen.

Dies führt uns zum dritten wichtigen Beitrag, den Menschen mit Doppelzugehörigkeit leisten. Durch ihre Assimilation von buddhistischen Einsichten ins Christentum und christlicher Einsichten in den Buddhismus tragen sie dazu bei, die gegenseitige Transformation von Christentum und Buddhismus zu beschleunigen – etwas, das oft als Ziel des Dialogs benannt wird. Wenn sich, so argumentiert John Cobb, das Christentum als eine *lebendige* Bewegung versteht, dann zieht dies für den Christen von heute die Verpflichtung nach sich, von anderen Traditionen zu lernen: „In Treue zu Christus muss ich für andere offen sein", vertritt Cobb. „Wenn ich etwas von Wert und Bedeutung bei diesen Anderen erkenne, das ich nicht aus meiner eigenen Tradition ableiten kann, dann muss ich bereit sein zu lernen, auch wenn dies meine gegenwärtigen Glaubensansichten in Frage stellt." (Cobb 1999, 45) Menschen mit Doppelzugehörigkeit *verkörpern* diese Lernbereitschaft und *akzeptieren* das damit verbundene Risiko. Für sie spielt sich der Dialog zwischen Buddhismus und Christentum im eigenen Inneren ab und ist zentral für ihre Spiritualität. Daher wird sich wahrscheinlich die aus diesem Dialog resultierende Transformation des christlichen Selbstverständnisses in ihrem Leben *schneller* vollziehen als in der christlichen Tradition als Ganzer. Die Überlegungen dieser Pioniere deuten somit eventuell die Richtung an, die eine zukünftige globale Theologie einschlagen könnte, wenn Christen – zusammen mit ihren Brüdern und Schwestern aus anderen Traditionen – sich zunehmend als Erben der gesamten Religionsgeschichte verstehen und bereitwillig die Herausforderung annehmen, im Dialog der Frage nachzugehen, wie die Einsichten der verschiedenen religiösen Traditionen der Welt zueinander in Beziehung stehen.

In seiner bahnbrechenden Arbeit von 1981, *Towards a World Theology* („Auf dem Weg zu einer Welt-Theologie"), stellte Wilfred Cantwell Smith ‚Welt-Theologie' als eine Art andauerndes interreligiöses Kolloquium dar, das Theologien hervorbringt, die – obwohl christlich oder buddhistisch – zugleich auch „mehr als" nur christlich oder buddhistisch sind (Smith 1981, 112). Es liegt ganz auf der Linie dieser Vision, wenn sich im Selbstverständnis von Menschen mit Doppelzugehörigkeit ein vom Dialog transformiertes Christentum zeigt – ein Christentum, das seine eigene Einzigartigkeit anerkennt, während es gleichzeitig auch die besondere Stärke anderer erkennt und davon profitiert. In Blées Worten besteht Doppelzugehörigkeit „aus einer dialogischen Verknüpfung zweier religiöser Universen im eigenen Innern, bei der jedes in seiner Originalität willkommen geheißen und in seiner Besonderheit vertieft wird". Zugleich eröffnet Doppelzugehörigkeit dabei jedoch eine neue Seinsweise, „in der die universale Wahrheit des Anderen auch zu meiner wird" (Blée 1999, 2).

Folglich ist die Transformation des christlichen Selbstverständnisses durch buddhistisch-christliche Doppelzugehörigkeit nicht nur keine *Bedrohung* für das Christentum, sondern *stärkt* vielmehr seine Universalität *und* Einzigartigkeit, was wiederum sein Fortbestehen wahrscheinlicher macht. Durch ihre Integration buddhistischer Einsichten *erweitern* Menschen mit Doppelzugehörigkeit das Christentum, machen es hierdurch *umfassender* und lassen es so auch seinem Anspruch auf *Universalität* stärker gerecht werden. Gleichzeitig fördert die vertiefte Anerkennung der *Eigenheit* des Christentums unter Christen das Bewusstsein für die Besonderheit der christlichen Tradition und der sie bedingenden historischen Umstände. Zugleich wird auch das Bewusstsein für den einzigartigen spirituellen Genius und folglich den spezifischen Beitrag der christlichen Tradition zum globalen Dialog gestärkt. Umgekehrt führt die Abschottung der Kirchen, in der Absicht den Einfluss andere herauszuhalten, lediglich dazu, dass das Christentum seinem Anspruch auf Universalität weniger gerecht wird und zudem *versäumt*, seinen einzigartigen Beitrag zum globalen Dialog zu leisten.

„Bin ich mit meiner buddhistisch-christlichen Praxis und hybriden Identität nun an vorderster Front oder am äußersten Rand meiner christlichen Glaubensgemeinschaft?", fragt Knitter. Ich glaube, dass seine Hoffnung, sich an *vorderster* Front zu befinden, berechtigt ist, und „dass diese ‚Front' sich zu dem entwickelt, was einige als ‚eine neue Art Kirche zu sein ' (‚a new way of being church') bezeichnen – eine Kirche, die lebt und dieses Leben im Dialog findet" (Knitter 2009, 216-217).

Übersetzt aus dem Englischen von Timon Reichl. Autorisiert von Perry Schmidt-Leukel.

Literatur

Amaladoss, M. 1999. Double Belongingness in Religion: An Anthropo-Theological Reflection. Vortrag bei der „Voies de l'Orient", der zweiten Tagung europäischer Seelsorge, Brüssel, 11.-14. November 1999. Für eine längere Version siehe Amaladoss, M. 2002. Double Religious Belonging and Liminality: An Anthropological Reflection, *East Asian Pastoral Review 39*. 297-312. Für eine französische Version siehe Amaladoss, M. 2000. La double appartenance religieuse, in: Scheuer J. & D. Gira (Hg.). *Vivre de Plusieurs Religions: Promesse ou Illusion?* Paris: Les Éditions de l'Atelier / Les Éditions Ouvrières. 44-53.

Blée, F. 1999. Which Christian-Buddhist Way? For an articulation of the twofold religious belonging? Vortrag bei der „Voies de l'Orient", der zweiten Tagung europäischer Seelsorge, Brüssel, 11.-14. November 1999. Für eine französische Version siehe Blée, F. 2000. Quelle voie chrétienne-bouddhiste?, in: J. Scheuer & D Gira (Hrsg.). *Vivre de Plusieurs Religions: Promesse ou Illusion?* Paris: Les Éditions de l'Atelier / Les Éditions Ouvrières. 151-160.

Cobb, J. & Knitter, P. 1999. *Transforming Christianity and the World: A Way beyond Absolutism and Relativism.* Maryknoll, New York: Orbis.

Corless, R. J. 1996. Profiles in Buddhist-Christian Dialogue: Roger Corless. Online Transkript, http://innerexplorations.com/catew/9.htm (Zugriff Mai 2010).

Corless, R. J. 1986. The Mutual Fulfillment of Buddhism and Christianity in Co-inherent Superconsciousness, in: P. O. Ingram & F. J. Streng (Hrsg.), *Buddhist-Christian Dialogue: Mutual Renewal and Transformation.* Honolulu: University of Hawaii Press. 115-136.

Cornille, C. 2003. Double Religious Belonging: Aspects and Questions, in *Buddhist-Christian Studies 23*. 43-49.

Drew, R. 2011. *Buddhist and Christian? An Exploration of Dual Belonging.* Abingdon: Routledge.

Dunne, J. S. 1972. *The Way of All the Earth: Experiments in Truth and Religion.* New York: Macmillan.

Dupuis, J. 2002. Christianity and Religions: Complementarity and Convergence. in: C. Cornille (Hrsg.), *Many Mansions? Multiple Religious Belonging and Christian Identity.* New York: Orbis. 61-75.

Gethin, R. 1998. *The Foundations of Buddhism.* Oxford: Oxford University Press.

Habito, R. L.F. 2007. Being Buddhist, Being Christian: Being Both, Being Neither, in: J. D'Arcy May (Hrsg.), *Converging Ways? Conversion and Belonging in Buddhism and Christianity*. Sankt Ottilien: EOS. 165-180.

Keenan, J. P. 1993. Mahāyāna Theology: A Dialogue with Critics, in: *Buddhist-Christian Studies* 13. 15-44.

King, S. B. 2005. A Pluralistic View of Religious Pluralism, in: P. F. Knitter (Hrsg.), *The Myth of Religious Superiority: A Multifaith Exploration*. New York: Orbis Books. 88-101.

King, S. B. 1990. Toward a Buddhist Model of Interreligious Dialogue, in: *Buddhist-Christian Studies* 10. 121-126.

King, U. 2003. A Response to Reflections on Buddhist and Christian Religious Practices, in: R. M. Gross & T. C. Muck (Hrsg.), *Christians Talk about Buddhist Meditation, Buddhists Talk about Christian Prayer*. New York/ London: Continuum [Aufsätze ursprünglich veröffentlicht in *Buddhist-Christian Studies* 21 (2001) und 22 (2002)]. 140-149.

Knitter, P. F. 2009. *Without Buddha I Could not be a Christian*. Oxford: Oneworld.

Phan, P. C. 2004. *Being Religious Interreligiously: Asian Perspectives on Interfaith Dialogue*. New York: Orbis.

Reis Habito, M. 2003. On Becoming a Buddhist Christian, in: H. Kasimow, J. P. Keenan & L. Klepinger (Hrsg.), *Beside Still Waters: Jews, Christians, and the Way of the Buddha*. Boston: Wisdom Publications. 201-213.

Smith, W. C. 1962 [1991]. *The Meaning and End of Religion*. Minneapolis: Fortress Press.

Smith, W. C. 1981. *Towards a World Theology: Faith and the Comparative History of Religion*. London, Basingstoke: Macmillan.

Vroom, A. 2005. Struggle for Loyalty: The Impact of Studying another Religion. Vortrag bei der 6. Konferenz des *European Network of Buddhist Christian Studies*, St. Ottilien. 10.-13. Juni 2005.

**Buddhismus, interreligiöser Dialog,
Bildung, Migration und Integration**

Wolfram Weiße

Interreligiöser Dialog im öffentlichen und akademischen Diskurs

Dialogansätze im Bildungsbereich und das Ziel einer Akademie der Weltreligionen der Universität Hamburg

Einleitung

Der Themenbereich Religion ist in den vergangenen Jahren im akademischen Diskurs wie in der öffentlichen Diskussion mit exponentiell steigender Zunahme beachtet worden (Berger & Weiße 2010). Selbst in Ländern wie Frankreich, die im Rahmen der Laicité eine strenge Trennung von Religion und Staat aufweisen, wird von einer „retour du religieux dans la sphère publique" gesprochen (Willaime 2008). Ganz intensiv wird dabei die Frage aufgenommen, inwieweit Religionen zu einer Verständigung im gesellschaftlichen Bereich beitragen können. An den Universitäten werden Exzellenzzentren zu Religion und Gesellschaft und zu Fragen des interreligiösen Dialogs gegründet. Internationale Institutionen wie die UNESCO (2007), die UNO (United Nations 2008) und der Europarat (Council of Europe 2008) weisen in politisch hochrangigen Erklärungen auf die große Bedeutung von Religionen für den Zusammenhalt in Gesellschaften und die Lösungsmöglichkeiten von sozialen Konflikten hin. Politik und Wissenschaft befassen sich zunehmend mit der Bedeutung von interreligiöser Toleranz für den öffentlichen Bereich.

Als Beispiel sei auf den ehemaligen Bundeskanzler Helmut Schmidt verwiesen, der die Rolle von Religionen für das Zusammenleben in der Gesellschaft unterstreicht und die Notwendigkeit von Dialog zwischen den Religionen betont: „Und wo es um den Frieden geht, den Frieden zwischen den in der Menschheitsgeschichte auf fünf Kontinenten so unterschiedlich gewachsenen Religionen und Kulturen, dort haben wir gegenseitigen Respekt nötig. Dort haben wir den Willen und die Fähigkeit zum Dialog nötig – und den Willen zur Zusammenarbeit" (Schmidt 2011, 251).

Für diese generelle Entwicklung mag auch das Interesse des Philosophen Jürgen Habermas seit seiner Rede bei der Verleihung des Preises des Deutschen Buchhandels im Herbst 2001 gelten, der seit Jahren die Diskussion über die Relevanz von Religion aus philosophischer Warte und im Interesse an öffentlichen Fragen entscheidend weiterführt. So schreibt er: „Religiöse Überlieferungen leisten bis heute die Artikulation eines Bewusstseins von dem, was fehlt. Sie halten eine Sensibilität für Versagtes wach. Sie gewahren die Dimensionen unseres gesellschaftlichen und persönlichen Zusammenlebens, in denen noch die Fortschritte der kulturellen und gesellschaftlichen Rationalisierung abgründige Zerstörungen angerichtet haben, vor dem Vergessen" (Habermas 2005, 13). Habermas sieht ein besonderes Potenzial in religiöser Toleranz, die er als „Schrittmacher für einen richtig verstandenen Multikulturalismus und die gleichberechtigte Koexistenz verschiedener kultureller Lebensformen innerhalb eines demokratisch verfassten Gemeinwesens" bezeichnet (Habermas 2005, 263f.).

Die Frage, inwieweit Religionen eine Ressource für wechselseitige Verständigung bilden können – wo aber auch religiös bedingte Konfliktpotenziale liegen – erlangt gegenwärtig eine immer stärkere Bedeutung. Transformationsprozesse in allen europäischen Gesellschaften verlangen neue Antworten, damit die religiös-kulturelle Vielfalt eine Ressource für menschliches Zusammenleben und nicht einen Faktor für Missverständnisse, Spaltung und Feindschaft bildet.

Im Folgenden sind theoretische Vorannahmen zu klären, die eine Öffnung hin auf andere Positionen erlauben. Weiterhin soll in diesem Beitrag auf drei Ansätze im Bildungsbereich rekurriert werden: Auf Ergebnisse eines europäischen Forschungsprojektes zu Religion und Dialog, auf den dialogorientierten Religionsunterricht in Hamburg und auf die Akademie der Weltreligionen der Universität Hamburg, die darauf ausgerichtet ist, dialogorientierte Ressourcen der Weltreligionen im universitären Bereich aufzubauen.

Theoretische Vorannahmen zu Dialog und Identität

Es geht heute beim interreligiösen Dialog in Bildung und Gesellschaft ganz zentral um die Frage, wie Religionen in ihrer Vielfalt eine Ressource für menschliches Zusammenleben darstellen können und nicht Ursache für starre Abgrenzung bilden. Hierfür reicht es nicht aus, sich mit einem gesellschaftlichen Nebeneinander von Menschen unterschiedlicher sprachlicher, kultureller und religiöser Zugehörigkeiten zu bescheiden. Vielmehr ist es mehr denn je notwendig, auf die Anerkennung des anderen zuzugehen und in den Dialog einzutreten.

Wie ist die sozialethische Forderung nach Dialog theoretisch zu verankern? Hierzu sollen zwei Ansätze aus der Philosophie, zwei aus der Theologie und einer aus dem Buddhismus in aller Kürze angesprochen werden. Für die Philosophie sind dies der jüdische Philosoph Emmanuel Lévinas, der aus Osteuropa stammte und an der Sorbonne in Frankreich lehrte, sowie der protestantische Philosoph Paul Ricœur, der ebenfalls an der Sorbonne loziert war. Für die Theologie sind dies der evangelische Theologe Hans-Jochen Margull und der islamische Theologe Abdoldjavad Falaturi. Und für den Buddhismus ist dies schließlich mit besonderem Augenmerk Seine Heiligkeit der Dalai Lama.

- *Philosophische Ansätze:* Emmanuel Lévinas unterstreicht, dass sich unsere gesamte Ethik auf die Relation zum Anderen, zum Nächsten, zum Nachbarn gründet. Hierbei steht die Verantwortung für den anderen im Vordergrund, die Verantwortung „pour autrui" – und dies kann sowohl mit „Nachbar" als auch mit „Nächster" übersetzt werden. Diese Verantwortung ist nach Lévinas ohne Grenzen, kann nicht als Schuld verstanden werden, die man abtragen könne. Sie geht bis ins eigene Mark: „Et c'est là la subjectivité du moi" (Lévinas 1993, 157). Die Verantwortung für den anderen ist damit die Voraussetzung für die eigene Subjektivität. Das Eigene kann erst durch den anderen – den Nachbarn, den Nächsten – entdeckt, entwickelt und ausgeformt werden. Paul Ricœur begründet in Anlehnung an Lévinas – aber mit einem anderen Akzent – ein doppeltes Anliegen: Es gelte, den anderen in seiner Andersheit anzuerkennen *und* sich selbst als verantwortliches und handelndes Subjekt zu erkennen, um in wechselseitiger Anerkennung zu einer Gewissheit der eigenen Identität zu gelangen. Er plädiert damit für eine Identitätsfindung, die nicht auf die Wahrung der eigenen Identität durch Abschluss von anderen angewiesen ist, sondern nur im Bezug zu ihnen zu finden ist.

- *Theologische Ansätze:* Unter interreligiösem Dialog verstand Hans-Jochen Margull die Begegnung und das Gespräch zwischen gleichberechtigten Menschen mit unterschiedlichem religiösem Hintergrund. In Anlehnung an Martin Buber sah er als Grundbedingung solcher Begegnungen die Tatsache an, „dass nichts weniger und vielleicht auch nichts Schmerzlicheres als Gleichberechtigung und Achtung die Voraussetzung für einen echten Dialog ist" (Margull 1992, 310). Christliche Identität könne sich, so Margull, nicht durch den alleinigen Bezug auf die Kirche bilden. Die Zusagen Gottes gelten allen Menschen, ungeachtet ihres Glaubens. Eine Wahrung des Christentums oder anderer Religionen durch den Rückgriff auf Wahrheit in Form einer zeitlosen Lehre bilde keinen gangbaren Weg. Vielmehr wird Dialog als ein unabdingbarer Prozess gesehen, in dem sich die eigene Identität nicht unter Ausgrenzung anderer Menschen und ihrer religiösen und weltanschaulichen Überzeugungen herausbildet, sondern in Begegnung mit ihnen. Der islamische Theologe Abdoldjavad Falaturi wandte sich ähnlich wie Margull gegen jeglichen Absolutheitsanspruch. Wer sich selber im Besitz der Wahrheit dünkt und alle anderen auf dem Irrweg sieht, täusche sich und entziehe dem Dialog seine Basis (Falaturi 1996). Vielmehr gehe es darum, sich auch der möglichen Wahrheit anderer Religionen zu öffnen und eine selbstkritische Haltung einzunehmen (Falaturi 1996). Voraussetzung für den Dialog seien wechselseitiger Respekt und die Bereitschaft, vom Gesprächspartner zu lernen. Wichtig sei es, gemeinsam auf den Frieden in der Welt hinzuarbeiten und gemeinsam Verantwortung zu übernehmen, ungeachtet unterschiedlicher religiöser Positionen. Hierfür gelte es, neue theologische Ansätze zu entwickeln.
- *Der Buddhismus:* Last but not at all least nehme ich Gedanken Seiner Heiligkeit des Dalai Lama auf, die uns heute immer wichtiger werden. In seinem „Buch der Menschlichkeit" unterstreicht der Dalai Lama die Relevanz des Dialogs für das Überleben der Menschheit. Und er setzt, was für den Hamburger Bereich mit seinem Dialog im Klassenzimmer besonders wichtig ist, bei den Aufgaben in der Schule an, indem er schreibt, „dass in der Schule das Miteinander-Sprechen und -Diskutieren gelehrt werden kann und sollte. Und er fährt fort: „Wenn man Schülern ein kontroverses Thema präsentiert und sie darüber debattieren lässt, kann man ihnen auf diese Weise wunderbar vermitteln, dass Konflikte gewaltfrei gelöst werden können." (Dalai Lama 2004, 199). Der Dalai Lama unterstreicht die sozialethische Relevanz von Dialog und die Notwendigkeit, dass schon Jugendliche den „Wert des Dialogs" begreifen und ihn nutzen, um zum Schlichten von Auseinandersetzungen beizutragen.

In den genannten Positionen steckt eine Sprengkraft, die eine Simplifizierung im Verständnis des Eigenen im Sinne einer von Besitzvorstellungen geprägten

„Eigentümlichkeit" aufbricht. Identität ist nicht als das fertig gepackte und um-
schnürte Paket von Tradition und Organisation zu denken, sondern als unab-
schließbarer Prozess, bei dem das Eigene nicht ohne den Anderen Gestalt gewinnen kann. Dialog ist vor diesem Hintergrund notwendig. Dialog ist über den
Einzelnen hinaus ganz zentral, wie der Dalai Lama schreibt: Er ist wichtig für
das Überleben der Menschheit und – das ist bemerkenswert – er sollte in der
Schule eingeübt werden. Hiermit ist der Bildungsbereich angesprochen, auf den
ich mich im Folgenden konzentriere.

Dialog im Bildungsbereich. Das europäische Forschungsprojekt REDCo und die Haltung von Jugendlichen in Europa zu religiöser Differenz

Religionen haben ein Janus-Gesicht. Hierauf hat schon der Dalai Lama hingewiesen: Religionen seien schon immer „Hauptauslöser von Konflikten" gewesen,
tragen aber ebenso das Potenzial von Verständigung in sich (Dalai Lama 2004,
236). In der Forschung über Religionen ist ebenso der Grad, in dem Religionen
als Faktor für Vorurteile und Konflikte dienen, zu untersuchen wie das Potenzial von Religionen für Dialog und ein friedliches Zusammenleben von Menschen.
Um die letztere Möglichkeit zu stärken, ist Bildung und Wissen über Religion
unabdingbar. So hat der Tübinger Politikwissenschaftler Andreas Hasenclever auf
den großen Stellenwert interreligiöser und interkultureller Bildung verwiesen. Er
vertritt die These, dass es eine Korrelation zwischen religiöser Bildung und poli-
tischem Verhalten gibt: Je geringer der Grad religiöser Bildung sei, desto größer
sei die Gefahr, dass sich religiöse Unterschiede für politische Mobilisierung aus-
beuten lassen (Hasenclever 2003). Viele Menschen, so Hasenclever (2003, 304),
„verfügten nicht mehr über die notwendige Kompetenz, um den Missbrauch ihrer Traditionen zu erkennen und deren grotesken Deutungen zu widersprechen."
   Hasenclever unterstreicht mit Fallbeispielen die Relevanz religiöser Bildung
für den politischen Bereich. Seine These wäre nicht richtig verstanden, wenn man
daraus ableiten würde, dass religiöse Bildung allein in der Lage wäre, einem politischen und oder religiösen Fundamentalismus den Boden zu entziehen. Hierfür müssen die politischen, ökonomischen und sozialen Faktoren in Rechnung
gestellt werden, die fundamentalistische Gruppen in ihren Zielvorstellungen be-
günstigen. Da wäre es überzogen, im Bildungsbereich die einzige und zentrale
Institution zu sehen, die derartigen Bestrebungen den Boden entziehen könnte.
Aber: Die missbräuchliche Inanspruchnahme von Religion für politische Zwecke
kann zumindest deutlich eingeschränkt werden, wenn Menschen über die eigene
Religion und über andere so gut und differenziert Bescheid wissen, dass es politischer Propaganda schwer gemacht wird, mit Plattitüden, Verzerrungen und Verleumdungen den Zuspruch oder sogar die Herzen von Menschen zu gewinnen.
   Religiöse Bildung in Europa erscheint demnach wichtiger denn je. Über Analysen in einzelnen europäischen Ländern hinaus ist es in Zeiten globaler Ver-
netzung unabweisbar, für weitergehende Überlegungen einen größeren Rahmen
abzustecken. Hierzu soll die folgende Skizze zum Forschungsprojekt REDCo die-

nen. Nach einer Übersicht zu den Ansätzen und Zielen werden ausgewählte Ergebnisse zur Frage präsentiert, wie Jugendliche in Europa religiöse Heterogenität sehen und welche Bedeutung der Religionsunterricht hat.

REDCo ist das Akronym für den Titel des Projektes: „Religion in Education. A contribution to Dialogue or a factor of Conflict in transforming societies of European Countries" (vgl. Josza, Knauth & Weiße 2009). Es wurde im Rahmen der europäischen Ausschreibung der Priority 7 zu „Citizens and governance in a knowledge based society" in der Rubrik „Werte und Religionen in Europa" vom 1.3.2006 bis 31.3.2009 mit einer Summe von knapp 1,2 Millionen Euro gefördert. Der Autor dieses Artikels war der Gesamtprojektleiter des REDCo-Projektes (Weisse 2007).

Das Hauptziel des geplanten Projektes bestand darin, die Möglichkeiten und Grenzen von Religion im Bildungsbereich europäischer Länder zu untersuchen und miteinander zu vergleichen. Historische und gegenwartsbezogene Analysen trugen dazu bei (Jackson et al. 2007), Ansätze und Konstellationen herauszuarbeiten, in denen Religion im Bildungsbereich zu einem dialogfördernden Faktor der Entwicklung Europas werden kann.

Kolleginnen und Kollegen aus Estland, Russland, Norwegen, Deutschland, Niederlande, England, Frankreich und Spanien nahmen teil und vertraten die Disziplinen Theologie, Islamwissenschaft, Erziehungswissenschaft, Religionspädagogik, Soziologie, Politologie und Ethnologie.

In allen Projekten richtete sich das Hauptinteresse auf Schülerinnen und Schüler im Alter von 14-16 Jahren. Wir verbanden dabei hermeneutische und empirische Methoden, um mehr darüber zu erfahren, was Schüler im Feld von Religion und Religiosität wissen, wie sie die Funktion von Religion für Dialog und Verständigung sehen und welche Wünsche sie für die Einbeziehung von Religion und Religiosität im Rahmen von Schule haben.

Bislang gab es weder für unsere Frage nach Dialog und Konflikt noch zu benachbarten Fragestellungen international vergleichende empirische Analysen, die mit qualitativen Methoden durchgeführt worden wären. Als umso wichtiger erscheint das skizzierte Projekt.

Wie sahen einige wichtige Ergebnisse unserer Forschung aus? Abgesehen von den erwartbaren Unterschieden, die wir in den Aussagen von Schülerinnen und Schülern in unseren acht europäischen Ländern sehen (und das ist nicht verwunderlich, wenn man sich die Spannbreite von Estland sowie Russland auf der einen Seite und Frankreich sowie Spanien auf der anderen Seite vergegenwärtigt), haben sich auch starke Gemeinsamkeiten der befragten Schülerinnen und Schüler in allen diesen Ländern herausgeschält.

Stellung von Jugendlichen in Europa zu anderen Religionen: Ich konzentriere mich auf die Frage, wie die Schülerinnen und Schüler zur Frage des religiösen Pluralismus stehen. Wie werden Bedenken gegen andere Religionen geäußert, inwiefern wird positiv auf religiösen Pluralismus zugegangen, und wie sieht das Gesamtbild aus? Danach werden zusätzlich Perspektiven zum Religionsunterricht angesichts religiöser Heterogenität skizziert und an einem Fallbeispiel exemplifiziert.

Insgesamt gilt für alle Länder, in denen wir unsere Untersuchungen durchgeführt haben, dass die Bedenken zu religiöser Pluralität weit weniger ausgeprägt sind als die positiven Einschätzungen und Konnotationen religiöser Vielfalt.

Um die Hauptargumentationen nachvollziehbar zu machen, verbinde ich generelle Bemerkungen mit ausgewählten Zitaten von Schülerinnen und Schülern aus den genannten Ländern. Die Strukturen der Argumentationen sind in diesen Ländern so ähnlich, dass sie wie ein Netzwerk einander ergänzender Aspekte erscheinen.

Dass mit einer solchen vergleichenden Darstellung ein Wagnis verbunden ist, ist mir bewusst. Aber ein solches Vorgehen ist als ein tastender Versuch im Feld von international-vergleichender Forschung zu werten, die insgesamt im Bereich der Religionspädagogik nur in wenigen Ansätzen begonnen worden ist. In der folgenden Darstellung sind die Bezüge zu einzelnen Ländern nicht als inhaltliche Abgrenzungen zu verstehen, sondern bieten konkrete Verortungen mit exemplarischem Charakter.

Bedenken gegenüber religiösem Pluralismus: Wir finden neben prinzipiellen Einwänden gegenüber den Möglichkeiten einer friedlichen Koexistenz von Menschen unterschiedlicher Religion in stärkerem Maße Hinweise auf Konditionen, an die ein friedliches Zusammenleben gebunden ist. Hierbei werden vor allem folgende Faktoren genannt.

Trennung durch Religion: Jugendliche in Spanien thematisieren vor allem die Beziehung zwischen katholischen und muslimischen Schülern. Hier wird von einer katholischen Schülerin erklärt, dass ein Zusammenleben mit Muslimen nicht möglich – ja „eine Katastrophe"– sei, weil man unterschiedliche Bräuche und Essensvorschriften habe (Schweinefleisch und Alkohol). Umgekehrt wird die Möglichkeit des Zusammenlebens von einer muslimischen Schülerin in Frage gestellt, weil die eigene Religion sich auf den Koran gründe und die Christen „immer über Jesus reden" (Dietz, Roson Lorente & Ruiz Garcon 2008, 38).

Weitere Bedenken beziehen sich auf: Intoleranz durch Religion, Zwang und Fanatismus durch Religion, Vorurteile durch Religion und Überlegenheitsbewusstsein durch Religion.

So weit die Voten mit Hauptargumenten, die auf Schwierigkeiten im Zusammenleben von Menschen unterschiedlicher Religionszugehörigkeit weisen.

Wertschätzung religiöser Pluralität: Fast spiegelbildlich zu den Bedenken treten in unserer Analyse die wertschätzenden Faktoren von Heterogenität heraus. Hier werden besonders genannt: Interesse an anderer Religion, Bürgerrechte und Toleranz durch Religion, Verständigung im Nahbereich bei unterschiedlicher Religion, Verbundenheit im Glauben trotz unterschiedlicher Religion. Wichtig ist in den Augen der Schülerinnen und Schüler die Erfahrung der Akzeptanz trotz unterschiedlicher Religion. So unterstreicht eine muslimische Schülerin in St. Petersburg die Möglichkeit religiöser Toleranz anhand eigener Alltagserfahrungen: „Ich bin eine Muslimin, aber alle Klassenkameraden mit anderem Glaubenshintergrund behandeln mich sehr gut" (Kosyrev 2008, 297). Die Frage der persönlichen Einstellung gewinnt z.B. in den Voten norwegischer Schülerinnen und Schüler an Gewicht: „Ja, ich glaube, dass Menschen mit unterschiedlichen Religionen zusammen leben können, wenn sie es intensiv genug wünschen und sich hinreichend lieben, und Menschen können lieben, wenn sie wollen." (Lippe 2008, 162).

Der Mensch sei wichtiger als seine Religion und Religionen stehen für Frieden und Gleichheit: So geht eine muslimische Schülerin in Hamburg ausdrücklich von dem Gleichheitsgrundsatz für alle Menschen aus, der ein Zusammenleben ermöglichen sollte: „Ich denke, dass Menschen zusammenleben können, weil sie alle als Menschen gleich sind, egal ob sie dieselbe Religion haben oder nicht. Wer denkt, dass sie nicht zusammenleben können, hat eine falsche Auffassung über Religion, weil alle Religionen Frieden wollen." (Knauth 2008, 230). Schließlich wird von Schülerinnen und Schülern auf den großen Stellenwert von religiöser Toleranz und auf eine globale Ethik der Verständigung verwiesen. So schrieb ein Mädchen in England über die Möglichkeit des Zusammenlebens von Menschen mit unterschiedlichen Religionen und Kulturen: „Ja, sie können zusammen leben, weil wir letztendlich alle Menschen sind und auf die Erde gekommen sind, um zusammen zu leben." (Ipgrave & McKenna 2008, 132)

Wenn wir das Mosaik dieser unterschiedlichen Meinungen und Akzente zusammensetzen und sie an die Forschungsergebnisse in den acht Ländern von REDCo zurückbinden, dann können wir zu den folgenden Schlussfolgerungen gelangen:

Religiöser Pluralismus wird nicht nur akzeptiert, sondern ausdrücklich begrüßt. Schülerinnen und Schüler äußern Kritik gegen Wahrheitsansprüche, die Menschen mit anderen Religionen und Weltanschauungen ausschließen: „Die Mehrheit äußerte eine grundlegende Ablehnung gegen alle Versuche, das Prinzip der Gleichheit aller Religionen zu unterminieren." (Bertram-Troost, Ipgrave, Jozsa & Knauth 2008, 407). Gleichzeitig wird in unserer Analyse der Fragebögen deutlich, dass dieselben Jugendlichen z.T. auch Vorurteile gegenüber anderen, auch gegenüber anderen Religionen, haben.

Trotz des Bewusstseins, dass Konflikte ihre Ursachen in Religionen haben können und religiöse Pluralität auch mit Schwierigkeiten verbunden ist, teilen die Jugendlichen in Europa mehrheitlich die Vorstellung, dass ein friedliches Zusammenleben von Menschen unterschiedlicher Religion möglich sei. Dies gilt unter der Bedingung, dass Respekt und Dialogfähigkeit eingeübt werde, dass man unterschiedliche Ansichten im religiösen Feld kennenlerne und aufeinander höre (Bertram-Troost et al. 2008, 408).

Diese Strukturen des Denkens der von uns befragten Jugendlichen sind bemerkenswert. Sie spiegeln, dass es eine große Aufgeschlossenheit gibt, auf religiös-weltanschaulichen Pluralismus in Europa zuzugehen, ohne dabei mögliche Probleme auszuklammern und ohne dabei selber frei von Vorurteilen zu sein.

Interreligiöser Dialog in der Schule: Trends in Europa und das Beispiel eines dialogorientierten Religionsunterrichts in Hamburg

Zusätzlich zur generellen Frage der Haltung von Jugendlichen zu religiöser Pluralität haben wir im genannten REDCo-Projekt auch untersucht, inwieweit Jugendliche in den von uns in die Forschung einbezogenen Ländern den Religionsunterricht – bzw. den Einbezug von religiösen Themen im Schulunterricht – als wichtig ansehen, um Toleranz gegenüber Menschen anderen Glaubens zu entwickeln. Unsere Ergebnisse können folgendermaßen gekennzeichnet werden:

- Unabhängig von ihren Ansichten zur Religion hält die Mehrheit der Schüler es für wichtig, Religionen im Schulunterricht kennen zu lernen.
- Jugendliche, die in der Schule über religiöse Vielfalt unterrichtet werden, sind eher bereit dazu, sich auf Gespräche über Religionen und Weltanschauungen mit Schülern aus anderen Hintergründen einzulassen, als diejenigen, die diese Lernmöglichkeit nicht haben.
- Schüler wünschen sich ein friedliches Zusammenleben von Menschen unterschiedlicher religiöser Herkunft und meinen, dass dies möglich ist. Hierzu sind Möglichkeiten unabdingbar, Menschen anderer Religion als der eigenen und Mitschülerinnen und Mitschüler ohne formale Religionszugehörigkeit kennenzulernen und mit ihnen in den Dialog zu kommen.
- Schüler glauben, dass die wesentlichsten Voraussetzungen für ein friedliches Zusammenleben von Menschen mit unterschiedlichen Religionen gegenseitiges Wissen über die jeweiligen Religionen und Weltanschauungen, geteilte Interessen und gemeinsame Aktivitäten sind. (Religion in der Bildung 2009, 442f.)

Ohne in Details zu gehen, ist in unserer Gesamtuntersuchung der große Stellenwert von Schule für interreligiöse Verständigung in den Voten der Jugendlichen sehr deutlich. Der Wunsch von Schülerinnen und Schülern, mehr über andere Religionen zu erfahren, erscheint umso bemerkenswerter, als gleichzeitig auch Vorurteilsstrukturen anderen Religionen gegenüber in der Analyse deutlich heraustreten. Angesichts dieses Befundes liegt es nahe, die Anstrengungen in der Schule zu verstärken, das Kennlernen anderer Religionen zu ermöglichen, den interreligiösen Dialog auf einer dieser Altersgruppe angemessenen Ebene einzuüben. Damit könnte ein wichtiger Schritt verbunden sein, um Vorurteile, die sich ansonsten womöglich verfestigen würden, abbauen zu helfen. Hierbei spielt ganz offensichtlich der Bildungsbereich eine zentrale Rolle. Im Folgenden hierzu als Fallbeispiel für einen Religionsunterricht, der ganz bewusst auf interreligiösen Dialog ausgerichtet ist, der *„Religionsunterricht für alle" in Hamburg:* Im Vergleich der bundesdeutschen Länder bildet Hamburg einen Ausnahmefall – allerdings nicht im größeren Rahmen Europas. Während in nahezu allen Bundesländern Deutschlands der Religionsunterricht getrennt für katholische, evangelische und in wenigen Fällen auch muslimische Kinder erteilt wird, hat sich in Hamburg seit ca. 30 Jahren eine andere Praxis herausgebildet: Hier wird im Religionsunterricht nicht nach evangelischen, katholischen oder atheistischen Schülerinnen und Schülern getrennt, sondern es gibt *einen* Religionsunterricht, an dem alle Schülerinnen und Schüler ungeachtet ihrer jeweiligen religiösen und kulturellen Hintergründe gemeinsam im Klassenverband teilnehmen. Wir bezeichnen diesen Religionsunterricht als einen *dialogischen* Religionsunterricht. Hiermit ist eine Orientierung verbunden, die religiöse Absolutheitsansprüche oder fundamentalistische, auf Abgrenzung gerichtete Grundhaltungen überwindet. Theologisch und religionspädagogisch sowie erziehungswissenschaftlich gehen wir auf Ansätze zu, in denen der Dialog zentral verankert ist. So stützen wir uns auf Dialogansätze, wie sie weiter oben angesprochen worden sind. Vor diesem Hintergrund gewinnt der Dialog im Klassenzimmer an Bedeutung: In einem dialogisch verfassten Unterricht können sich Schülerinnen und Schüler mit ihren unterschiedlichen und unterschiedlich stark ausgeprägten religiösen und weltanschaulichen Hintergründen einbringen sowie auch eigene Positionen entwickeln. Fragen nach dem Sinn des Lebens und Sterbens, nach dem letztlich Tragenden, nach dem Heiligen und Göttlichen prägen diesen Unterricht ebenso wie sozial ethische Fragen nach Gerechtigkeit, Frieden und Schöpfungsbewahrung. In diesem Spektrum gibt es viele Gemeinsamkeiten zwischen den verschiedenen Konfessionen und Religionen. Dialog im Unterricht ist aber auch darauf ausgerichtet, Unterschiede in ihren jeweiligen Verankerungen zur Geltung kommen zu lassen: Eigene Positionen sollen nicht in Vermischung mit anderen erahnt, sondern im Angesicht anderer Positionen gefunden werden. Religionsunterricht sollte – ungeachtet der Wahrnehmung und Respektierung von Differenz – einen Dialog im Klassenzimmer ermöglichen, in dem unterschiedliche religiöse Positionen zur Sprache gebracht werden können, aber religiöse Bindungen nicht die Voraussetzung zur Teilnahme am Unterricht bilden. Der Dialog im Klassenzimmer fördert den Respekt vor den religiösen Überzeugungen Anderer und verweist auf die Relevanz einer möglichen Vergewisserung und Ausbildung eigener Religiosität bei gleichzeitiger kritischer Infragestellung. Ein solcher Religionsunterricht ist im Rahmen eines schulpädagogischen Ansatzes zu verstehen, der angesichts zunehmender kultureller Heterogenität und sozialer Spaltung der Bevölkerung nicht die Aufgabe hat, Trennungen zu spiegeln oder gar zu vertiefen, sondern zu wechselseitigem Verständnis beizutragen.

Ein solcher Religionsunterricht kann nicht auf das Hineinführen in eine Religion ausgerichtet sein, und soll dies ausdrücklich auch nicht. Religionspädagogisch wird in Hamburg davon ausgegangen, dass die Erziehung in eine bestimmte Religion hinein Aufgabe von Elternhaus und Religionsgemeinschaft ist, die öffentliche Schule aber eine andere Aufgabe hat, nämlich: in religiöse Themen so einzuführen, dass damit eine Verbindung zwischen Traditionen verschiedener Religionen und der Lebenswelt von Schülerinnen und Schülern möglich wird. Das Ziel besteht nicht darin, in eine Religion einzuführen, sondern in unterschiedliche Religionen einzuführen: in die gelebten Religionen unserer Gesellschaft, in die „Nachbarreligionen", das bedeutet die Religionen der Nachbarn im Klassenzimmer, in der Schule im Stadtteil, in der Gesellschaft insgesamt.

Jugendliche – Dialog – und Religionsunterricht in Hamburg: In einer empirischen Studie, die im Rahmen des oben erwähnten REDCo-Projekts durchgeführt wurde, haben wir u.a. in Hamburg Schülerinnen und Schüler zu ihren Wünschen an den Religionsunterricht befragt. Solle dieser nach Konfessionen oder Religionen getrennt sein oder für alle gemeinsam angeboten werden? Die Antworten der

Hamburger Schüler gehen bei wenigen Ausnahmen alle in dieselbe Richtung: Der „Religionsunterricht für alle" solle beibehalten werden. Das sagen die meisten Schülerinnen und Schüler, egal ob sie einen christlichen, muslimischen, buddhistischen oder z.B. einen konfessionslosen Hintergrund haben. Ich kann hier nur einen groben Einblick in unsere Ergebnisse vermitteln.

Die Einwände gegen einen gemeinsam erteilten Religionsunterricht, die erhoben wurden, beziehen sich auf die Lehrerrolle, das mögliche Konfliktpotential im religiös-thematischen Bereich, ein generelles Desinteresse und den – nicht weiter begründeten und in sich ambivalenten – Wunsch, in einer religiös homogenen Gruppe unterrichtet zu werden (vgl. Knauth 2009, 95f.). Derartig Vorbehalte von Schülerinnen und Schülern bieten wichtige Anhaltspunkte für die Weiterentwicklung der didaktischen Konstruktion von Religionsunterricht in Hamburg. Die an Zahl weit umfangreicheren und in der Begründung differenzierteren Argumente Hamburger Schülerinnen und Schüler stehen für einen „Religionsunterricht für alle" in Hamburg. Sicher liegt das auch an der „Macht des Faktischen", da sie i.d.R. keinen konfessionell getrennten Religionsunterricht kennen. Dennoch ist es erstaunlich, wie klar und aufgefächert Argumente von Schülerseite geäußert werden, die einen gemeinsamen Religionsunterricht favorisieren. Aus der Fülle der Äußerungen greife ich drei heraus, die sich zum einen auf religionspädagogische, zum anderen auf gesellschaftliche und schließlich auf theologische Sachverhalte beziehen.

Als erste soll eine muslimische Schülerin zu Wort kommen:

> „Ich persönlich finde es besser wenn Schüler aus verschiedenen Religionen zusammen unterrichtet werden. So kann man viel besser erfahren was andere denken als wenn man dies einfach in einem Buch nachliest. Es ist viel besser wenn man Menschen aus anderen Religionen kennen lernt, die was zu ihren Religionen sagen können. Wenn z.B. in meiner Religionsklasse nur Muslime wären, wären wir alle derselben Meinung und würden gar nicht so richtig, also überhaupt nicht diskutieren können oder was Neues lernen. Man lernt dann nur das was man in der Moschee lernt. Um dies zu lernen gehe ich doch auch zur Moschee! Es würde für mich nicht sehr interessant sein wenn ich in der Schule alles was ich gelernt habe, noch mal wiederholen müsste. Es wäre langweilig." (Knauth 2009, 91)

An dieser Stellungnahme wird deutlich, wie wichtig für Schülerinnen und Schüler ein Face-to Face Lernen mit Mitschülern anderer religiöser Couleur sein kann. Weiterhin werden aus Schülerinnenperspektive die unterschiedlichen religionspädagogischen Aufgabenbereiche von Schule und Gemeinde angesprochen. Dies entspricht unserem religionspädagogischen Grundverständnis in Hamburg, die Schule nicht mit Aufgaben zu überfrachten, die besser in der Familie oder der Gemeinde aufgehoben sind.

Im zweiten Zitat äußert sich eine Schülerin ohne Religionszugehörigkeit folgendermaßen:

> „Ich fände es nicht so gut, wenn sie getrennt unterrichtet werden. Dadurch kann man leichter etwas über andere Religionen erfahren. Außerdem den-

ke ich, dass dadurch leichter der Hass auf Leute die nicht der eigenen oder bestimmten Religion angehören, vermindert werden kann. Außerdem können die Leute die einer bestimmten Religion angehören bestimmte Dinge in ihrer Religion erklären. Ich finde, wenn man die Schüler, die verschiednen Religionen angehören trennen würde, kommt es so rüber, als wenn sie anders wären (als wenn man Ausländer und nicht Ausländer oder schwarze und Weiße getrennt unterrichten würde)." (Knauth 2009, 91)

Diese Schülerin weist besonders auf die Gefahr durch Separation hin. Sie geht – so wie wir es in unseren Untersuchungen in Europa insgesamt gesehen haben – davon aus, dass Vorurteile, ja Hass zwischen Menschen unterschiedlicher Religion bestehen und hält es für möglich, dass diese Barrieren durch Begegnung reduziert werden. Sie nimmt damit Elemente eines dialogorientierten Lernens auf, dem nicht nur in Hamburg, sondern auch in anderen Gebieten Europas eine zunehmend große Rolle zugewiesen wird. Mit ihren Hinweisen am Schluss richtet sie das Augenmerk in drastischer Form auf die in ihren Augen nicht begründbare Trennung von Schülerinnen und Schülern im Religionsunterricht. Sie nimmt damit indirekt Grundsätze antirassistischer Erziehung auf.

Die dritte Äußerung stammt von einer Schülerin mit christlichem Hintergrund:

„Die Schüler sollten zusammen unterrichtet werden, denn sonst würde es eine Spaltung in der Klasse geben. Außerdem könnte es zum Verstoß der Gebote führen. Denn es heißt: Liebe deinen nächsten wie dich selber. Bei der Spaltung läuft man auf die Gefahr zu dieses Gebot zu verstoßen." (Knauth 2009, 92)

Diese Schülerin begründet ihr Votum, dass die Schülerinnen und Schüler im Religionsunterricht nicht nach Konfession oder Religion getrennt werden sollen, mit dem Gebot der Nächstenliebe. Wie stichhaltig diese Verbindung ist, muss hier nicht erörtert werden. Aber sie zeigt, dass in der Altersgruppe der 14-16-Jährigen ein Bewusstsein darüber vorhanden ist, dass Gebote soziale und strukturelle Implikationen haben können.

Die Zitate sollen an dieser Stelle als Konkretion von Schülermeinungen stehen. Eine intensivere Auseinandersetzung hierzu findet sich in unseren Veröffentlichungen, wo die Strukturanalyse der Äußerungen von Schülerinnen und Schülern mit religionspädagogischer Argumentation verbunden wird (Knauth, Jozsa, Bertram-Troost, Ipgrave 2008).

Der dialogorientierte Hamburger Religionsunterricht für alle besitzt ein großes Potenzial, zu einer interreligiösen Verständigung beizutragen. Darüber hinaus ist zu fragen, wie nicht nur im Religionsunterricht der Schule, sondern auch im Bereich der Hochschule „Religion" so verankert werden kann, dass Raum geschaffen wird, um grundlegende und sozialethische Fragen im religiösen Bereich miteinander auszuloten und nicht im Gegeneinander zu finden. Mit dieser Forderung ist ein Fragenkomplex ins Auge gefasst, der seit wenigen Jahren an deutschen und europäischen Universitäten steigende Relevanz gewinnt. Die Herausforderung besteht darin, wie über den Bereich von zumeist evangelischer und katholischer Theologie hinaus eine akademisch tragfähigen Theologie in den Weltreligionen an Universitäten etabliert werden kann (vgl. Weiße 2009). Als Fallbeispiel gehe ich im Folgenden auf einen Ansatz an der Universität Hamburg ein, der darauf abzielt, eine Akademie der Weltreligionen zu gründen.

Akademie der Weltreligionen: Interreligiöser Dialog in der Universität

Seit rund zehn Jahren wird in Hamburg daran gearbeitet, über die evangelische Theologie hinaus Theologien anderer Weltreligionen an der Universität zu etablieren (Knauth & Weisse 2002; Neumann et al. 2002; Weisse 2002). Für den Islam, das Judentum, den Buddhismus, das Alevitentum und den Hinduismus sollen akademische Ressourcen aufgebaut werden. In Forschung und Lehre soll das Potenzial der Religionen für den Kontext westlicher Gesellschaften und für das vielgestaltige Selbstverständnis von Menschen, die diesen Religionen angehören, erschlossen werden. So können Denk- und Handlungsspielräume im individuellen und gesellschaftlichen Leben eröffnet werden. Hamburg bietet mit seinen mehr als 100 verschiedenen Religionsgemeinschaften und mit einer Reihe von seit langer Zeit und auf verschiedenen Ebenen bestehenden interreligiösen Dialogkreisen einen sehr guten Standort für ein solches Vorhaben, das unter der Bezeichnung „Akademie der Weltreligionen" ab dem Jahr 2010 eine konkrete Gestalt angenommen hat.

Im Folgenden soll zunächst skizziert werden, warum dieses Vorhaben in Hamburg notwendig ist und auf gute Voraussetzungen stößt. Vor diesem Hintergrund werden abschließend die Ansätze und Ziele der Akademie der Weltreligionen beschrieben.

Zur Relevanz für unsere Stadt: Für die Weltoffenheit von Großstädten wie Hamburg spielen mehr denn je Dialogoffenheit, Toleranz und Akzeptanz zwischen Menschen unterschiedlicher Kulturen und Religionen eine Rolle. Die Attraktivität einer Stadt wird dadurch erhöht, dass sich eine interkulturelle und internationale Szene weiter entwickelt, in der Differenz nicht Anlass für Konflikt ist, sondern kulturelle und religiöse Unterschiede zu produktiver Vielfalt und kreativer Dynamik beitragen. Hier gibt es – bei aller hanseatischen Toleranz und bei allem, was auf dem Feld interkultureller Kooperation inzwischen erreicht worden ist – immer noch großen Handlungsbedarf, um aus dem Nebeneinander von Kulturen und Religionen zu einem Miteinander zu gelangen (Steinhard & Stiller 2008). Denn eines ist klar: Menschen werden dann friedlich und in guter Nachbarschaft miteinander leben, wenn sie sich ungeachtet kultureller Unterschiede verstanden, respektiert und erwünscht fühlen. Dann werden sie sich auch mit ihrer Stadt identifizieren, sich gesellschaftlich integrieren und zur Weiterentwicklung Hamburgs erfolgreich beitragen.

Zur Relevanz für die Universität: Für diesen Prozess spielt der interreligiöse und interkulturelle Dialog eine wichtige Rolle, für den bereits viele Potenziale in unserer Stadt und an der Universität vorliegen, die es jedoch mehr als bisher zu nutzen und zu stärken gilt. Hamburg ist – so könnte man aufgrund der vielen bereits bestehenden Initiativen sagen – eine Hauptstadt des interreligiösen und interkulturellen Dialogs in Deutschland. Seit Jahrzehnten begegnen sich in zunehmendem Maße verschiedene Kulturen mit unterschiedlichen Sprachen und Religionen in einer Reihe von Dialoggruppen, die auf ganz unterschiedlichen Ebenen angesiedelt sind: im Bereich der Religionsgemeinschaften, der Universität und im Bereich der Schule mit einem dialogischen „Religionsunterrichts für alle" (Weiße 2008). Insofern wird in Hamburg nicht nur über andere Religionen gesprochen, sondern Vertreterinnen und Vertreter aus den Religionen Judentum, Christentum, Islam, Buddhismus, Hinduismus (und weiterer Religionen) nehmen selbst am Gespräch teil. Das über lange Jahre wechselseitig aufgebaute Vertrauen ist die Voraussetzung dafür, dass auch religiöse und religiös-gesellschaftliche Unterschiede und Konflikte offen angesprochen und auch Phänomene wie Fundamentalismus und Terrorismus im Zusammenhang mit Religion thematisiert werden können. Wichtig bleibt aber die Erfahrung, dass Menschen in Hamburg trotz unterschiedlicher kultureller und religiöser Hintergründe vieles miteinander verbindet. Und insofern wird es als eine zentrale Aufgabe der Religionsgemeinschaften in unserer Stadt angesehen, zu einem friedlichen Zusammenleben beizutragen.

Im Bereich der Wissenschaft hat es in den letzten ca. 15 Jahren in Forschung und Lehre einen kräftigen Schub gegeben, zu dem wir an der Universität Hamburg beigetragen haben. Seit Anfang 2006 arbeitet das Interdisziplinäre Zentrum „Weltreligionen im Dialog" an der Universität Hamburg, das laut Satzung eine Vorstufe für eine „Akademie der Weltreligionen" darstellt. Kolleginnen und Kollegen unterschiedlicher Disziplinen haben Forschung und Lehre unter verschiedenen Schwerpunkten in die Wege geleitet: Dialogverständnis, Dialogtheorien und Dialogkonzepte aus der Sicht verschiedener Disziplinen, Umgang mit Heterogenität sowie international vergleichende Forschung zur Bedeutung von Religion im Bildungswesen.

Zur Finanzierung sind und waren Stiftungsmittel (Udo-Keller-Stiftung Forum Humanum) und erhebliche Forschungsmittel (die vor allem von der Europäischen Kommission, aber auch vom Bundesministerium für Bildung und Forschung bereitgestellt wurden) wichtig. Internationale Vernetzungen liegen ebenso intensiv vor wie Rückkoppelungen mit Vertreterinnen und Vertretern aus Hamburger Religionsgemeinschaften und gesellschaftlichen sowie politischen Institutionen. Mit diesen Aktivitäten hat das Interdisziplinäre Zentrum „Weltreligionen im Dialog" ein gutes Fundament gelegt, auf das die „Akademie der Weltreligionen" ab diesem Jahr aufbauen konnte.

Unsere im Juni 2010 gegründete Akademie der Weltreligionen nimmt in Forschung und Lehre innovativ die kulturelle und religiöse Pluralität und Heterogenität unserer Gesellschaft auf. Grundlegend ist ein interdisziplinärer und dialogorientierter Ansatz in Forschung und Lehre, der auch die Gender-Perspektive als eine wichtige Form von Heterogenität mit einbezieht. Die Hauptziele der Akademie bestehen darin, wissenschaftliche Forschung und Lehre im Bereich der Religionen – insbesondere Judentum, Islam, Buddhismus, Hinduismus und Alevitentum – im Kontext westlicher Gesellschaften zu etablieren und zu intensivieren. Ein Wechsel von Innen- und Außenperspektive ist dabei wissenschaftlich ähnlich geboten, wie das für die evangelische und katholische universitäre Theologie seit langem gilt. Im Zentrum stehen theoretische, konzeptionelle und empirische Analysen von interreligiösem und interkulturellem Dialog. Hierzu gehört auch, wie oben angedeutet, der Bezug auf gesellschaftliche Rahmenbedingungen und die Fokussierung auf einzelne Bereiche, wie das Bildungswesen. Damit besteht die Möglichkeit, dass die wissenschaftliche Arbeit der „Akademie der Weltreligionen" auch einen gesellschaftlich wichtigen Beitrag für einen respektvollen Umgang zwischen Menschen verschiedener religiöser und weltanschaulicher Orientierungen leistet. Eine solche Akademie der Weltreligionen ist notwendig,

- damit interreligiöser Dialog auf einem akademischen Fundament aufbauen kann, das den Standards westeuropäischer Universitäten entspricht,
- damit Weltreligionen aus einer Außen- und aus einer Innenperspektive analysiert werden, also durch Mitglieder der entsprechenden Religionen, die über entsprechende universitäre Qualifikationen verfügen,
- damit theologische Profile in den Weltreligionen entstehen, die dialogisch ausgerichtet und auf den Kontext Europa bezogen sind.

Fazit

Interreligiöser Dialog ist gesellschaftlich und akademisch ohne Alternative. Der Rückzug auf die eigene Position unter Ausklammerung oder mit Bekämpfung anderer kultureller und religiöser Standpunkte kann als verlockende Alternative in einer zunehmend unübersichtlichen Welt erscheinen, bildet aber keine angemessene Antwort auf die Komplexität moderner Gesellschaften. Dies haben wir im Blick auf einige zentrale Ergebnisse des europäischen REDCo-Projekts, der zunehmenden Bedeutung von interreligiösem Dialog im Bereich von Schule in Europa generell, wie in Hamburg speziell, zu zeigen versucht. Im universitären Bereich haben wir am Beispiel der Akademie der Weltreligionen der Universität Hamburg darauf hingewiesen, dass es auch im Hochschulbereich darum geht, einen dialogorientierten Ansatz zu etablieren. Für die Akademie der Weltreligionen sei auf die besonders enge Kooperation mit dem Zentrum für Buddhismuskunde und dem Tibetischen Zentrum in Hamburg hingewiesen. Stellvertretend für alle, die an dieser Kooperation mitwirken, gilt mein Dank Prof. Michael Zimmermann, Dr. Barbara Schuler, Dr. Carola Roloff und Oliver Petersen. Eine solche Berücksichtigung des Buddhismus im Rahmen eines dialogorientierten Ansatzes ist für deutsche Universitäten einmalig. Wie notwendig und produktiv das ist, muss im Rahmen dieser Veröffentlichung nicht ausdrücklich erwähnt werden. Aber es ist deutlich, dass zum einen mit dem Dialog im Bereich Schule und Hochschule, und dass zum anderen mit dem starken Einbezug des Buddhismus eine Möglichkeit genutzt werden kann, um zum Dialog der Religionen beizutragen. Dies hat der Dalai Lama mit den folgenden Worten gekennzeichnet: „Das größte Hindernis auf dem Weg zu religionsübergreifender Harmonie besteht in der mangelnden Anerkennung des Werts anderer Glaubenstraditionen. … Die immer komplexer werdende, sich immer mehr vernetzende Welt zwingt uns dazu, das Vorhandensein anderer Kulturen ebenso anzuerkennen wie das anderer Volksgruppen oder, natürlich, anderer Glaubensrichtungen. Ob es uns gefällt oder nicht: für die meisten von uns gehört diese Vielfalt zum Alltag. Ich glaube, der beste Weg zur Beseitigung von Unwissenheit und zur Schaffung von Verständnis liegt im Gespräch mit den Angehörigen anderer Glaubensbekenntnisse" (Dalai Lama 2004, 239). Dem ist nichts hinzuzufügen.

Literatur

Berger, P.L. & Weisse, W. 2010. Die Pluralisierung der Religion in Zeiten der Pluralisierung, in: W. Weisse (Hrsg.). *Theologie im Plural. Eine akademische Herausforderung.* Münster: Waxmann. 13-19.

Bertram-Troost., G., Ipgrave, J., Jozsa, D.-P & Knauth, T. 2008. European Comparison. Dialogue and Conflict, in: T. Knauth, D.-P. Jozsa, G. Bertram-Troost & J. Ipgrave (Hrsg.). *Encountering Religious Pluralism in School and Society – A Qualitative Study of Teenage Perspectives in Europe.* Münster: Waxmann. 405–411.

Council of Europe. 2008. *Living Together as Equals in Dignity. White Paper on Intercultural Dialogue.* Veröffentlicht durch den Rat der Europäischen Außenminister bei ihrer 118. Sitzung, Straßburg. 7. Mai 2008. Straßburg: Council of Europe.

Dalai Lama. 2004. *Das Buch der Menschlichkeit. Eine neue Ethik für unsere Zeit.* Bastei-Lübbe: Bergisch-Gladbach.

Dietz, G., Roson Lorente, J. & Ruiz Garcon, F. 2008. Religion and Education in the View of Spanish Youth. The Legacy of Mono-Confessionalism in Times of Religious Pluralism, in: Knauth, T., Jozsa, D.-P., Bertram-Troost, G. & Ipgrave, J. (Hrsg.). *Encountering Religious Pluralism in School and Society – A Qualitative Study of Teenage Perspectives in Europe.* Münster: Waxmann. 21-49.

Falaturi, A. 1996. Hermeneutik des Dialoges aus islamischer Sicht, in: ders., *Der Islam im Dialog. Aufsätze von Professor Abdoldjavad Falaturi.* 5. erw. Aufl. Hamburg: IWA Verlag. 156–172.

Habermas, J. 2005. *Zwischen Naturalismus und Religion. Philosophische Aufsätze.* Frankfurt am Main: Suhrkamp.

Hasenclever, A. 2003. Geteilte Werte – Gemeinsamer Frieden? Überlegungen zu zivilisierenden Kraft von Religionen und Glaubensgemeinschaften, in: H. Küng & D. Senghaas (Hrsg.). *Friedenspolitik. Ethische Grundlagen internationaler Beziehungen.* München: Piper. 288–318.

Ipgrave, J. & McKenna, U. 2008. Diverse Experiences and Common vision. English Student's perspectives on religion and Religious Education, in: T. Knauth, D.-P. Jozsa, G. Bertram-Troost & J. Ipgrave (Hrsg.). *Encountering Religious Pluralism in School and Society – A Qualitative Study of Teenage Perspectives in Europe.* Münster: Waxmann. 113-147.

Jackson, R., Miedema, S., Weisse, W. & Willlaime, J.-P. (Hrsg.) 2007. *Religion and Education in Europe: Developments, Contexts and Debates.* Münster: Waxmann.

Jozsa, D.-P., Knauth, Th. & Weisse, W. (Hrsg.) 2009. *Religionsunterricht, Dialog und Konflikt. Analysen im Kontext Europas.* Münster: Waxmann.

Knauth, T. 2009. Zur Bedeutung von Religion in Schule und Lebenswelt von Jugendlichen in Hamburg, in: D.-P. Jozsa, Th. Knauth & W. Weisse (Hrsg.). *Religionsunterricht, Dialog und Konflikt. Analysen im Kontext Europas.* Münster: Waxmann. 35-103.

Knauth, T., Jozsa, D.-P., Bertram-Troost, G. & Ipgrave, J. (Hrsg.) 2008. *Encountering Religious Pluralism in School and Society. A Qualitative Study of Teenage Perspectives in Europe.* Münster: Waxmann.

Knauth, T. & Weiße, W.(Hrsg.) 2002. *Akademie der Weltreligionen. Konzeptionelle und praktische Ansätze.* Hamburg: Schriften aus dem Fachbereich Erziehungswissenschaft der Universität Hamburg.

Kosyrev, F. 2008. Religion and Education through the Eyes of Students from Saint-Petersburg, in: Th. Knauth, D.-P. Jozsa, G. Bertram-Troost, & J. Ipgrave (Hrsg.). *Encountering Religious Pluralism in School and Society – A Qualitative Study of Teenage Perspectives in Europe*. Münster: Waxmann. 279-308.

Lévinas, E. 1993. Penser Dieu à partir de l'éthique, in: ders. (Hrsg.), *Dieu, la Mort et le Temps*. Paris: Bernard Grasset. 154–164.

Lippe, M. v.d. 2008. To Believe or not to Believe. Young People's Perceptions and Experiences of Religion and Religious Education in Norway, in: Th. Knauth, D.-P. Jozsa, G. Bertram-Troost, & J. Ipgrave (Hrsg.). *Encountering Religious Pluralism in School and Society – A Qualitative Study of Teenage Perspectives in Europe*. Münster: Waxmann. 149-171.

Margull, H.J. 1992. Zeugnis und Dialog. Ausgewählte Schriften, mit Einführungen von Th. Ahrens, L. Engel, E. Kamphausen, I. Lembke, W. Ustorf, W. Weiße & J. Wietzke, *Perspektiven der Weltmission*. Bd. 13. Ammersbek bei Hamburg.

Neumann, U. (Hrsg.) 2002. *Islamische Theologie. Internationale Beiträge zur Hamburger Debatte*. Hrsg. in Zusammenarbeit mit P. Kappert, O. Schumann & W. Weiße. Hamburg: edition Körber-Stiftung.

Religion in der Bildung 2009. Beitrag zum Dialog. Policy recommendations des Forschungsprojektes REDCo, in: D.-P. Jozsa, Th. Knauth & W. Weisse (Hrsg.) *Religionsunterricht, Dialog und Konflikt. Analysen im Kontext Europas*. Münster: Waxmann. 441-445.

Ricœur, P. 2006. *Wege der Anerkennung. Erkennen, Wiedererkennen, Anerkanntsein*. Frankfurt a.M.: Suhrkamp.

Schmidt, H. 2011. *Religion in der Verantwortung. Gefährdungen des Friedens im Zeitalter der Globalisierung*. Berlin: Propyläen.

Steinhardt, M. & Stiller, S. (Hamburgisches Weltwirtschaftsinstitut) 2008. *Bunt in die Zukunft. Kulturelle Vielfalt als Standortfaktor deutscher Metropolen*. Hamburg: HypoVereinsbank.

UNESCO & Institute of Oriental Studies 2007. *Intercultural Dialogue and Cultural Diversity*. Almaty: Daik-Press.

United Nations 2008. High-level Meeting on the Culture of Peace, 12-13 November 2008. Verfügbar online unter: http://www.un.org/ga/63/meetings/peace_culture_hl.shtml (Zugriff Juli 2009).

Weiße, W. 2002. „Akademie der Weltreligionen" an der Universität Hamburg: Vorüberlegungen und Perspektiven, in: T. Knauth & W.Weiße (Hrsg.). *Akademie der Weltreligionen. Konzeptionelle und praktische Ansätze*. Hamburg: Schriften aus dem Fachbereich Erziehungswissenschaft der Universität Hamburg. 15–25.

Weiße, W. 2006. Interkulturalität – Interreligiosität, in: R. Lachmann, G. Adam & M. Rothgangel (Hrsg.). *Ethische Schlüsselprobleme. Lebensweltlich, theologisch, didaktisch*. Göttingen: Vandenhoeck & Ruprecht. 216–232.

Weiße, W. 2007. The European Research Project on Religion and Education ‚REDCo'. An Introduction, in: R. Jackson, S. Miedema, W. Weisse & J.-P. Willlaime (Hrsg.). *Religion and Education in Europe: Developments, Contexts and Debates*. Münster: Waxmann. 9-25.

Weiße, W. (Hrsg.) 2002. *Wahrheit und Dialog. Theologische Grundlagen und Impulse gegenwärtiger Religionspädagogik*. Münster: Waxmann.

Weiße, W. (Hrsg.) 2008. *Dialogischer Religionsunterricht in Hamburg. Positionen, Analysen und Perspektiven im Kontext Europas*. Münster: Waxmann.

Weiße, W. (Hrsg.) 2009. *Theologie im Plural. Eine akademische Herausforderung*. Münster: Waxmann.

Willaime, J.-P. 2008. *Le retour du religieux dans la sphère publique*. Vers uns laicité de reconnaissance et de dialogue, Olivétan: Lyon.

Oliver Petersen

Erfahrungen eines Buddhisten im interreligiösen Dialog in Hamburg

Zunächst möchte ich die Gelegenheit wahrnehmen, meiner Freude Ausdruck zu verleihen, nicht nur über den Inhalt dieser Veranstaltung, sondern auch über den Stil des Austausches. Er erscheint mir unserem Anliegen sehr angemessen. Wir erleben hier eine Atmosphäre, in der ein unverkrampfter Umgang mit den jeweils anderen Traditionen und eine Freude an der Auseinandersetzung damit praktiziert wird. Mir ist das ein deutliches Zeichen, dass wir auf unserem Weg des Dialogs schon recht weit vorangekommen sind.

In meinem Beitrag beschäftige ich mich mit der aktuellen Situation des Dialogs in Hamburg. Historisch gesehen ist das doch eine außerordentliche Situation: Da kommt eine Tradition wie der Buddhismus an einen Ort, an dem eine andere Religion lange eingesessen ist und die führende Rolle spielt wie eben das Christentum hierzulande. Und doch wird diese neue Strömung nicht als potentieller Feind oder Konkurrent angesehen. Im Gegenteil erleben wir hier als Buddhisten noch Unterstützung und können an theologischen Fakultäten der Protestanten unsere Lehre darlegen.

Ganz besonders möchte ich dabei die Rolle der scheidenden Bischöfin Maria Jepsen hervorheben, die hier in Hamburg sehr viel für den Dialog getan und uns immer unterstützt hat. Schon 1998 als der Dalai Lama in der Lüneburger Heide war, im Meditationshaus des Tibetisches Zentrums, hat sie ein Grußwort geschickt, das glaube ich ganz im Sinne unserer Veranstaltung ist. Es lautet: „Was hindert uns unseren Weg zu gehen und den Anderen ihren Weg zu lassen und uns zu begegnen ohne uns absolutistisch zu gerieren, ohne das eine Glück gegen das andere auszuspielen. Wir wollen alle der kälter werdenden Gesellschaft Wärme und Sinn wiedergeben, Ängste und Vorurteile abbauen."

Besser kann man es kaum darstellen, wie man das Eigene pflegt und doch vollkommen offen ist für das Andere und das neu Hinzukommende sogar als Partner empfindet und nicht als Gefährdung. Es ist aber, wenn man es historisch betrachtet, wirklich eine fast einmalig günstige Konstellation. Tatsächlich gibt es, wie bereits von meinen Vorrednern angesprochen, selbstverständlich keine Alternative zum Dialog in einer pluralistischen und globalisierten Gesellschaft, wie sie auch hier in Hamburg ausgeprägt ist. Alle Religionen sind hier anwesend und bereits eng miteinander verwoben und da kann es keinen anderen Weg geben, der vernünftig ist, als eben den des respektvollen Dialogs.

Beispiele für die Lebendigkeit des Dialoges gerade in Hamburg

Ich möchte zunächst kurz darauf eingehen, was hier in Hamburg in einer wirklich sehr lebendigen interreligiösen Szene bereits stattfindet. Vielleicht ist es außer den daran maßgeblich Beteiligten nicht jedem bewusst, dass es hier vielfältige

Projekte gibt. Insbesondere den Studierenden kann das vielleicht eine Inspiration sein.

Die eigentliche Keimzelle für den Dialog in Hamburg war ein regelmäßiges Seminar, das an der Missionsakademie des Fachbereichs Ev. Theologie der Universität begonnen hat. Das ist ja auch interessant, dass ausgerechnet dort der Dialog in Hamburg Mitte der 1980er Jahre institutionell begann. Initiator war Prof. Olaf Schumann, dessen Verdienste wir nicht genug würdigen können. Bei seinen religionswissenschaftlichen Vorlesungen zu nicht christlichen Religionen entwickelte er den Gedanken doch nicht immer nur über andere Religionen, sondern mit den Religionen zu sprechen. Entsprechend bat er Studentinnen und Studenten seiner Lehrveranstaltungen aus anderen Religionen wie Halima Krausen und mich sowie andere Vertreterinnen und Vertreter der Religionen, die in Hamburg ansässig waren, mit ihm solche Seminare zu gestalten. Bis auf den heutigen Tag, in kontinuierlicher Folge, werden pro Semester ca. zwölf Termine angesetzt, an denen zu theologischen und gesellschaftlichen Themen in jeweils zwei Sitzungen von der jeweiligen Religion Vorträge gehalten werden und man darüber mit den Studierenden diskutiert. Das betrifft z.B. Themen wie Wissenschaft und Religion, Menschenrechte, Feste in den Religionen, Erzählungen in den Religionen, Umgang mit dem Tod, Mystik, Hoffnung, Staat und Religion usw. Die Vorträge finden dabei übrigens auch oft an den Versammlungsorten der Religionen statt, d.h. neben einer Kirche in der Moschee an der Alster, in unserem Tempel in Rahlstedt oder auch in der Synagoge. So bekommen die Studentinnen und Studenten einen besonders lebendigen und authentischen Eindruck der Religionspraxis.

Besonders wichtig ist mir zu erwähnen – und ich glaube diese Tagung heute würde ohne diese Tatsache als Vorraussetzung nicht stattgefunden haben –, dass die Vertreter der Religionen sich durch die häufigen intensiven Begegnungen wirklich persönlich sehr nahe gekommen sind. Es sind tatsächlich Freundschaften entstanden und erst auf dieser Grundlage kann man wirklich völlig offen auch über strittige Punkten miteinander sprechen. Oftmals sitzen so Vertreterinnen und Vertreter von fünf Religionen gemeinsam auf dem Podium und diskutieren sowohl mit den Studierenden als auch untereinander. Sicherlich ein eindrucksvolles und vielleicht auch richtungsweisendes Bild.

Ich möchte da als Personen der ersten Stunde einige Namen nennen: Imam Mehdi Razvi und Imamin Halima Krausen von den Moslems, Sammy Jossifoff und Prof. Alexander Schwarz, Jerusalem von der Jüdischen Gemeinde, Helmut Kirst, der jetzt in der Christuskirche als Pastor tätig ist, Rolf Peters von den Hindus und natürlich auch Geshe Thubten Ngawang, unser verstorbener geistlicher Leiter vom Tibetischen Zentrum. Auch ich war als Vertreter des Buddhismus von Anfang an dabei. Vor allem hat aber auch Brigitte Werner sehr viel für die Durchführung und Fortsetzung dieses Dialogs über all die Jahre getan. Dazu gab es stets Gastreferentinnen und Gastreferenten aus dem katholischen und orthoxen Bereich als auch aus anderen Religionen. Seit einigen Jahren ist der Dialog an der Erziehungswissenschaft bei Prof. Wolfram Weiße angesiedelt und wird mit Pädagogik angereichert. Das können wir sicherlich auch alle gut vertragen, da die traditionellen Religionen in ihrer Lehrweise nicht immer auf dem neuesten Stand der Didaktik sind.

Darüber hinaus organisieren die Religionen in Hamburg gemeinsam den bundesweit einmaligen „Religionsunterrichts für Alle", ein Modell über das Prof. Weiße bereits gesprochen hat. Man versammelt sich dafür seit 1996 am Pädagogisch-Theologischen Institut (PTI). Dessen Leiter Folkert Doedens und jetzt sein Nachfolger Hans-Ulrich Keßler haben dabei den Vorsitz.

Das bedeutet, wir haben hier in Hamburg einen überkonfessionellen Religionsunterricht – bisher noch in evangelischer Verantwortung, aber getragen von allen Religionen – der mehr an Themen als an Bekenntnissen orientiert ist und zur Dialogfähigkeit erzieht. Das führt sicherlich dazu, dass die Schüler das Gemeinsame eher erkennen können. Wenn man nicht von den Worten nach unterschiedlichen Bekenntnissen ausgeht, sondern sich ein Thema vornimmt wie z.B. den Sinn des Lebens, den Umgang mit dem Tod oder die Persönlichkeit von Religionsstiftern, erkennen die Schülerinnen und Schüler sofort, dass es offenbar doch mehr Gemeinsamkeiten gibt als gedacht.

Dieser Unterricht ist sehr beliebt bei Schülerinnen und Schülern, Lehrern und Eltern, aber ist doch noch einmalig hier in Hamburg, auch wenn es darüber inzwischen auch in anderen Bundesländern eine lebhafte Diskussion gibt. Persönlich habe ich gehört, dass die Praxis des Religionsunterrichts in anderen Bundesländern sich ebenfalls immer weniger am rein Konfessionellen orientiert. Im Süden der Republik, wo die angestammten Religionen noch recht einflussreich sind, scheint ein solcher Name wohl doch noch auf starke Widerstände zu treffen, und doch praktiziert man offenbar entsprechend der Realität einer multireligiösen Kultur, die sich seit dem Krieg demoskopisch dramatisch verändert hat. Die Katholiken behalten sich im übrigen auch in Hamburg das Recht auf konfessionellen Unterricht an ihren Schulen vor und nehmen nicht an der Planungsgruppe des Religionsunterrichts für alle teil.

Es ist mir natürlich wichtig, dass auch geeignetes Unterrichtsmaterial unter Mitarbeit aller Religionen erstellt werden. Es gibt da bereits einiges am PTI aber es ist in diesem Bereich noch viel Arbeit zu leisten, die jetzt auch mit Hilfe von Stiftungen systematisch am Landesinstitut für Lehrerbildung und Schulentwicklung (Li) unter der Ägide des Gestaltungsreferenten Jochen Bauer angegangen wird.

Auch gibt es Bestrebungen, den rechtlichen Status der nicht christlichen Religionen mit dem Senat zu klären, um den Unterricht in gemeinsamer Verantwortung zu tragen.

Darüber hinaus gibt es hier in Hamburg das Interreligiöse Forum (IFH), das gerade seine 10-Jahresfeier hinter sich hat. Maßgeblich initiiert wurde es von der Bischöfin Jepsen, aber auch Weihbischof Jaschke des Erzbistums Hamburg der katholischen Kirche hat hier große Verdienste erworben. In dem Forum tauschen sich die so genannten Spitzenvertreterinnen und -vertreter der Religion nach Vorarbeit ihrer Mitarbeiterinnen und Mitarbeiter über aktuelle Entwicklungen in der Stadt nach dem Vorbild der englischen "Councils" aus. Es handelt sich mehr um ein politisches Gremium. Man informiert sich über eventuelle Konflikte, über die jeweilige Lage der Religionen, und tauscht sich auch über Glaubensfragen aus. Es geht insbesondere darum, Solidarität zu zeigen, falls es Schwierigkeiten gibt, zu Verleumdungen von Religionsgemeinschaften oder Konflikten zwischen Reli-

gionsgemeinschaften kommt. Manche Teilnehmerinnen und Teilnehmer sind zu-
weilen unzufrieden und sagen, da komme doch nichts Konkretes bei heraus und
der politische und mediale Wirkungsspielraum sei gering. Ich persönlich begrü-
ße jedoch solch eine Gelegenheit, weil man sich dadurch kennen und verstehen
lernt. Wenn es dann wirklich einmal etwas Brisantes zu verhandeln gibt, wird
man auch Lösungen finden. Wenn man sich nicht kennt und den Kopf voller Vorurteile oder Halbwahrheiten über die Anderen hat, wird es nicht unbedingt gut
geregelt werden können. Als Hamburger bin ich wohl selbst etwas skeptisch veranlagt. Ich erwarte nicht, dass immer gleich sofort große Neuerungen dabei he-
rauskommen. Meine Erfahrung ist: Wenn man sich kennenlernt und über viele
Jahre kontinuierlich dabei bleibt, entsteht daraus ein großes Potenzial. In der Ver-
einigung der Buddhisten in Deutschland, der Deutschen Buddhistischen Union
(DBU), haben solche Prozesse des Kennenlernens verschiedener Traditionen ohne
große konkrete Entscheidungen auch ein gutes Klima unter den Buddhisten geschaffen.

Allerdings erwarte ich von diesem Interreligiösen Forum, dass man es nicht
einfach benutzt um die eigenen Verletztheiten auszudrücken und eigene Interessen durchzusetzen, sondern mehr die gemeinsamen Belange der Bürger in der
Stadt sieht. Das ist für mich die gemeinsame Verantwortung dabei. Manchmal ist
es etwas hemmend für die gemeinsame Wirkung, wenn jede Religion mehr die
eigenen Probleme in den Mittelpunkt stellt und das Forum dafür nutzt. Das ist etwas frustrierend und erinnert mehr an die Parteipolitik. Übrigens sind im Forum
auch die Bahai und Aleviten vertreten.

Dann gab es 2010 nach vielen Jahren der Vorbereitung auch die Gründung der
Akademie der Weltreligionen. Dazu hat Prof. Weiße als dessen Direktor schon
dargestellt, dass es hier darum geht, auf der Grundlage moderner didaktischer
Methoden und in Bezug zur modernen Gesellschaft Theologinnen und Theologen
der verschiedenen Religionen auszubilden, die von Anfang ihrer Ausbildung an
miteinander im Dialog stehen und die Praxis des Dialoges wissenschaftlich untersuchen.

Darüber hinaus ist übrigens nach langjähriger Planung auch ein Raum der
Stille auf dem Campus der Universität eingerichtet worden. Das Tibetische Zentrum hat neben der Mitarbeit in den oben genannten Projekten auch immer wieder Kontakte mit katholischen und evangelischen Akademien gehabt und Refe-
rentinnen und Referenten des Zentrums sind oft dorthin eingeladen worden. Auch
bekommen wir Besuch von Gemeinden, und in vielen Kirchen finden inzwischen
von Zeit zu Zeit gemeinsame Veranstaltungen statt, zuletzt z.B. ein eindrucks-
voller gemeinsamer Gottesdienst für Suizidopfer in St. Jakobi mit Frau Pastorin
Fehrs. Pastor Petrick lädt oftmals zu Diskussionsveranstaltungen ein.

Weiterhin gab es auch gemeinsame Kettengebete, z.B. auf dem Rathausmarkt
bei großen Katastrophen wie der des Tsunami in Indonesien. In der Christuskirche findet jedes Jahr zu Sylvester eine gemeinsame interreligiöse Neujahrfeier
statt. In der Kunsthalle ist es mittlerweile so, dass wir als Vertreter der Religionen gefragt werden irgendetwas zu den Bildern dort zu sagen. Das ist auch eine
neue Entwicklung, dass die Kunstinstitute sich mehr für religiöse Fragen öffnen.
Bei den Lessingtagen im Thalia Theater werden in der Nacht der Religionen hei-

lige Texte von den Schauspielern und Praktizierenden vorgetragen. Ich glaube vor 20 Jahren wäre in dem Bereich von Kunst und Kultur noch nicht so viel Interesse an den Religionen dagewesen – ganz im Gegenteil.

Auch von musikalischer Seite bekommen wir immer wieder Anfragen wie denn buddhistische Musik und christliche Musik in Verbindung stehen. Zur Zeit bereiten die Religionen gemeinsam einen Garten der Religionen für die Internationale Gartenschau in Wilhelmsburg 2013 vor, wobei Wasser aus einer gemeinsamen Quelle in die verschiedenen Bereiche fließen soll. Auch die Vertreter anderer buddhistischer Strömungen in Hamburg unterstützen diese Projekte einhellig. Die Bedeutung des Dialogs scheint bei deutschen Buddhisten unstrittig zu sein.

Gründe für das Engagement im Dialog aus buddhistischer Sicht

Das Tibetische Zentrum hat in Übereinstimmung mit den Absichten seines Schirmherrn, S.H. dem 14. Dalai Lama, immer bereitwillig an diesem Dialog teilgenommen. Der Dalai Lama betont immer wieder, dass der interreligiöse Dialog eine seiner Hauptlebensaufgaben sei. Er spricht hauptsächlich von drei Aufgaben, erstens positive Emotionen bzw. menschliche Werte zu verbreiten, zweitens, sich aufgrund der Tradition seines Amtes politisch um Tibet zu kümmern, ob er will oder nicht, und drittens die Förderung des interreligiösen Dialoges, aber auch den Dialog der Religionen mit der Wissenschaft, der mindestens genauso wichtig ist.

Die ethischen Gemeinsamkeiten der Religionen

Warum ist ihm der Dialog so wichtig? Ich habe mir das nach seinen Aussagen immer so erklärt, und Geshe Thubten Ngawang hat es auch öfter so dargestellt, dass wir feststellen können, welche großen Gemeinsamkeiten die Religionen haben, vor allem auf ethischem Gebiet. Das wurde heute bei diesem Symposium auch schon betont.

Bei aller Verschiedenheit der Theologie, ist doch das Verhalten das Wichtigste, dass man sich von Mensch zu Mensch begegnet, nicht wahr? Wenn ich einen Menschen treffe, dann frage ich nicht als erstes, welche Philosophie hast Du, welcher Religion gehörst Du an, sondern schaue darauf, wie die Person sich mir gegenüber verhält. Wenn es auf der zwischenmenschlichen Ebene stimmt, kann man auch über Philosophie zu den endgültigen Fragen der Erlösung usw. diskutieren.

Der Rabbiner Barsillay, der lange in Hamburg wirkte, hat gesagt, er möchte auch einmal in eine Kneipe gehen und nicht immer gleich als Jude angesprochen werden. Das kann ich gut verstehen, dass man einfach mal als Mensch gesehen werden möchte. In der menschlichen Begegnung sieht man sehr schnell, dass wirklich religiöse Persönlichkeiten tatsächlich Gemeinsamkeiten haben. Insbesondere halten sie sich an eine gewisse Ethik, was auch Hans Küng in seinem Projekt Weltethos in den Mittelpunkt stellt. Nach den ethischen Grundlagen aller Religionen sollte man andere Menschen nicht an Körper, Besitz, in ihren Beziehungen und bezüglich von Informationen, etwa durch Lügen, schädigen. Weiterhin gilt in allen großen Traditionen die Goldene Regel, anderen nicht das zu tun, was man für sich auch nicht möchte. Auch die Menschenrechte scheinen mir bei allen Diskussionen und Bewertungen im Detail universal zu sein. Alle Religionen lehren, wie man Geduld hervorbringt, Ehrlichkeit, Genügsamkeit, Menschlichkeit und betonen mehr oder weniger die Entwicklung des Geistes allgemein. Ich denke, darum geht es letztlich in allen religiösen Traditionen. Man könnte auch sagen der gemeinsame Nenner ist es, den Egoismus zu verringern, vielleicht noch allgemeiner gesagt, auf verschiedenen Ebenen beziehungsfähig zu werden, zu sich selbst, den Mitmenschen, allen Wesen, der Natur und dem Göttlichen. Alle Religionen betonen auch, daran zu denken, dass etwas nach dem Tod kommt, auf das man sich mit einem spirituellen und ethischen Leben vorbereiten sollte. Bei wirklich praktizierenden religiösen Menschen habe ich das immer so vorgefunden. Da sind keine Barrieren zwischen Praktizierenden; vielleicht zwischen Theoretikern, aber nicht zwischen denjenigen, die ihre Religion anwenden. Die universelle Religion, wenn man denn von so etwas sprechen möchte, ist Liebe und Mitgefühl, das ist keine Frage. Ich möchte diese Aussagen übrigens auch ausdrücklich auf die Moslems anwenden, das ist dem Dalai Lama auch immer sehr wichtig. Eine Ausgrenzung einer Weltreligion wäre eine Katastrophe. Man kann alle möglichen Vorbehalte haben, aber grundsätzlich ist es verheerend eine ganze Weltreligion aus diesem Kontext auszugliedern. Die Katastrophen, die dann in der Weltgemeinschaft auf uns zukommen würden, sind schwer zu ermessen. Deshalb sagt der Dalai Lama oft, er fühle sich auch als eine Art Verteidiger des Islam.

Möglichkeiten der Zusammenarbeit und ihre Hemmnisse

Wenn wir so unsere Gemeinsamkeiten sehen, gibt uns das eine Möglichkeit zur Zusammenarbeit, z.B. im Bereich des Friedens, der Ökologie und der Gerechtigkeit. Eine gemeinsame Stimme hätte dabei sicher mehr Gewicht, als wenn jede Religion sich nur alleine äußert.

Auch Carl-Friedrich von Weizsäcker hat bei christlichen ökumenischen Bemühungen stets diese Wirkungsbereiche angegeben, und ich denke, das gilt dann auch für die „Ökumene" aller Religionen. Wenn die Religionen auf diese Weise zusammenarbeiten wie eine Art Lobby für die Menschen, dann werden diese auch wieder mehr Vertrauen in Religion haben, das ja viele aufgrund der Streitigkeiten unter den Religionen schon verloren haben. Die meisten Menschen haben doch große Skepsis gegenüber Religionen, auch wenn jetzt wieder ein neues Interesse und eine spirituelle Suche vorhanden ist, die man oft als Rückkehr des Religiösen bezeichnet.

Wenn die Religionen für die Menschen keinen tatsächlichen Nutzen erwirken, ist diese Skepsis durchaus berechtigt. Der Dalai Lama sagt oft, vielleicht sollte man Religion abschaffen, wenn sie mehr Probleme schafft, als löst. Aber als Praktizierende glauben wir natürlich im Kern, dass das nicht die Religion selber ist, die diese Probleme schafft, sondern auf Missbrauch von Religion zurückgeht. Religionen haben heute unter anderem die Aufgabe – das sehen übrigens auch viele Politiker so – diese global ökonomisierte Gesellschaft, in der die darin bestimmende Naturwissenschaft sich nicht nur von der Religion differenziert, sondern vollkommen abgelöst hat, mit spirituellen Werten zu versorgen. Der Philosoph Habermas warnte vor einer Ökonomisierung aller Wertsphären, die das Wohl der Menschen heute bedroht, weil sie an ihren Bedürfnissen vorbeigeht (zitiert nach Wilber 1999, 104). Bei dieser Frage der Werte des menschlichen Zusammenlebens sind die Religionen aufgerufen sich in den gesellschaftlichen Prozess einzubringen. Im besten Fall sollten sie auch die Kraft des Herzens betonen und Vorreiter einer Kultur des Mitgefühls werden, wie das der Dalai Lama so oft betont. Die Welt muss auch geistig zusammenwachsen. Sonst erinnert die Situation an eine Wohngemeinschaft in der es keine verbindlichen Regeln gibt.

Deutschland ist kein laizistisches Land. Die Religionen sind ausdrücklich aufgefordert sich in dieser Hinsicht in den gesellschaftlichen Prozess einzubringen. So ist etwa das Grundgesetz ohne das Christentum nicht vorstellbar. Diese Mitwirkung ist auf der Grundlage unserer reichen Überlieferungen unsere gemeinsame Verantwortung. Natürlich geht es dabei nicht darum, die Trennung zwischen Staat und Religion wieder aufzugeben, sondern neben anderen Strömungen an einer menschlichen Gesellschaft mitzuwirken. Auch die Verteufelung der Moderne mit ihrer Differenzierung von Politik, Religion, Wissenschaft und Kunst im Sinne einer freien Individualität durch Religionen stellt eine gefährliche Spaltung dar. Es kann nur darum gehen die Religion in die Moderne so zu integrieren, dass die Vorzüge der Moderne bewahrt bleiben, aber ihre Unvollständigkeit durch Spiritualität ergänzt wird.

Diese Aufgabe und Verantwortung der Religionen werden wir nur aufnehmen können, wenn wir in den Religionen demokratische Strukturen haben, d.h., die Hierarchien der überkommenden Religionen sind sicherlich oft sehr problematisch. Wenn Religionen aufgebaut sind wie zu Zeiten von Kaisern ist das schon ein Problem für die Kommunikation.

Der Dalai Lama sagt manchmal, religiöse Institutionen seien so ähnlich, als müsse man als Kind die Kleidung von vor zwei Jahren tragen. Man passt nicht mehr so richtig hinein. Religionen müssen heute transparent sein, sie müssen kritisierbar sein. So bin ich z.B. durchaus dafür, dass es Karikaturen über Religionen gibt. Wenn man keine Witze mehr über jemanden macht, ist derjenige uninteressant geworden. Das müssen auch Moslems ertragen können, dass in einer modernen Gesellschaft über jeden Witze gemacht werden. Karikaturen sind Teil unserer Gesellschaft. Da sind die Christen schon weiter gekommen. Sie mussten schon so manches ertragen und kommen jetzt gut damit zurecht. Beleidigungen sind natürlich nicht angemessen und auch rechtlich verboten.

Bischof Lehmann hat einmal in einem Fernsehgespräch mit Gert Scobel sinngemäß gesagt: Wir wollten das ja nicht mit der Säkularisierung, aber eigentlich hat es uns geholfen. Es bringt uns auf das „Kerngeschäft" der Wertevermittlung zurück, wenn wir weniger politische Macht haben und kritisch hinterfragt werden. Der intensive Dialog hier in Hamburg ist wahrscheinlich auch nur möglich geworden, weil die Protestanten ihr Monopol, ihren alleinigen Einfluss verloren haben. Das hat ihnen aber spirituell, glaube ich, sehr genutzt und den Beziehungen der Religionen auch.

Es wird der Entwicklung der Beziehung zwischen der modernen Gesellschaft und der Religion gut tun, wenn Religionen das Wesen ihrer Lehren nicht in einem irrationalen Wunderglauben sehen und lehren, sondern die innere transzendente Erfahrung in den Mittelpunkt stellen. Damit wird eine überflüssige Konfrontation mit der Naturwissenschaft in einer vom wissenschaftlichen Weltbild geprägten Zeit vermieden, die es modernen rationalen Menschen schwer macht, ihre spirituellen Bedürfnisse wahrzunehmen. Die Erzählungen der Religionen beziehen sich sicherlich auf innere Realitäten und sind keine Beschreibungen der äußeren Welt.

Wenn die Religionen nicht den Dialog, die Transparenz und die innere Erfahrung betonen, besteht die Gefahr, dass das neue Interesse am Religiösen in fundamentalistische Kanäle fließt und bei – durch die Globalisierung verunsicherten – Menschen sogar zu Gewalt und Terror führt, und damit das Wesen der Religion entstellt wird.

Neues Vertrauen in die Religionen

Zusammenfassend glaube ich also daran, dass die gemeinsamen Werte der Religionen Vertrauen verdienen, weil diese Traditionen im Kern der Lehre ihrer Stifter hilfreich ist. Sie ermöglichen es uns, zum Wohle der Menschheit zusammen zu arbeiten, was die Menschen von ihrem Wert überzeugen wird. Es kommt auch nicht darauf an, neue Religionen zu gründen, sondern die bewährten Überlieferungen in unserer Zeit zu beleben und verständlich zu machen, was ihre zeitlose Relevanz ist. Die großen Weltreligionen haben zweifellos im Laufe der Geschichte Millionen Menschen geholfen ein gelungenes Leben zu führen. Sie enthalten alle tiefgründige Mittel gegen Leiden und für die Erfahrung tiefen Glückes. Ihre Inhalte sind aber oft weitreichend, langfristig und gehen über die sinnliche Erfahrung hinaus, so dass es schwer ist, sie so schnell zu verifizieren, wie man das im materiellen Bereich mit naturwissenschaftlichen Experimenten überzeugend tun kann. Sie werden missbraucht, weil ihre Anhänger natürlich zunächst unvollkommene Menschen sind. Wichtig ist, dass wir erkennen, dass die Gefahr, seine Religion zu missbrauchen, um sein Ego gegen andere abzugrenzen, anstatt sie zu verwenden, um mit Fremden respektvoll umgehen zu lernen, offenbar in der menschlichen Natur liegt. Keine Tradition ist dagegen gefeit. So ist es nicht fair, die Ideale seiner eigenen Religion mit der fehlerhaften Anwendung in anderen Religionen zu vergleichen. Die Ebene des Vergleiches sollte immer die Gleiche sein.

Philosophische Unterschiede und der Umgang damit

Was die Verschiedenheit der Religionen auf philosophischem Gebiet angeht, wurde auf diesem Symposium viel dazu gesagt. Die wesentliche Frage aus buddhistischer Sicht ist wahrscheinlich, ob man die philosophische Ansicht des Entstehens in gegenseitiger Abhängigkeit, wie es im Buddhismus gelehrt wird, mit einem Gottesbild in Einklang bringen kann. Ein Gottesbild, bei dem ein unbedingter Gott jenseits der Welt steht und diese willkürlich beherrschen, schaffen und vernichten kann und den Wesen ihr Schicksal zuteilt. Das moralische Ergebnis, ob man an das Gesetz von Karma oder an die Gotteskindschaft aller Menschen glaubt, mag übereinstimmen, die Herleitung aber ist unterschiedlich.

Manchmal scheinen mir sich da auch Gräben aufzutun, wenn z.B. im Buddhismus gesagt wird, dass Wahrheit relativ ist. Wenn einige andere Religionsvertreter das hören, dann reagieren sie oft schockiert und bezeichnen uns als Relativisten und meinen damit, wir würden die Moral untergraben. Buddhisten aber bestreiten nicht die Wahrheit und glauben an moralische Vorgaben, sehen diese aber nicht als absolut, unbezogen und unveränderlich. Wir glauben nicht, dass es der Weg zu einer werteorientierten Gesellschaft ist, wieder zurückzukehren zu Zeiten, in denen Werte absolut gesetzt und nicht bezweifelt werden durften, in denen man von einem festen unveränderlichen Grund ausging, auf dem die Welt ruht. Buddhisten betonen, dass die Erkenntnis, dass alle Dinge in der Welt von der Konstruktion des Geistes abhängig sind, voneinander abhängen und in steter Wandlung begriffen sind. Das hat eine eminent befreiende Funktion auch in Bezug auf die Verringerung der Egozentrik und führt nicht zum Nihilismus, sondern zu wirklich tragfähigen Werten.

Der Wissenschaftler Hans-Peter Dürr sagte in einem Gespräch mit der Zeitschrift des Tibetischen Zentrums, „Tibet und Buddhismus", dass das Lebendige sinnvollerweise instabil ist, sonst hätten die Menschen drei Beine. Dann würden sie stabiler sein, aber könnten sich kaum noch bewegen (Stratmann 2009).

Ein echtes Hindernis für den Dialog ist meines Erachtens die von einigen Christen betonte Auffassung, Jesus Christus sei der einzige Erlöser der Menschheit und, wenn man nicht an ihn als Person glaubt, gäbe es keine Erlösung. Das ist natürlich absurd für andere Traditionen, die alle davon ausgehen, dass es mehrere religiöse Lehrer auf der Welt gab und gibt, die Lehren vermitteln, die zur Erlösung führen. Buddhisten verehren Jesus heutzutage zumeist als erleuchteten Lehrer, aber nicht als singulär.

Es wurde heute auch schon darauf hingewiesen, dass Meinungsverschiedenheiten gar nicht so sehr das Problem des Dialogs zwischen den verschiedenen Religionen sind, sondern dass Vertreter verschiedener Ebenen der Praxis innerhalb der jeweiligen Religionen sich oft schwer verstehen. Ein mystisch ausgerichteter Christ versteht sich vermutlich mit einem mystisch ausgerichteten Buddhisten sehr gut, aber ein mystisch ausgerichteter Buddhist versteht sich vielleicht nicht unbedingt gut mit einem mythologisch ausgerichteten Buddhisten oder Christen und umgekehrt. Meiner Meinung nach sind die Probleme mehr hier zu suchen. Es gibt verschiedene Bewusstseinsformen, die religiöse Erfahrungen machen und sich darüber vollkommen unterschiedlich ausdrücken können.

Oft wird behauptet, das Prinzip der Gnade in der Rechtfertigungslehre des Christentums und die so genannte Selbsterlösung im Buddhismus seien unvereinbar. Bei näherer Betrachtung sieht man aber, dass es in allen Religionen die ganze Palette von Auffassungen über die Bedeutung einer äußeren oder inneren eigenen Kraft gibt. Deshalb müsste man eigentlich eher von Buddhismen und Christentümern sprechen. Es wird manchmal die Geschichte erzählt, dass zu

der Zeit, als die Katholiken nach Japan kamen und den Amida-Buddhismus kennenlernten – eine fast reine Gnadenreligion als Spielart des Buddhismus –, gesagt haben sollen: „Sind die verdammten Protestanten hier auch schon gewesen."
Westliche Buddhisten wissen oft gar nicht, was es in Asien alles für Strömungen des Buddhismus gibt.

Trotzdem hat jede Religion und jede Tradition einer Religion ihren bestimmten Geschmack, und der Geschmack des Buddhismus ist letztlich anders als der des Christentums, das würde ich schon sagen. Das Prinzip der Selbstverantwortung hat Priorität gegenüber dem reinen unkritischen Glauben. Der Vorwurf einer Selbsterlösung ist allerdings absurd für eine Religion, die lehrt, dass es gar kein losgelöstes Selbst gibt.

Christof Spitz hat bereits darauf hingewiesen, dass das Vermischen verschiedener Traditionen für einen Menschen der keinen sehr weiten Geist hat, oft ungünstig ist. Es ist, als gieße man zwei schmackhafte Suppen zusammen. Eine Einheitsreligion ist angesichts der verschiedenen Veranlagungen der Menschen meiner Meinung nach nicht erstrebenswert. Besser ist es, sich ein Bekenntnis aus praktischen Gründen zu wählen, dass zu der eigenen Veranlagung am besten passt. Das scheint mir auch für den Dialog die beste Grundlage. Man kann sich dann freuen an einer Vielfalt von Religionen, so wie man sich in einem modernen Restaurant oder Hotel freut, wenn nebeneinander italienische, chinesische und französische Speisen angeboten werden. Manche buddhistische Lehrerinnen oder Lehrer sagen, man sollte besser seine eigene Medizin nehmen und nicht auf anderer Leute Medizin schimpfen. Solange die anderen die Grundwerte und Gesetze des Landes respektieren, kann man sich doch an der Multikulturalität und Pluralität der spirituellen Wege erfreuen. Man wählt eine Religion, weil man sie für sich für die Beste hält. Das soll aber nicht heißen, dass sie für alle die Beste sein muss. Die reale Situation der kleiner werdenden und verbundenen Welt zwingt uns heute dazu, uns kennenzulernen, zu verstehen und respektvoll miteinander umzugehen. Das Zeitalter aggressiver Mission mit der Vorstellung, man könne alle zu einer Religion bekehren, scheint mir vorbei zu sein. Religionen sind keine Fußballvereine, die gegeneinander antreten, um Sieger zu werden, sondern ebenbürtige Partner. Warum soll man sich nicht freuen, wenn für andere eine andere Praxis gut passt. Wichtig ist doch letztlich, dass man sich überhaupt spirituell entwickelt und nicht ganz ohne Ausrichtung dasteht, wie es heute oft der Fall ist. Die eigene Tradition Interessierten zu vermitteln ist dagegen eine religiöse Pflicht und nicht verwerflich. Der Dalai Lama betont oft, dass es außer in Sonderfällen nützlicher ist, in der Tradition zu bleiben, in der man aufgewachsen ist und die einen früh geprägt hat, anstatt die Religion im Erwachsenenalter zu wechseln. Es könnte sonst sein, dass man die Orientierung verliert. Wenn man dagegen nicht sehr stark religiös konditioniert wurde, ist es kein Problem als Asiat Christ zu werden oder als westlicher Mensch Buddhist, da beide als Weltreligionen die Fähigkeit haben, Menschen positiv zu beeinflussen. Es kommt einzig darauf an, welche persönliche Veranlagung man hat. Jedoch sollte man nach einem Bekenntniswechsel nicht den früheren Glauben verunglimpfen. Hilfreich ist es, wenn man eine Tradition, die einer anderen Kultur entstammt, praktizieren will, dass man versucht sie in der Auseinandersetzung mit der fremden und der eigenen Kultur zu integrieren. Das Tibetische Zentrum ist z.B. zunehmend um den Dialog zwischen dem traditionellen tibetischen Buddhismus mit der Naturwissenschaft und der westlichen Kultur bemüht, damit eine heilsame Praxis der Lehre auch für einen westlichen Menschen möglich wird, ohne ihn von der hiesigen Kultur zu entfremden. Der Dalai Lama sagt dazu: „Don't tibetanize". Oft ist es allerdings schwer zu entscheiden, was kultureller Überbau und was Essenz der Religion ist. Eine Religion muss sich dynamisch immer neu bestimmen, wenn sie durch die Zeiten wirksam bleiben will und in neuen Weltgegenden sesshaft wird. Auch Religionen sind Konstrukte. Es ist nicht so, dass sie in der Vergangenheit perfekt waren und deshalb heute 1:1 kopiert werden müssten. Sie bleiben nur dann authentisch, wenn ihre innere Erfahrung je nach den Umständen immer neu ausgedrückt und gelebt werden kann. Auch dabei ist der Dialog eine große Bereicherung.

Der Buddhismus hat Stärken im Dialog, weil er viel Erfahrung mit tolerierter Vielfalt in der eigenen Tradition mitbringt. Die unterschiedlichen Spielarten des Buddhismus werden ausdrücklich bejaht, und es gibt keine Absicht, sie alle zu einer einzigen Religion zu vereinigen. Man begründet die Tatsache der Vielfalt mit den so genannten geschickten Mitteln, das heißt, dass eine gute Lehrerin oder ein guter Lehrer immer so lehren muss, wie es den Schülerinnen und Schülern entspricht. Religionen sind zu verschiedener Zeit, an verschieden Orten und in unterschiedlichen Kulturen entstanden, und die inneren Erfahrungen ihrer Nachfolger wurden in vielen Sprachen unterschiedlich ausgedrückt. Damit kommt es auf der begrifflichen Ebene zwangsläufig zu Unterschieden, auch wenn die Erfahrung ähnlich sein sollte. Eine Religion allein kann diese Vielfalt nicht bedienen. Die Vielfalt ist eine Notwendigkeit und sollte nicht Anlass zum Streit sein.

Was die Weltreligionen voneinander lernen können

Im Dialog kann man von einer anderen Tradition oft etwas lernen, was dort besonders stark betont wird. Konkret wird von buddhistischer aber auch hinduistischer Seite im Dialog meistens das meditativ-mystische Element in den Vordergrund gestellt. Wer daran interessiert ist, kann dort auch für die Meditationspraxis und die Geistesschulung in der eigenen Tradition neue Perspektiven gewinnen. Das scheint insbesondere für die Christen heutzutage von Interesse zu sein, diesen Aspekt mehr zu integrieren. Aus meiner Sicht ist es die Zukunft des Christentums im Westen, sich meditativer auszurichten. Auch die logische Analyse innerhalb der Religion, die Skepsis die im Buddhismus sehr stark ist, kann ein Beitrag für die Religionskultur in rational geprägten Zeiten sein. Der Buddha forderte nach dem Pāli Kanon dazu auf, seine Aussagen auf ihren Wahrheitsgehalt zu prüfen, so wie man Gold prüft, ob es echt ist. Tatsächlich steht das Weisheitselement, das Gnostische im Buddhismus im Vordergrund, während im Christentum vielleicht mehr die Agape, die Liebe im Fokus liegt. Im Prinzip sind aber beide Elemente in jeder vollständigen Religion vorhanden. Vorhin wurde gesagt, dass Religion jenseits der kulturellen und historischen Prägungen eigentlich die Entwicklung von Liebe und Weisheit bedeutet. Darauf kommt es an, so hat es auch der Psychoanalytiker Erich Fromm etwa in seinem Werk "Die Kunst des Liebens" dargestellt.

Der Dalai Lama sagt bei Vorträgen öfter sinngemäß, dass, wenn man weder das eine noch das andere ist, man eine Art mittlere Position einnimmt und auf diese Weise als eine Art Brücke fungieren kann. Der Buddhismus kann mit seiner skeptischen Tradition eine besondere Brücke zwischen Wissenschaft und den theistischen abrahamitischen Religionen bilden, weil er sich hier von anderen Religionen unterscheidet und sich eher als eine Wissenschaft vom Geist versteht, gleichwohl aber eine Transzendenz beinhaltet.

Man könnte es natürlich auch negativ ausdrücken und sagen, wenn man weder das eine noch das andere ist, sitzt man zwischen allen Stühlen. Ich neige aber eher zur positiven Variante.

In der westlichen Gesellschaft werden heutzutage starke Hoffnungen auf den Buddhismus gesetzt: Psychotherapeuten beschäftigen sich damit, Neurowissenschaftler scannen Meditierende, selbst Quantenphysiker sehen Parallelen zu ihren Beobachtungen an. Die Hospizarbeit bedient sich hinsichtlich der Kunst des Sterbens buddhistischer Erkenntnisse und auch die moderne Kunst lässt sich vom Buddhismus inspirieren. Dies sind alles Beispiele für Elemente, die der Buddhismus im Dialog mit den Religionen und der modernen Gesellschaft einbringen kann. Andererseits können wir Buddhisten von der praktizierten Nächstenliebe und dem sozialen Engagement in den theistischen Religionen, insbesondere im Christentum, sicherlich viel lernen. Das Engagement für ökologische Fragen, in der Bildung und bei der Befreiung oder Gleichberechtigung der Frau wirkt bereits zurück auf Asien. Diese Fragen wurden in buddhistischen Traditionen bisher vernachlässigt. In den vormodernen Kulturen wurden sie vermutlich nirgends in der Welt diskutiert. Dagegen gibt es heute die Bewegung des Engagierten Buddhismus: Mönche behandeln Aidskranke oder schützen Bäume, Sakyadhita kümmert sich um die Chancengleichheit buddhistischer Nonnen und die Gleichstellung der Frau in der Gesellschaft allgemein.

Auch können wir viel von dem tiefen Vertrauen lernen , das in theistischen Religionen oft vorhanden ist. Die moderne Textkritik auch als Praktizierende des Buddhismus anzuerkennen können wir insbesondere von den Protestanten lernen, die diesen Prozess der historisch-kritischen Prüfung der Schriften schon lange durchschritten haben, etwa als sie die Evangelien auf ihren Ursprung untersuchten und verglichen oder Jesus als historische Person erforschten. Damit beschäftigen sich buddhistische Praktizierende noch zu wenig. Dass die Mahāyāna Sūtras nicht vom historischen Buddha persönlich gelehrt wurden, ist für viele traditionelle Buddhisten immer noch eine schockierende Neuigkeit.

Die Christen haben diesen Schock schon hinter sich, aber sind damit offenbar ganz gut damit zurecht gekommen, ohne ihren Glauben zu verlieren. Der ganze Aspekt der Aufklärung, wie die Protestanten sie integriert haben, ist für uns sicherlich vorbildlich. Von den Katholiken kann man auch viel lernen, nämlich dass sie jenseits der Tagesmeinung ihre sehr reiche Tradition bewahren. Das ist manchmal förderlich. Man kann es aber auch eher kritisch sehen. Doch generell schätze ich Kontinuität und Unbestechlichkeit. Bei den Juden ist für mich immer wieder eindrucksvoll zu sehen, wie unmissionarisch sie sind. Es ist gar nicht so einfach, sie für den Dialog zu gewinnen, weil sie anscheinend mitunter nicht so recht wissen, warum sie überhaupt daran teilnehmen sollen, denn sie wollen ja niemand bekehren oder von sich überzeugen. Man spürt eine große Verletzlichkeit angesichts der historischen Erfahrungen und eine Sensibilität für Diffamierungstendenzen, die sich auch angesichts der Islamophobie abzeichnet. Die Moslems sind oft ganz auf die konkrete Gerechtigkeitsfrage ausgerichtet, die im Buddhismus nicht so stark thematisiert wird, da man sich mehr auf das Individuum konzentriert. Ihr Wunsch geht oft dahin, konkrete gemeinsame Aussagen zu aktuellen Fragen zu formulieren, was sich aber schwierig gestaltet und oft den öffentlichen Medien hinterherhinkt, da man sich erst absprechen muss. Ihre Glaubensstärke ist sehr eindrucksvoll. Für die Moslems ist es aus meiner Sicht letztlich hilfreich, von den anderen Religionen mit der Gewaltfrage konfrontiert zu werden. Das sie den Koran als direktes Wort Gottes ansehen und nicht wie die Christen ihre Bibel als Worte in denen Menschen über ihre Erfahrungen mit Gott berichten, macht die erwähnte historisch-kritische Analyse im Moment noch schwierig, obwohl auch in der islamischen Gelehrsamkeit die Notwendigkeit der Auslegung im Kontext erkannt wird.

So können wir sehr direkt voneinander lernen. Der Dalai Lama stößt oft an, dass man nicht nur miteinander diskutiert, sondern auch gemeinsame Gebete wie in Assisi in Form von Kettengebeten regelmäßig durchführt, Pilgerreisen zu den heiligen Stätten anderer Religionen unternimmt, die Festtage der anderen besucht oder einfach nur in Stille zusammen verweilt.

Dialog weitet den Horizont

Der Dialog weitet den Horizont der Teilnehmer, das kann ich aus eigener Erfahrung sagen. Am Beginn des Dialoges habe ich nur die buddhistische Perspektive gesehen und hielt alle anderen für minderwertig. Das hat sich vollkommen geändert und es fällt mir zunehmend schwer, die Unterschiede genau zu erkennen. Für mich ist Dialog eine praktische Einübung der Philosophie des Buddhismus von der Leerheit. Als Buddhist lernt man, entsprechend dem Gesetz des abhängigen Entstehens, dass Wahrheiten relativ sind und immer aus verschiedenen Perspektiven gesehen werden. Das ist etwas, das Buddhisten lernen, wenn sie sich für Weisheit interessieren. Die Beschäftigung mit der Weisheit hilft, die Realität flexibler zu sehen – aperspektivisch sozusagen. Sich darauf einzulassen, verringert die Egozentrik und die Geistesverwirrungen, die daraus entspringen. Man wird selbstloser, wenn man sich in die Anderen einfühlt, die die Dinge anders darstellen und ebenso Recht haben. Das zugeben zu können, ist sicherlich eine spirituelle Tugend.

Man kann das Eigene neu sehen und sich eben dadurch belebt fühlen, frei von starren Dogmen. Deshalb sagte ich vorhin: ich freue mich sehr über die Atmosphäre heute. Ich empfinde es als sehr belebend, wenn man sich so auf diese Weise mit Anderen austauscht und dadurch transformiert. Diese Transformation findet im eigenen Geist statt und ist aus meiner Perspektive eine religiöse Übung. Vielleicht ist die Erlangung dialogischer Fähigkeiten und das Einbeziehen anderer

Perspektiven heutzutage sogar eine Überlebensfrage für die zu einer Einheit verbundenen Menschheit.

Dialog und Erziehung

Für die Zukunft scheint es mir wichtig, dass der Dialog insbesondere unter Jugendlichen und Studierenden mehr gefördert wird. Im Lexikon der Hamburger Religionsgemeinschaften (Grünberg, Slabaugh & Meister-Karanikas 2004) – das übrigens nachweist, dass Hamburg überhaupt nicht unreligiös ist, sondern hier zahllose religiöse Strömungen vorhanden, eingewandert oder hierher zurückgekehrt sind – plädieren die Herausgeber dafür, darüber nachzudenken, welchen Beitrag die Religionen zur Zukunftsgestaltung der Stadt selbst leisten können. Er hofft, dass man in einem gemeinsamen attraktiven und multireligiösen Religionsunterricht lernt, die anderen Standpunkte in einer pluralistischen Kultur wahrzunehmen, zu ertragen und zu schätzen. Die Einübung des eigenen Bekenntnisses kann dann in der jeweiligen Gemeinde seinen Platz haben. Es heißt dort im Nachwort: „Als Arbeitshypothese für den praktischen Umgang mit den Religionen in Hamburg empfiehlt es sich, in Ehrfurcht und Respekt das Geheimnis der jeweiligen Religionen gelten zu lassen und in diesem Respekt eine Geisteshaltung einzuüben, die für die Zukunftsgestaltung dieser Stadt von fundamentaler Bedeutung ist. In der Sprache der christlichen Tradition gesagt: "Der Geist weht wo er will" und kehrt sich weder um institutionelle noch fachliche Grenzziehungen. Es ist die gemeinsame Überzeugung der Herausgeber dieses Lexikons, dass eine fundamentale Quelle lebenswichtiger Kräfte verschüttet wird, wenn dem Wehen des Geistes nicht mehr zugetraut wird. Die Zukunft der Religionen in Hamburg liegt darin, dass sie in ihrer Weise Herkunftswissen und Zukunftshoffnung verbinden und darum gegen Vergesslichkeit und Hoffnungslosigkeit angehen" (Grünberg,Slabaugh & Meister-Karanikas 2004) Diesem Zitat über die große Bedeutung des Dialoges für unsere globalisierte Kultur kann ich mich nur mit voller Überzeugung anschließen. Herzlichen Dank.

Transkription des Vortrags: Heike Vogel

Literatur

Grünberg, W., D. L. Slabaugh & R. Meister-Karanikas (Hrsg.) 2004. *Lexikon der Hamburger Religionsgemeinschaften – Religionsvielfalt in der Stadt von A-Z*, Hamburg: Dölling und Galitz.
Petersen, O. 2005. Erfahrungen im interreligiösen Dialog – Transformation durch Begegnung – eine buddhistische Sicht, in: P. Schreiner, U. Sieg & V. Elsenbast (Hrsg.), *Handbuch Interreligiöses Lernen*, Gütersloh: Gütersloher Verlagshaus, 342ff.
Stratmann, B. 2009. Es gibt nichts, was man greifen kann, Interview mit Hans-Peter Dürr, in: *Tibet und Buddhimus*, 23(3), 28-33.
Wilber, K. 1999. *Naturwissenschaft und Religion – Die Versöhnung von Wissen und Weisheit,* Frankfurt a.M.: Wolfgang Krüger, 104

Olaf Beuchling

Sozialisation und Erziehung in der buddhistischen Diaspora – eine ethnografische Perspektive

Als eines der weltweit wichtigsten Zielländer von Migrationen hat sich die Bundesrepublik Deutschland im Verlaufe der letzten Jahrzehnte zu einem Land entwickelt, in welchem sich Zuwanderer buddhistischen Glaubens aus den Staaten Süd-, Südost- und Ostasiens niederließen. Weitgehend unbeachtet von der Aufmerksamkeit politischer und wissenschaftlicher Integrationsrührigkeit oder medialer Schlagzeilen sind buddhistische Familien und Gemeinschaften mit Migrationsgeschichte Teil der religiösen Landschaft Deutschlands geworden. Eine genaue Bezifferung ist zurzeit nicht möglich: Einbürgerungen, binationale Familien oder der Umstand, dass von vielen Herkunftsländern der Region nicht generell auf die Religionszugehörigkeit geschlossen werden kann, gestalten eine seriöse Einschätzung schwierig. Herkunftsländer wie Sri Lanka, Laos, Kambodscha oder Burma (Myanmar) stellen zweifelsohne sehr kleine Migrantengemeinschaften. Häufiger leben Menschen chinesischer, thailändischer oder japanischer Herkunft in Deutschland. Aus demografischer Sicht noch bedeutsamer können Zuwanderer vietnamesischer Herkunft erachtet werden, die eine der größten Migrantengruppen asiatischer Herkunft bilden und die in den ostdeutschen Bundesländern die Zuwanderungsstatistiken anführen. Bemerkenswerterweise ist es aber auch diesen kleineren oder z.T. sehr kleinen Gruppen gelungen, ihre religiösen und kulturellen Organisationen auszubauen und eine fortschreitende Institutionalisierung buddhistischer Gemeinden auch ohne nennenswerte staatliche Hilfe voranzubringen. Zu diesem Etablierungsprozess zugewanderter buddhistischer Gruppen gehört es, Mönchen und Nonnen ein monastisches Leben in Deutschland zu ermöglichen. Vor allem in den alten Bundesländern finden sich Klöster der Theravāda- wie auch der Mahāyāna-Tradition; neben einem Dutzend vietnamesisch-buddhistischer Pagoden und einer Handvoll thailändischer Wats ist es sogar der sehr kleinen Zuwanderergruppe der Laoten gelungen, mit dem Wat Sibounheuang im Nordbadischen einen Tempel zu errichten.

Empirische Studien zu Migrantengruppen, die den Buddhismus als Teil ihrer kulturellen Herkunft aus den buddhistisch geprägten Ländern Asiens in der Diaspora in Deutschland fortführen, sind indes selten.[1] Dieser Artikel möchte einen

---

1   Als Beispiel wäre neben meinen eigenen Publikationen u.a. Baumann (2000) zu nennen. Die hier implizierte Unterscheidung zwischen konvertierten und zugewanderten Buddhisten sollte jedoch nicht zu kategorisch aufgefasst werden: In der Regel finden sich auch in den buddhistischen Gemeinden von Migranten asiatischer Herkunft Personen deutscher Abstammung, die durch Eheschließungen, Sprachstudium oder andere Gründe ein Interesse an bestimmten Formen des Buddhismus entwickelt haben. In Gruppen wie der Sōka Gakkai wiederum scheinen gleichermaßen Japaner wie Deutsche Mitglied zu sein. Dennoch unterscheidet sich das buddhistische Leben in den Gemeinden asiatischer Zuwanderer in mancherlei Hinsicht, u.a., da man immer auch an dem Erhalt der Herkunftssprache und der Transmission bestimmter kultureller Traditionen interessiert ist, die buddhistische Lehre stark mit lokalen Spezifika des Herkunftslandes

Beitrag dazu leisten, die Kenntnisse zu vertiefen, wie der Buddhismus im Kontext von Zuwanderung durch Diasporagemeinschaften fortgeführt und weiterentwickelt wird. Ausgehend von der Prämisse, dass die Tradierung und Aneignung von religiösen Kenntnissen, Einstellungen und Praktiken Grundvoraussetzung für den Fortbestand einer jeden Religionsgemeinschaft ist, stehen im Mittelpunkt dieses Artikels Prozesse der buddhistischen Sozialisation und Erziehung.

Ich nähere mich der Thematik anhand des Fallbeispiels vietnamesischer Buddhisten in Deutschland. Schwerpunktmäßig wird die Verschränkung der religiösen Sozialisation und Erziehung in vietnamesisch-buddhistischen Familien, in den an Pagoden, Andachtsstätten oder Ortsgruppen angeschlossenen vietnamesisch-buddhistischen Gemeinden sowie innerhalb der vietnamesisch-buddhistischen Ordensgemeinschaft herausgearbeitet. Andere Instanzen der (religiösen) Sozialisation und Erziehung bleiben ausgespart. Die Fokussierung auf Buddhisten vietnamesischer Herkunft in Deutschland hat im Kern drei Gründe: Zum ersten bilden Menschen vietnamesischer Herkunft in Deutschland seit Längerem die zahlenmäßig größte Gruppe von Migranten aus Ländern, die kulturgeschichtlich vom Buddhismus beeinflusst wurden. Zum zweiten lässt sich eine kontinuierliche Verbreitung und Etablierung des Buddhismus vietnamesischer Prägung aufgrund des Engagements der Zuwanderer beobachten, Teil dessen ein seit Jahren funktionsfähiges Ausbildungswesen für Mönche und Nonnen ist. Zum dritten schließlich zählt der vietnamesische Buddhismus zu den Schulrichtungen des Buddhismus, über die in der Religionspädagogik, der Religionssoziologie oder der Religionswissenschaft relativ wenig geforscht wurde. Ein ethnografischer Einblick in diese Varietät der buddhistischen Lehre – von ihrer oftmals volksreligiös-synkretistisch eingefärbten und subliminalen Rolle in den Routinen des familialen Alltags bis hin zu ihrer systematischen Transmission im Kontext klösterlicher Ausbildung – stellt mithin einen genuinen Beitrag zum gelebten Buddhismus in Deutschland dar.

Der Artikel basiert auf ethnografischen Feldforschungen zu vietnamesischen Einwanderern in Deutschland, die ich 1997 im Raum Hamburg aufgenommen hatte. Später konnte ich Befragungen und teilnehmende Beobachtungen sukzessive ausweiten und verfüge mittlerweile über ausgesprochen umfangreiches Material zu vietnamesischen Migranten in den alten wie in den neuen Bundesländern.[2] Eine von der Ethnologie inspirierte Feldforschung zu Fragen von Bildung, Erziehung und Sozialisation erweist sich in methodischer Hinsicht als besonders hilfreich, da der Feldforscher quasi im Schnelldurchlauf Facetten des Enkulturationsprozesses nachvollziehen muss, um die Ziele seiner Forschung zu erreichen. Schwerpunkte meiner Untersuchungen bilden zum einen der vietnamesische Buddhismus in Deutschland aus einer bildungsethnografischen Perspektive. Hierbei treten in aller Regel Fragen buddhistischer Philosophie und Psychologie, der historischen Entstehung von Lehrinterpretationen oder textkritische Übersetzungsarbeit zugunsten der Frage zurück, wie zugewanderte Buddhisten ihren Glauben im Alltag einer heterogenen, (post-)industriellen Gesellschaft leben. Zum ande-

---

imprägniert ist und der Zugang zum Buddhismus i.d.R. auch weniger intellektuell und systematisch gestaltet wird, da man mehr implizites Wissen voraussetzt.

2   Siehe als Zwischenfazit Beuchling (2003).

ren stehen die Bildungs- und Sozialisationsprozesse junger Menschen vietnamesischer Herkunft im Zentrum meiner Forschung. Hierbei interessiert mich insbesondere die als durchaus erfolgreich zu bezeichnende schulische Situation. In diesem Beitrag werde ich nun sowohl das Interesse am Buddhismus als auch das am Sozialisationsthema bedienen und zu einem ethnografischen Abriss der religiösen Sozialisation und Erziehung in buddhistischen Migrantenfamilien unter Diasporabedingungen verbinden.

Religiöse Sozialisation und Erziehung: Einige konzeptuelle Vorbemerkungen

Religiöse Sozialisation bezeichnet im Folgenden die vielfältigen Einflüsse, die bewusst wie unbewusst zur Herausbildung religiöser Kenntnisse, Einstellungen, Werthaltungen und Praxisformen und den damit einhergehenden affektuellen und motivationalen Komponenten im Verlauf der allgemeinen Sozialisation führen.[3] Religiöse Erziehung liegt vor, wo derartige Entwicklungen systematisiert, absichtsgeleitet und zeitlich begrenzt angestoßen werden. Erziehung ist mithin ein Ausschnitt des umfassenderen Sozialisationsgeschehens. Zu den Inhalten und Fluchtpunkten religiöser Sozialisation und Erziehung gehört unter anderem (a) die Entwicklung eines Interesses und einer Offenheit gegenüber religiösen Themen, Perspektiven und Glaubensvorstellungen; (b) die Entwicklung einer Offenheit für und Kompetenz in religiösen Praxisformen und Ritualen; (c) der Rückgriff auf religiöse Deutungsangebote angesichts von Kontingenzerfahrungen und existenziellen Herausforderungen; sowie (d) das Interesse und die Teilnahme an Formen der Vergemeinschaftung eines bestimmten Glaubens.

Vor dem Hintergrund dieses allgemeinen Verständnisses von religiöser Sozialisation sollen im Folgenden noch drei konzeptuelle Akzentsetzungen umrissen sein:

- Wie in jedem Sozialisationsprozess soziale Einflüsse mit den individuellen Voraussetzungen und Rückwirkungen verflochten sind, so bilden auch in der religiösen Sozialisation Soziabilität und Individualität zwei ineinander verschränkte Facetten des Sozialisationsgeschehens. Entsprechend gestaltet sich die religiöse Sozialisation in modernen Gesellschaften und Glaubensgemeinschaften immer als ein Ausbalancieren sozial normierter, kraft Tradition und religiöser Autorität vorgegebener Inhalte und Praktiken und individuell-erfahrungsbezogener Rekonstruktionen. Der Buddhismus rechnet im Übrigen mit der menschlichen Individualität und bietet zahlreiche informelle oder formelle Abstufungen der religiösen Praxis. Der Buddha habe 84000 Wege gelehrt, den Buddhismus zu praktizieren, erläuterte ein vietnamesischer Vater und verglich diese Vielfalt mit verschiedenen Verkehrsmitteln: Wer jung und gesund sei, könne vielleicht gut mit dem Fahrrad oder zu Fuß an ein Ziel kommen; wer alt sei oder kranke Beine habe, wird lieber einen Bus nehmen. Ist das Ziel weit entfernt, so werde man ein Flugzeug nehmen wollen.

---

3   Vgl. allgemein dazu auch die Überblicke u.a. von Feige (2002, 805-818), Ream & Savin-Williams (2006, 51-59) und Sherkat (2003, 151-163).

- Religiöse Sozialisation ereignet sich in einer Vielzahl von sozialen Arrangements, Institutionen und Praxisformen, die konventionell als „Sozialisationsinstanzen" bezeichnet werden. Die empirische Forschung hat den Stellenwerte der Familie und insbesondere von Müttern für die religiöse Sozialisation herausgearbeitet (Ream & Savin-Williams 2006) Glaubensgemeinschaften, Schulen, Medien, Peers oder Lebenspartner sind weitere Instanzen religiöser Sozialisation. Hinsichtlich der Glaubensgemeinschaften sind in den hier thematisierten Minderheiten- und Migrationskontexten auch Fragen des sozialen Selbstbildes vis-à-vis der gesellschaftlichen Mehrheit und der Beziehungen zur Herkunftsgesellschaft relevant.
- Religiöse Sozialisation umfasst in dem hier angedeuteten Verständnis mehr als den intellektuellen Nachvollzug bestimmter Glaubensvorstellungen oder die standardisierte Erhebung von Mitgliedschafts- und Besuchszahlen religiöser Gemeinschaften und Institutionen. Religiöse Sozialisation wird als ein ganzheitlicher Prozess verstanden werden, der Menschen gleichermaßen in ihrer somatischen, sensorischen, emotionalen, kognitiven und sozialen Gesamtheit tangiert. Die nach wie vor oftmals anzutreffende Beschränkung auf die Kognition in Ansätzen zur religiösen Entwicklung und zur religiösen Sozialisation wird der Binnenperspektive religiöser Menschen kaum gerecht, für die Rituale und bestimmte Empfindungen, die mit dem Erleben religiöser Praxis, religiöser Orte und religiöser Gemeinschaften verbunden werden, einen nicht minder relevanten Aspekt der Attraktivität eines Glaubens darstellen. Zu den nicht vordringlich intellektuellen Aspekten buddhistischer Sozialisation in der Diaspora zählen unter anderem Rituale, Meditation, Mitarbeit im Kloster und in der buddhistischen Gemeinde sowie die verschiedenen damit einhergehenden Sinneswahrnehmungen wie z.B. ein Gefühl der Beruhigung während oder nach der Meditation, eine tranceähnliche Wahrnehmung im Rahmen der rhythmischen und spezifisch melodiösen Rezitation von Sūtras, körperliche Anstrengung und Erschöpfung bei den so genannten Bußezeremonien oder die olfaktorische Wahrnehmung und die damit assoziierten Erinnerungen typischer, mit der buddhistischen Praxis und Gemeinschaft verbundenen Gerüche, allen voran der Duft von Räucherstäbchen, aber auch der von gedämpften Reis aus der Klosterküche. Ohnehin konstituieren Sinneseindrücke unterschätzte Komponenten der Enkulturation und können u.a. Zugänge zu Sozialisationserfahrungen und -prozessen eröffnen, auch wenn sie in der qualitativen Sozialforschung (ganz zu schweigen von der quantitativen) methodisch und methodologisch zu kurz kommen.[4]

Der vietnamesische Buddhismus in Deutschland

Der vietnamesische Buddhismus gelangte im Rahmen der Zuwanderung vietnamesischer Migranten seit den 1970er Jahren nach Deutschland. Anstoßgebend war die Bereitschaft der Bundesregierung und einzelner Landesregie-

---

4   Zur Rolle olfaktorischer Wahrnehmung in der Biografieforschung siehe z.B. Low (2007).

rungen, in Anbetracht der Flüchtlingskrise in Südostasien Flüchtlinge aus der Region aufzunehmen. Vor allem Menschen aus dem früheren Südvietnam fanden so den Weg nach Deutschland, weil sie von Schiffen unter deutscher Flagge als Bootsflüchtlinge im Südchinesischen Meer gerettet wurden, als Notfälle aus den Übergangslagern südostasiatischer Anrainerstaaten Aufnahme fanden oder als Familienangehörige nachziehen konnten. Ein kleiner Teil gelangte zudem als Bildungsmigranten in die Bundesrepublik. In die DDR waren vietnamesische Staatsangehörige ebenfalls als Studenten, vor allem aber als Vertragsarbeiter gekommen. Mit dem Einsetzen der Systemtransformationen in den vormals sozialistischen Staaten gelang es vielen, in Deutschland zu verbleiben. Die illegale Migration (die v.a. in den 1990er Jahren relevant war, aber nach wie vor existiert) sowie die Asylmigration (Vietnam findet sich bei den deutschen Behörden seit Jahren unter den zehn häufigsten Herkunftsländern von Erstasylantragsstellern) bilden weitere Pfade vietnamesischer Zuwanderung nach Deutschland. Die heutzutage bis zu 130000 Personen vietnamesischer Herkunft bilden mithin eine migrationshistorisch, sozialstrukturell und auch religiös heterogene Zuwanderergruppe, deren internen Beziehungen komplex und nicht spannungsfrei sind. Mindestens 60000 Personen sind mehr oder minder praktizierende Buddhisten – die Tendenz ist steigend, auch weil manche der im sozialistischen Nordvietnam aufgewachsene Migranten mittlerweile den Buddhismus für sich wiederentdecken. Gegenwärtig gibt es rund ein Dutzend vietnamesisch-buddhistischer Pagoden und Andachtsstätten, die sich überwiegend auf dem Gebiet der früheren Bundesrepublik befinden und die innerhalb der *Vereinigten buddhistischen Kirche von Vietnam im Exil* organisiert sind, einer internationalen Körperschaft, die aufgrund ihrer Kritik an der vietnamesischen Regierung in Vietnam verboten ist. Unter besagten Pagoden und Andachtsstätten befindet sich das unter dem Abt Thích Như Điển errichtete Hauptkloster Viên Giác („Vollkommene Erleuchtung") in Hannover, das als eines der größten buddhistischen Klöster in Europa gilt. Das erste vietnamesisch-buddhistische Nonnenkloster Deutschlands wurde Mitte der 1980er Jahre in Hamburg ins Leben gerufen und steht seit dem unter der Leitung der Äbtissin Thích Nữ Diệu Tâm; im Sommer 2008 konnte es in einen größeren Gebäudekomplex umziehen, da die räumlichen Kapazitäten für eine wachsende Gemeinde nicht mehr ausreichten. Die jüngste Pagode vietnamesischer Provenienz eröffnete 2009 in Untereschbach bei Ravensburg. Eine Besonderheit stellt das abgelegene Amitayus Klausurzentrum in der sächsischen Schweiz dar, das ausschließlich auf Spendenbasis von dem früheren Abt des Viên Giác, Thích Hạnh Tấn, ins Leben gerufen wurde und seit Kurzem Mönche wie Nonnen verschiedener Schulrichtungen und Nationalitäten unter einem Dach zu einer spirituellen Gemeinschaft vereint. Für die vietnamesischen Laien existieren zudem seit den frühen 1980er Jahren buddhistische Ortsvereine, die eng mit den Ordensleuten zusammenarbeiten, sie organisatorisch und materiell unterstützen und sich u.a. um die Vorbereitung und Durchführung von Festen kümmern. Den Ortsvereinen zugeordnet sind die nach vietnamesischem Vorbild gegründeten buddhistischen Jugendgruppen (vietn.: *Gia Đình Phật Tử,* kurz G.Đ.P.T.), die einer Mischung aus buddhistischen Kinder- und Jugendgruppen und Pfadfindern ähneln und in vielen westlichen Staaten der vietnamesischen Diaspora anzutreffen sind.

Der Buddhismus (vietn.: *Phật Giáo*) zählt in der vietnamesischen Kulturgeschichte gemeinsam mit dem Konfuzianismus (vietn.: *Nho Giáo* bzw. *Khổng Giáo*) und dem Daoismus (vietn.: *Đạo Giáo*) zu den drei aus China importierten und in Vietnam verwurzelten Religionen (vietn.: *Tam Giáo*; die „drei Lehren").[5] Als die ersten christlichen Missionare ins Land kamen, waren diese drei Lehren längst etabliert und mit einheimischen volksreligiösen Vorstellungen, die vor allem um den Ahnenkult gravitieren, verschmolzen. Die in Vietnam und in der vietnamesischen Diaspora vorherrschende Schulrichtung des Buddhismus ist die Schule des Reinen Landes bzw. der Amitābha-Buddhismus, eine in Asien weit verbreitete und sehr glaubens- oder frömmigkeitsbezogene Lehrausprägung. Die Reine-Land-Schule (vietn.: *Tịnh Độ Tông*) gilt als eine typische Lehrrichtung des Mahāyāna und beinhaltet eine spezifisch soteriologische Komponente des Buddhismus. Man bezieht sich vor allem auf drei Sūtras: Das Kürzere Sukhāvatīvyūha-Sūtra (auch: Amitābha-Sūtra; vietn.: *Kinh A Di Đà Tiểu Bổn*), das Längere Sukhāvatīvyūha-Sūtra (vietn.: *Kinh A Di Đà Bổn Nguyện*) sowie das Amitāyurdhyāna-Sūtra (vietn.: *Quán Vô Lượng Thọ Kinh*). In diesen Sūtras wird ein „Reines Land im Westen" bzw. im „westlichen Kosmos" namens *Cực Lạc* (skt. *Sukhāvatī*) beschrieben, in welchem Gläubige, die dort wiedergeboren werden, günstigste Bedingungen zur Erlangung der Buddhaschaft vorfinden. *Cực lạc* liegt jenseits des leidvollen Kreislaufs der Wiedergeburten, entsprechend erfolgt die Geburt in diesem Reich nicht durch den Mutterleib, sondern aus einer Lotosblüte (dem Symbol für die buddhistische Lehre). Die Voraussetzungen für die Möglichkeit, eine letzte Wiedergeburt in diesem Reinen Land zu erlangen, bilden der Überlieferung nach die 10 Haupt- und die 48 Neben-Regeln des Bodhisattva-Gelübdes des Buddha A Di Đà. Gemäß dem Längeren Sukhāvatīvyūha-Sutra schwor er, alle Menschen, die ernsthaft danach trachteten, im Reinen Land wiedergeboren zu werden, seinen Namen rezitierten, tugendhaft lebten und nach Erleuchtung strebten, in das Reine Land hinüberzuführen. Dort könnten sie den Weg eines Bodhisattvas (vietn. *Bồ Tát*) vollenden und sich für die Erlösung anderer Lebewesen einsetzen, oder die vollkommene Erleuchtung erfahren und das Nirvāṇa (vietn.: *Niết Bàn*) erlangen. In der Ritualpraxis der Pagoden und Andachtsstätten stehen Rezitationen von Sūtras im Mittelpunkt, verbunden mit der Anrufung von Buddha A Di Đà. Meditation spielt eine eher nachgeordnete Rolle. Eine Ausnahme davon bildet die Frankfurter Pagode Phật Huệ, welche laut Selbstdarstellung einer vietnamesischen Lin Chi-Richtung (besser bekannt unter ihrer japanischen Bezeichnung *Rinzai*) zugehört und folglich die Meditationspraxis besonders akzentuiert. In dieser Pagode leben Mönche und Nonnen verschiedener Richtungen und Nationalitäten zusammen. Die Pagode gibt sich ein ausgesprochen zeitgemäßes Image, ist in buddhistischen Kreisen aber sehr umstritten. Nicht wenige Laien interessieren sich zudem für die Lehrauslegungen von Thích Nhất Hạnh, des vietnamesischen Mönches, der v.a. aufgrund seiner Publikationen

---

5   Dieser in Vietnam übliche Ausdruck bezieht sich auf den seit Jahrhunderten dominanten Buddhismus chinesischer Prägung. Zudem existiert in Vietnam jedoch auch eine kleine theravādabuddhistische Richtung, die historisch auf die Volksgruppen der Khmer und der Chăm zurückgeht. Da diese Richtung in der vietnamesischen Diaspora keine Rolle spielt und in Deutschland nicht existiert, gehe ich nicht näher auf sie ein.

im Westen große Popularität genießt und dessen Sommerkurse in seinem Kloster- und Retreatzentrum Plum Village (Làng Mai) in Südwestfrankreich jährlich Tausende Menschen aus aller Welt anziehen.

Buddhistische Sozialisation der Familie

Die Familie nimmt einen zentralen Stellenwert für das Selbstverständnis und die Lebensplanung junger Vietnamesen ein. Kinder und Jugendliche vietnamesischer Herkunft wachsen in Deutschland in Familien auf, die sowohl durch das deutsche Umfeld als auch durch die Herkunftskultur geprägt sind. Medien, Mitschüler, Nachbarn, Arbeitskollegen und anderweitige soziale Kontakte zur Mehrheitsgesellschaft bereichern das Familienleben auf vielfältige Art und Weise. Vietnamesische Familien erachten diesen Einfluss als selbstverständlich, wünschen ihn und weisen generell eine große Offenheit und auch Achtung vor der deutschen Kultur auf. Zum anderen ist man sehr bemüht, kulturelle Orientierungen und Traditionen aus der Herkunftsgesellschaft fortzuführen, wobei der vietnamesischen Diasporakultur eine Art Selektionsfunktion zugesprochen wird, die man als Filter heranzieht, um als unangebracht erachtete Auswüchse der Mehrheitskultur in geordnete Bahnen zu lenken. In welchen Bereichen und in welchem Ausmaß Traditionen und Gewohnheiten der Herkunftskultur aufrechterhalten werden, variiert von Familie zu Familie. Verallgemeinernd lässt sich aber festhalten, dass vietnamesische Familien, die im Flüchtlingskontext in den alten Bundesländern zugewandert sind, zu einem höheren Maß jene Merkmale aufweisen, die im Diskurs der Mehrheitsgesellschaft als „integriert" bewertet werden, als Familien, die im Kontext der Vertragsarbeit und Post-DDR-Zuwanderung in die neuen Bundesländer gelangten. Zugleich sind aber bei den Familien, die in die alte Bundesrepublik zugewandert waren, die buddhistischen Traditionen lebendiger und die Kenntnisse tiefer, während bei den zumeist aus Nordvietnam stammenden DDR-Migranten aufgrund der problematischen Situation des Buddhismus, der in der SR Vietnam über Jahrzehnte mit großem Misstrauen bedacht wurde, der Stellenwert des Buddhismus stark zurückgegangen war.

Für die buddhistischen Familien lässt sich eine Vielzahl von Beispielen aufzeigen, wie der Buddhismus (in der Regel im stillen Einklang mit konfuzianischen, daoistischen und anzestralen Traditionen der Herkunftsgesellschaft) im Sozialisationsprozess präsent ist. Die Familien verfügen über einen kleinen (wenn es die räumlichen und finanziellen Ressourcen erlauben, durchaus auch größeren) Altar im Wohnzimmer, auf dem sich buddhistische Devotionalien befinden. Darunter ist immer eine Buddha-Figur an herausgehobener Stelle, häufig auch kleinere Figuren oder Bildnisse von Bodhisattvas, vor allem von dem im Volksglauben hochverehrten Bodhisattva Quán Thế Âm, sowie weitere Ritualgegenstände und Fotos von verstorbenen Familienangehörigen. Vor diesen Hausaltären werden anlässlich buddhistischer Feiertage oder der Gedenktage Verstorbener kurze Zeremonien und Rezitationen in den eigenen vier Wänden abgehalten, manche Eltern meditieren dort auch.

Vietnamesische Kinder erfassen so sehr früh Aspekte des Buddhismus: Sie lernen bereits in den ersten drei Lebensjahren, Buddha Gautama oder Quán Thế Âm zu identifizieren und imitieren die Bewegungen der älteren Familienmitglieder bei Ritualen, vor allem die Niederwerfungen und den Lotosgruß. Über diese (zumindest anfänglich) mimetischen Aspekte religiöser Sozialisation hinaus greifen Eltern auch Legenden und Volksmärchen in erzieherischer Absicht auf, in denen Buddhistisches (etwa: Wiedergeburten) und vom Buddhismus Adaptiertes (etwa: die Kindespietät) eine prominente Rolle spielen, um die Kinder zu unterhalten oder sie moralisch zu unterweisen. So wurden einige Jugendliche als Kleinkinder z.B. ermahnt, beim Mittagstisch den Teller leer zu essen, weil sie ansonsten später in einem buddhistischen Höllenreich für jeden übriggebliebenen Reiskorn einen Wurm zu verspeisen hätten. Ein Elternpaar erklärte, dass sie ihrem damals fünfjährigen Sohn eine kleine Buddha-Figur auf die Fensterbank gestellt hatten, da er über so viel Phantasie verfügte und sich bei Dunkelheit immer fürchtete. Der Buddha sollte ihm die Angst nehmen. Anscheinend durch die fernöstliche Martial-Arts- und Pop-Kultur inspiriert, erklärte mir ein Junge im Vorschulalter, dass „die Menschen ohne Haare" (= Mönche bzw. Nonnen) Kung Fu beherrschten und „durch die Luft fliegen" könnten. Besonders eindrucksvoll trat das Motiv des Schutzes und der Hilfe in Notlagen bei einer modernen Legende zutage, die sich auf den Bodhisattva Quán Thế Âm bezog: Hier erklärte mir eine junge Vietnamesin, sie hätten bei ihren und anderen Eltern ein Foto gesehen, welches während der Flucht aus Vietnam über die Chinesische See entstanden sei: Als ein Sturm aufkam und die Boat People zu ertrinken drohten, erschien ihnen Quán Thế Âm, die im ostasiatischen Buddhismus als Retterin in der Not gilt, da sie jeden Hilfeschrei der Menschen vernehmen könne, und der Sturm legte sich auf wundersame Weise. Dieses Foto hätten auch andere Bootsflüchtlinge, sie wisse aber nicht, „was an der Geschichte dran sei".

Wiedergeburten nehmen einen wichtigen Stellenwert in traditionellen Geschichten ein, die in buddhistischen Familien erzählt oder gelesen werden. Häufig handeln sie von den früheren Leben von Bodhisattvas oder Buddhas und berichten von deren Wohltaten und der moralischen Integrität, die man sich als Vorbild nehmen solle. Als profane Ermahnung fungiert der Wiedergeburtsglaube, wenn man Kindern in erzieherischer Absicht droht, sie würden z.B. mit einem Schweinemaul wiedergeboren werden, wenn sie unflätig redeten oder lügen würden. Moderne Fassungen werden manchmal von vietnamesischen „Experten", die zeitgemäße „Belege" von Wiedergeburtsgeschichten sammeln, anlässlich von Feiertagen vorgetragen. Wie diese Beispiele zeigen, zählen Vorstellungen von Wiedergeburten zum gängigen Repertoire der pädagogischen und enkulturativen Praxis in vietnamesisch-buddhistischen Familien. Das heißt aber nicht zwangsläufig, dass Kinder und Jugendliche jeder diesbezüglichen Erzählung Glauben schenken, noch, dass sie weitergehende Kenntnisse der Wiedergeburtsvorgänge haben. Dennoch sind diese kulturellen Vorstellungen von einem Phänomen, dessen prinzipielle Existenz sie als sehr wahrscheinlich einschätzen, Bestandteil ihres Aufwachsens in der buddhistischen Diaspora. Diese Vorstellungen sind Teil eines komplexen kulturellen Models, das auf dem Karma-Konzept (vietn. *nghiệp*; „Tat, Handlung") fußt. Die Theorie vom Karma (vietn. *thuyết nghiệp báo*) besagt, dass alles Gute oder Schlechte, was einem Menschen im Leben widerfährt, Folge der Taten ist, die man zu einem früheren Zeitpunkt im aktuellen Leben oder in einem früheren Leben begangen hat. Verstöße gegen buddhistische „Gebote" produzieren schlechtes Karma; die Konsequenzen davon sind so vielfältig wie das Leben. Sie können (und hier rekurriere ich auf Beispiele, die mir Jugendliche genannt hatten) die Existenzform selbst betreffen (etwa die Wiedergeburt als Tier oder in einer Geisterwelt), die Lebensumstände (etwa die Wiedergeburt in einem Land der Dritten Welt) oder bestimmte Qualitäten des Menschen (z.B. Aussehen, Intelligenz, körperliche Behinderungen). Moralisch gute und selbstlose Taten sowie buddhistische Praxis werden hingegen als karmisch heilsam angesehen, wieder andere Taten gelten als karmisch neutral. Für das Gros der Jugendlichen spielen weiterreichende theoretische Reflexionen über dieses kulturelle Modell im Alltag keine allzu große Rolle: Es genügt, von der karmischen Kausalität und ihrer Plausibilität auszugehen, denn „wo Rauch ist muss auch Feuer sein" (Realschüler, 17 Jahre) und man bemüht sich um Selbstkultivierung, Eltern und Großeltern zu achten und sich an den fünf Regeln der Laienbuddhisten (Abstand nehmen vom Töten, vom Stehlen, vom Lügen, vom Drogenmissbrauch und von sexuellen Verfehlungen) zu orientieren. Viele buddhistische Familien versuchen zudem, sich an bestimmten Tagen ausschließlich vegetarisch zu ernähren, vor allem am ersten und am fünfzehnten Tag des Monats, obgleich der Verzicht auf Fleisch und Fisch ansonsten im Familienleben nicht ausgeprägt ist.

Mit zunehmendem Alter der Kinder und in Abhängigkeit von den religiösen Kenntnissen und der kommunikativen Kompetenz der Eltern werden weitere Aspekte buddhistischer Erziehung und Sozialisation in den Familien sichtbar. In diesen Familien beschränkt sich die buddhistische Praxis nicht auf ein- bis zweimalige Besuche der Pagoden pro Jahr anlässlich großer Feiertage, sondern ist bewusster und reflektierter Teil der Gestaltung des Miteinanders innerhalb wie außerhalb der Familie. Ein 17-jähriger Gymnasiast erklärte beispielsweise, sein Vater habe „gute Kenntnis über den Buddhismus" und ihm „spontan gute Sachen beigebracht", unter anderen, wie man in Streitsituationen besser mit negativen Gefühlen wie Hass und Aggression umgehen könne:

> „Dabei hab ich eigentlich eine ganze Menge gelernt [...]. In meinem Leben danke ich halt dem Buddhismus, dass ich so was verstehe. Zum Beispiel, ich hab mal gelernt, man soll in jeder Situation immer ruhig bleiben und immer den Kopf kühl behalten. An den Ursachen von den Problemen reinschauen und nicht einfach vorbeischauen oder vorbeilaufen. Das bringt nichts. Und ich glaub, das ist auch ganz wichtig." (Gymnasiast vietnamesischer Herkunft, 17 Jahre)

Eltern sind indes auch unsicher, ob und wie weit sie kompetent genug sind, ihren Kindern den Buddhismus zu erklären. Da man davon ausgeht, dass die buddhistische Lehre eine hochkomplexe und auch schwierige Tradition darstellt, die unterschiedliche Auslegungen und eine Vielfalt an Praxismöglichkeiten hervorgebracht hat, erachten es manche vietnamesische Eltern als anmaßend, wenn sie ihre Kinder in religiöser Hinsicht unterweisen. Dies sei vielmehr Aufgabe der Pagoden, da die Mönche und Nonnen um ein Vielfaches besser in der Lage seien, den Buddhismus korrekt und authentisch zu überliefern. Eltern fungieren dann als soziale Modelle für die häusliche Praxis, vertiefende Einblicke in die buddhistische Lehre werden der Verantwortung des Ordens zugeschrieben.

Religiöse Sozialisation in der buddhistischen Gemeinschaft

Die familiale religiöse Praxis ist in den sozialen Kontext der örtlichen oder regionalen vietnamesisch-buddhistischen Gemeinden eingebunden. Eltern können Vorbilder und Impulsgeber für den mehr oder minder regelmäßigen Besuch in den Pagoden sein.

> „Mit der Pagode hat meine Mutter immer eigentlich eine sehr enge Beziehung. Der Glaube ist da schon wichtig. Meine Eltern haben mir das ja auch so beigebracht. Das Schöne im Buddhismus ist, dass es nicht diesen Zwang gibt. […] Die haben mir immer so beigebracht, diese Beziehung zu pflegen. Man muss zwar nicht jeden Monat dahin, aber es ist schön, dahin zu gehen. Und meine Mutter versucht ja auch jetzt immer meinem kleinen Bruder beizubringen, dass er mal 'n bisschen andere Menschen kennen lernt, dass er mal auch die Religion, unsere eigene Religion mitbekommt." (Studentin vietnamesischer Herkunft, 24 Jahre)

Kaum ein Jugendlicher aus vietnamesisch-buddhistischen Familien besucht nicht von Zeit zu Zeit mit seinen Eltern eine der Pagoden in Deutschland. Meist geschieht dies anlässlich großer buddhistischer Feiertage, wie dem Ullambana-Fest (vietn.: *Lễ Vu Lan*; umgangssprachlich „Muttertag") oder dem Vesakh-Fest (vietn.: *Lễ Phật Đản*; umgangssprachlich „Buddhas Geburtstag") oder auch, wenn das vietnamesische Neujahr in den Pagoden gefeiert wird. Andere Heranwachsende besuchen ihre örtliche Pagoden auch, um an den Aktivitäten der buddhistischen Kinder- und Jugendgruppen teilzunehmen, ihre vietnamesischen Sprachkenntnisse zu verbessern oder den Löwentanz zu üben. Generell fällt auf, dass an den regulären öffentlichen Andachten (also außerhalb der Festtage) besonders viele Frauen und Senioren teilnehmen, eine Beobachtung, die ich auch in Vietnam machen konnte.

In mehreren Städten existieren die bereits erwähnten, so genannten Jungbuddhistischen Familien. Ihre Treffen finden alle 14 Tage an den Wochenenden für jeweils rund fünf Stunden in den Pagoden statt und bilden die wichtigsten Aktivitäten, die sich direkt an Kinder und Jugendliche richten. Die Kinder- und Jugendarbeit liegt dabei weitgehend in der Verantwortung der ausgebildeten Gruppenleiter der G.Đ.P.T. Zu den Treffen gehört eine kleine Gebetszeremonie, die alternierend von älteren Mitgliedern der Jungbuddhistischen Familien geleitet wird, sowie ein gemeinsames vegetarisches Mittagessen, währenddessen in den ersten fünf Minuten aus Gründen der Aufmerksamkeitsschulung nicht gesprochen wird. Die Kinder und Jugendlichen, die regelmäßig an ihren Treffen teilnehmen, werden je nach Alter, Kenntnisstand und Größe der Ortsgruppe in zwei oder drei Gruppen aufgeteilt. In der Kindergruppe, die den Nachwuchs im Alter von ungefähr sechs bis zwölf Jahren zusammenfasst, gestaltet sich die Vermittlung von Aspekten der buddhistischen Lehre spielerisch. Vor allem moralische Erzählungen aus den früheren Leben Buddhas (vietn.: *bản sinh kinh*; sanskr.: *jātaka*), Lieder und folkloristische Tänze sowie Grundlagen der vietnamesischen Sprache werden unterrichtet. Das rechte Benehmen, das man den Jüngsten zu vermitteln versucht, orientiert sich an einigen wenigen, aber als zentral erachteten buddhistischen Grundsätzen. Dazu gehören die drei Prinzipien der G.Đ.P.T. für die Kindergruppen, wie sie als Teil des Begrüßungsrituals bei jedem Treffen aufgesagt werden: 1. „Wir glauben an Buddha." 2. „Wir achten unsere Eltern und hören auf unsere älteren Geschwister." 3. „Wir haben Mitleid mit jedem Menschen und jedem Lebewesen."

Für die Gruppen der Jugendlichen, die zumeist die 13- bis 18-Jährigen und die über 18-Jährigen zusammenfasst, kommen sukzessive neue Lerninhalte hinzu. Dazu gehört ein vertieftes Verständnis der buddhistischen Lehre, wie die Gebote der Laienbuddhisten, die Vier Edlen Wahrheiten, die Lebensgeschichten von Buddha Gautama und Buddha Amitābha oder die Kenntnisse der vietnamesisch-buddhistischen Liturgie, um selbstverantwortlich kleinere Zeremonie durchführen zu können. Von Zeit zu Zeit schaut man sich gemeinsam Aufzeichnungen der Predigten buddhistischer Mönche an und diskutiert sie. Manchmal unterrichten Mönche bzw. Nonnen die Jugendgruppen oder leiten kurze Meditationssitzungen. Zudem wird man über die Geschichte und Organisationsstruktur der Jungbuddhistischen Familie in Deutschland und Europa informiert, man übernimmt mehr pädagogische Verantwortung für die Kleineren und setzt sich im Vietnamesisch-Unterricht mit zunehmend anspruchsvoller, zumeist buddhistisch inspirierter Literatur auseinander. Trotzdem der Unterricht für die Jugendlichen mehr theoretische Elemente der buddhistischen Lehre aufgreift, wird der Lebenspraxis ein besonderer Stellenwert zugemessen. Dahinter steht die Überzeugung, dass es besser sei, ausgewählte Aspekte der buddhistischen Lehre gut zu kennen und sie in das Alltagsleben zu integrieren, statt Vieles nur flüchtig anzusprechen oder es bei rein theoretischen Kenntnisse zu belassen. Wichtig sei, dass die Jugendlichen in ihrem Verhalten und ihren Einstellungen buddhistische Prinzipien lebenspraktisch umsetzen und den Jüngeren ein Vorbild sind. Ohnehin ist das Lernen am sozialen Modell ein zentrales Strukturprinzip buddhistischer Sozialisation: Sowie in den Familien die älteren Geschwister den jüngeren Vorbilder sein sollen, so versuchen auch die älteren Mitglieder der Jungbuddhistischen Familien als „symbolische Familie" für die Jüngeren Verantwortung zu übernehmen und ihnen als soziale Modelle zu dienen. Dieses Prinzip setzt sich fort: Die Ordinierten müssen den Laien in buddhistischer Lebensführung und Selbstkultivierung ein Vorbild sein, innerhalb des Ordens sind die Mönche und Nonnen Vorbilder für die Novizen und Novizinnen und als spirituelles Idealvorbild trachtet man letztlich danach, ein Leben in Nachfolge des Vorbildes von Buddha zu führen. Über den Buddhismus hinaus findet sich die besondere Bedeutung von Vorbildlichkeit in der vietnamesischen Kultur im Übrigen auch in dem Wort für Pädagogik (vietn.: *su phạm*), welches sich aus dem sinovietnamesischen Wort für Lehrer (*su*) und dem Wort für Vorbild bzw. Modell *(phạm)* zusammensetzt und folglich „das Vorbild (Modell) des Lehrers" meint.

Das Bemühen der jugendlichen Mitglieder der G.Đ.P.T., den Jüngeren als Vorbild zu dienen und in den Pagoden im Rahmen ihrer Möglichkeiten mitzuhelfen, ist Ausdruck eines Gemeinschaftssinns und gilt zugleich als buddhistische Praxisform. „Arbeit ist eine buddhistische Aktivität", meinte ein vietnamesischer Vater einmal anerkennend zu mir, als ich mehreren jungen Männer einer Pagode half, das Wurzelwerk eines Baumes im Vorgarten mit Spaten und Säge auszugraben. Wie diese jungen Männer ihre Körperkraft einbrachten, so versuchen viele nach ihren Möglichkeiten, den Orden nicht nur ideell oder finanziell zu unterstützen, sondern zudem aktiv an der Gestaltung des Alltags in den Pagoden mitzuhelfen, bei anstehenden Arbeiten anzupacken oder sich sonst wie nützlich zu machen. Die wenigsten Gläubigen verbringen in den Pagoden Zeit mit Nichtstun und folgen damit dem Vorbild der Mönche und Nonnen. Die Unterstützung buddhistischer Klöster durch die Gläubigen gilt gemeinhin als eine Möglichkeit, Verdienste zu sammeln (vietn.: *phước đức*) und heilsames Karma (vietn.: *phước nghiệp*) zu generieren. Voraussetzung dafür ist die Selbstlosigkeit der Handlungen. Verdienste lassen sich mithin nicht intentional um ihrer selbst willen für die handelnde Person „sammeln", sondern sie entstehen nur, wenn entsprechende Taten uneigennützig anderen zu Gute kommen. Das kulturelle Modell von Karma bringt im Kontext der Pagoden mithin eine generalisierte Reziprozität hervor: Man tut Gutes, um anderen Gutes zu tun und nicht, um für sich unmittelbare oder zukünftige Vorteile in Aussicht zu stellen oder eine gleichwertige Gegenleistung zu erwarten.[6] Die Beispiele für das Engagement der Laien als Form buddhistischer Praxis sind vielfältig: Jugendliche bringen sich ein, indem sie an den Wochenenden für die kleineren Kinder den Tisch decken und das Essen servieren, junge Erwachsene engagieren sich für die Jungbuddhistischen Familien, leiten den Unterricht und spielen mit den Kindern, andere trainieren den Löwentanz, der bei bestimmten Festen und öffentlichen Veranstaltungen aufgeführt wird und eine kleine Quelle von Spendengeldern darstellen kann. Wenn ein Ausflug zu einer anderen Pagode ansteht, benötigt man Fahrer; wenn auf den großen Festen Essen angeboten wird, braucht man Köche und Personen, die die Essenstände aufbauen, das Essen verkaufen, das Geschirr abwaschen und die Essenstände wieder abbauen. Im Klosteralltag und vor allem an den Andachtswochenenden helfen Laien in der Küche mit; zum Teil sind es ältere Damen, die ihr Kochgeschick einbringen, zum Teil auch professionelle Köche in ihrer Freizeit. Wichtig ist dabei, dass sie die Grundlagen der vegetarischen Klosterküche beherrschen, also neben Fleisch, Fisch und anderen tierischen Produkten auf bestimmte Gewürze verzichten und trotzdem ein schmackhaftes Essen zu zubereiten wissen. Eindrucksvoll tritt die Notwendigkeit der Mithilfe zu Tage, wenn Ausbesserungs- oder Umbauarbeiten an einer der Pagoden anstehen oder man gar ein neues Gebäude bezieht. Hierbei helfen dann Dutzende freiwillig mit und opfern ihre Freizeit oder ihren Urlaub, um Fliesen zu verlegen, Decken zu verputzen, Fenster einzubauen oder schwere Altäre, Buddha-Statuen und mit Verzierungen versehene Holzpfeiler in der Gebetsraum zu wuchten.

---

6   Ich war im Übrigen sehr früh Teil dieser generalisierten Reziprozität, wie nur eines von mehreren Beispielen illustrieren soll: Kurze Zeit nach Beginn meiner Feldforschungen, als eine Nonne im Gespräch mitbekam, dass ich auch angefangen hatte, Vietnamesisch zu lernen, schenkte sie mir ihr noch in der DDR herausgegebenes Vietnamesisch-Deutsch Wörterbuch.

Religiöse Sozialisation im buddhistischen Orden

Einleitend wurde darauf hingewiesen, dass sich in Deutschland ein funktionierendes vietnamesisch-buddhistisches Ausbildungs- und Ordenswesen etabliert hat. Während die Anfänge der vietnamesisch-buddhistischen Ordensgemeinschaft (vietn.: *tăng già*) ausschließlich auf Mönche und Nonnen zurückgehen, die in Vietnam ordiniert wurden, handelt es sich seit Jahren zunehmend um junge Menschen vorwiegend vietnamesischer Herkunft, die in Deutschland oder im benachbarten Ausland aufgewachsen sind und die den Entschluss gefasst haben, ein klösterliches Leben führen. Zu Beginn meiner Feldforschungen Ende der 1990er Jahre hatte ich diesbezüglich ausschließlich Kontakt zu Mönchen und Nonnen und zu Novizen und Novizinnen, die mindestens zwanzig Jahre alt waren. In den letzten Jahren macht sich indes der Trend bemerkbar, dass zunehmend Jugendliche im schulpflichtigen Alter ihren Weg in die Klostergemeinschaften finden, wobei der Jüngste bei Eintritt in sein Vornoviziat zwölf Jahre alt war. Abschließend sollen daher einige Aspekte der buddhistischen Sozialisation und Ausbildung auf der ersten Stufen einer Ordenslaufbahn in vietnamesisch-buddhistischen Pagoden aufgezeigt werden.[7]

Da im vietnamesischen Buddhismus das Ordensleben sowohl Männern als auch Frauen offensteht, existieren in Deutschland Klöster oder Pagoden, die von Mönchen geführt werden, als auch solche, denen Nonnen vorstehen. Es werden fünf Gruppen von Ordensleuten (vietn.: *Ngũ Chúng Xuất Gia*) unterschieden: Vollordinierte Mönche (vietn.: *Tỷ Kheo*), vollordinierte Nonnen (vietn.: *Tỷ Kheo Ni*), Nonnenanwärterinnen (vietn.: *Thức Xoa Ma Na*), männliche Novizen (vietn.: *Sa Di*) und weibliche Novizen (vietn.: *Sa Di Ni*). Auch wenn die vietnamesisch-buddhistischen Laien meinem Eindruck nach die Ordinierten beiderlei Geschlechts gleichermaßen achten, stehen Nonnen in der Hierarchie der Ordensgemeinschaft unter den Mönchen. Dies zeigt sich unter anderem daran, dass für Frauen nach dem Noviziat eine weitere Vorstufe in der Hierarchie eingeschoben ist, bevor sie die volle Ordination erhalten können, sie als vollordinierte Nonnen mehr Regeln beachten müssen als Männer (348 statt 250) oder sie zudem spezifische Verhaltensregeln (vietn.: *Bát Kính Giáo*) gegenüber Mönchen zu respektieren haben, die sich u.a. daran beobachten lassen, dass Nonnen bei gemeinsamen Zeremonien stets hinter den Mönchen oder den männlichen Novizen in den Gebetsraum einziehen. Dieser tradierte Statusunterschied der Geschlechter in buddhistischen Ordensgemeinschaften wird jedoch durch Aussagen von Ordinierten – Mönchen wie Nonnen gleichermaßen – relativiert: Dass Nonnen mehr Regeln zu beachten hätten, sei vor allem eine Sache der Anzahl, nicht der Inhalte, und dies ließe sich wiederum vor allem auf die anatomischen Unterschiede zurückführen; so tragen Mönche drei Gewandteile, während Nonnen fünf zu tragen haben. Mit dem Anlegen, dem Schnitt oder der Färbung dieser Kleidungsstücke seien wiederum bestimmte Regeln verbunden, so dass bereits dadurch Frauen zwei Klos-

---

7 Dieser Trend wurde jüngst indes gestoppt. Personalwechsel in der Ordensleitung und Erfahrungswerte haben dazu geführt, dass die noch im Folgenden beschriebene Aufnahme von minderjährigen Novizen beendet wurde und nun wiederum das 20. Lebensjahr erreicht sein muss.

terregeln mehr zu beachten hätten. Ein anderes Argument, welches den Statusunterschied relativiert, besagt, dass die traditionelle Besserstellung der Mönche die Gefahr der Überheblichkeit in sich berge, während Nonnen sich darin übten, bescheiden zu sein und ihre persönlichen Befindlichkeiten hintan zu stellen, so dass die strengeren Regeln gute Voraussetzungen für die religiöse Praxis bilden. Aus buddhistischer Binnensicht dürfte aber der Kommentar eines hochrangigen Mönches am relevantesten sein, nach welcher ohnehin alle Menschen das gleiche Potenzial zur Erlangung der Buddhaschaft in sich tragen, so dass der Geschlechterunterschied in dieser Hinsicht irrelevant sei: „Männer oder Frauen, Mönche oder Nonnen sollen genau so viel Weisheit besitzen, weil von Natur aus sind wir ja alle gleich, wir haben die gleiche Fähigkeit, Buddha zu werden, die gleiche Betrachtung und die gleichen Hindernisse, nur bei dem einen ist der eine Bereich anders, der andere ist ein bisschen mehr, der andere ein bisschen weniger. Das ist alles".[8]

Die Mönche und Nonnen motivieren Heranwachsende (oder auch Erwachsende) ausdrücklich nicht, sich ordinieren zu lassen. Sollte die Person ihre Entscheidung später bereuen und revidieren, so könne es geschehen, dass sie negative Gefühle gegenüber jenen Ordinierten hegt, die sie zum Klostereintritt überredet haben. Die Motivation müsse folglich ausschließlich von dem Aspiranten bzw. der Aspirantin selbst kommen. Ebenso wenig bemüht man sich aktiv um die Anwerbung von Klosternachwuchs. Dennoch lässt sich beobachten, dass bei jungen Menschen ein steigendes Interesse existiert, sich ordinieren zu lassen, was von Seiten der Klosterleitungen eher zu strengeren Auswahlprozessen beiträgt.

Die Frage nach den Gründen oder Motiven, warum jemand in Deutschland in ein buddhistisches Kloster geht, wird auf zwei Ebenen beantwortet. Auf der ersten Ebene scheint man dem Fragesteller entgegenkommen zu wollen und nennt hypothetische Gründe bzw. mögliche Motive, warum ein Mensch sich dafür interessieren könnte, Mönch bzw. Nonne zu werden. Diese angeführten Motive sind häufig profane Gründe oder solche, die sich auf bestimmte Äußerlichkeiten des buddhistischen Klosterlebens beziehen. Manchmal werden auch „romantische Gründe" wie vergebliche Liebesmühen oder vergangenes Liebesglück angeführt:

> „Einige – also, ich spreche von ganz jungen Novizen – fanden die Begleitung der Mönche interessant oder fanden die Glatzenrasur ist interessant oder was weiß ich, oder vegetarisches Essen ist interessant oder die Art und Weise wie gebetet wird ist interessant. Das kann von A bis Z sein, was sie von allen Anhaltspunkten in dem Leben eines Mönchs als schön finden, und dadurch entwickeln sie bei sich selbst einen Wunsch, das zu bekommen."
> (Abt eines vietnamesisch-buddhistischen Klosters)

Diese Impulse oder Begründungen werden aber als rein äußerlich erachtet, als Ausdruck kurzfristiger Interessenslagen und vergänglicher Formen. Mit Aufnahme des Ausbildung im Kloster und wachsenden Kenntnissen muss ein Motiv in den Vordergrund treten, welches alle anderen Motive unterordnet und sie als banal erscheinen lässt: Man geht letztlich ins Kloster, um Einsicht und Erleuchtung zu erlangen. Für die Aspiranten, die über 20 Jahre alt sind, wird dieser Wunsch

---

8   Vgl. dazu auch die Diskussion aus verschiedenen Ordenstraditionen in Roloff (2002).

als wesentlich erachtet, um ins Noviziat aufgenommen zu werden. Eine gewisse Ausnahme bilden Aspiranten, die jünger als 20 Jahre sind: Diese müssen „eine natürliche Hingabe zu der Aufgabe des Mönchseins entwickelt haben", um aufgenommen zu werden, so ein interviewter Abt.

Die jungen Männer und Frauen bzw. Jugendlichen, die ernsthaft mit dem Gedanken spielen, in die Ordensgemeinschaft einzutreten, leben zunächst auf Probe in dem Kloster. In dieser Zeit tragen sie die schlichte, hellgraue Klosterkleidung, wie sie auch viele Laien bei Zeremonien tragen, haben aber keinen geschorenen Kopf. In dieser Phase, für die keine bestimmte Dauer vorgeschrieben ist, erledigen die Aspiranten verschiedene Aufgaben, die im Klosteralltag anfallen, lernen Sūtras auswendig und nehmen an den täglichen Andachten teil. Sie stehen dabei zunächst nur unter einer beiläufigen Supervision ranghöherer Mönche bzw. Nonnen, bis sie von sich aus den Wunsch äußern, in das Noviziat einzutreten:

> „Die jungen Männer [bzw. Frauen] oder Jugendlichen, die kommen hier her, als Besuch erst mal und dieser Besuch könnte dann irgendwann mal verlängert und verlängert werden, bis sie den Wunsch äußern, sie möchten sich ordinieren lassen. So, und dann erst, ab diesem Zeitpunkt, wird dieser Mensch sozusagen näher untersucht und beobachtet. Also, auf seinen Charakter, auf seine Gedanken, warum er sich ordinieren lassen möchte, ob seine Motivation rein ist oder ist er romantischer Natur. Und wenn das alles korrekt ist, das heißt, dieser junge Mensch soll – oder kann auch ein Älterer sein –, dieser Mensch sollte eigentlich aus Verständnis zum Buddhismus den Wunsch geäußert haben, Mönch zu werden, wenn sie über 20 sind."
> (Abt eines vietnamesisch-buddhistischen Klosters)

Die angesprochene, quasi „natürliche" Motivation, Mönch zu werden, spiegelt sich in der Erläuterung eines 12-jährigen Gymnasiasten wider, der kurz zuvor in das Kloster aufgenommen wurde und eine präzise und lehrgemäße Skizzierung seiner Motivation wiedergibt:

> „Als ich sieben war oder so, da war man oft in Pagoden – auch anderen Pagoden – zu Besuch. Da hab ich mich auch gefragt, ob ich vielleicht, wenn ich größer bin, mal Mönch werden will. Und ich hatte auch diesen Wunsch, ein Buddha zu werden, um aus diesem Wiedergeburtenkreislauf rauszukommen und den Lebenden zu helfen. Da hab ich angefangen. Und in der buddhistischen Jungfamilie war ich nur kurz. Also, von daher kommt es nicht."
> (vietnamesisch-buddhistischer Jungnovize)

Da der Tagesablauf eines Novizen in den Pagoden sehr strukturiert ist und einem relativ festen Zeitplan folgt, ist es möglich, eine solchen Tagesablauf nachzuzeichnen und mit Kommentaren eines Abtes oder eines Novizen zu ergänzen. Der Tag für die Novizen und Mönche beginnt um 5:00 Uhr. Nach dem Aufstehen wäscht man sich und hat noch ein wenig Zeit, geistig zur Ruhe zu kommen. Vor der Morgenandacht gibt es verschiedene kleinere Aufgaben, die zu verrichten sind, vor allem muss die Andachtshalle hergerichtet werden, indem man die Sitzkissen ordnet und die Räucherstäbchen und Kerzen anzündet. Um 5:45 Uhr versammeln sich alle Mönche und Novizen in dem Patriarchenraum, der sich hinter der Andachtshalle befindet. Von dort schreiten alle in die Halle, setzen sich für eine Viertelstunde zur Meditation, an die sich eine etwa einstündigen Rezitation der Morgenliturgie anschließt. Ab ca. 7:10 Uhr geht jeder Novize (und ebenso jeder Mönch) seinen Aufgaben nach: Einige haben Küchendienst und bereiten das Frühstück vor, andere richten das Esszimmer her oder säubern die Flure. Um 8:00 Uhr gibt es Frühstück. Danach wird abgeräumt und abgewaschen, was sich im Allgemeinen bis etwa 9:00 Uhr oder 9:30 Uhr hinzieht, je nachdem, wie gründlich oder wie meditativ die Arbeit erledigt wird: „Wir ermutigen die Novizen, die Arbeit meditativer zu verrichten, denn das soll ja auch nicht nur als Arbeit gesehen werden, sondern wieder als Praxis", erläuterte der Abt. Danach lernen Novizen bis zum Mittag ihre Sūtras, lesen Kommentare dazu und setzen sich mit den Lernaufgaben auseinanderzusetzen, die sie von ihrem Meister bekommen haben. Vom Lernen freigestellt sind die Novizen, die an diesem Tag zum Küchendienst eingeteilt sind und das Mittagsessen vorbereiten, das gegen 12 Uhr eingenommen wird. Im Anschluss daran haben die Novizen bis 14:00 Uhr zur freien Verfügung. In dieser Freizeit können sie persönlichen Interessen nachgehen, wenn diese nicht gegen die Ordensregeln verstoßen.

> „Natürlich, wie andere Jugendlichen haben sie sich für, was weiß ich, für Game Boy und so weiter interessiert und dann [für] diese Mangas und so weiter. Aber hier ist das nicht zulässig, denn ich meine, die Mangas sind sowieso gewalttätig geworden und [mit] Game Boy vertreibt man sich damit die Zeit, vergeudet damit nur die Zeit. Was eigentlich mehr von uns ermutigt wird, ist Sport. Also, sie sollen Sport betreiben. Also, [sich] gesünderen Hobbys zuwenden. Und der eine hat noch sein Hobby mit Malen und der andere mit Musik und so weiter. Solche Hobbys sind zulässig und werden auch motiviert. Aber andere Hobbys, die nur Zeit vergeuden, das müssen wir, das will ich stark einschränken." (vietnamesisch-buddhistischer Abt)

An die freie Zeit schließt sich täglich von 14:30 bis 16:00 Uhr eine offizielle Dharma-Unterweisungen über die buddhistische Lehre, die Kommentare zu den Sūtras oder die Ordensgelübde an. Von 17:00 bis 18:00 Uhr ist erneut eine gemeinsame Zeremonie in der Andachtshalle angesetzt. Zwischen 18:30 und 19:00 Uhr gibt es Abendessen, auf das um 20:00 Uhr die letzte Andacht folgt, die sich bis 21:00 Uhr oder 21:15 Uhr erstreckt. Die jüngsten Novizen müssen in die Nachtruhe; die älteren Novizen können noch ein wenig aufbleiben und die Zeit für die Meditation oder für andere Aufgaben nutzen, die sie von ihrem Meister aufbekommen haben.

Für die schulpflichtigen Novizen variiert der Tagesablauf: Sie nehmen für etwa eine Dreiviertelstunde an der Morgenandacht teil, dann verlassen sie den Gebetsraum, frühstücken und machen sich um 7:00 Uhr auf den Weg zur Schule. Wenn sie am frühen Nachmittag ins Kloster zurückkommen, können sie noch eine Weile schlafen. Um 15:00 Uhr werden sie geweckt und müssen ihre Schulaufgaben machen. An der Zeremonie um 17.00 Uhr nehmen sie wieder teil. An der Abendandacht können sie nur teilnehmen, wenn bis dahin alle Schulaufgaben erledigt wurden. Ein Aufschieben der Schulaufgaben wird grundsätzlich nicht akzeptiert: „Die Hausaufgabe, die für den Tag von dem Lehrer bzw. Lehrerin aufgegeben sind, müssen an dem Tag dann fertig gemacht [werden] und nicht sagen: ‚Okay, Morgen …'. Das klappt mit uns nicht, denn wir haben sonst noch so viele

Dinge zu lernen und die lernen nebenbei noch andere Texte, die von ihrer Ausbildung als Novizen her noch auswendig gelernt werden müssen." (vietnamesisch-buddhistischer Abt)

Die angesprochenen Lerninhalte, mit denen sich die Novizen im Rahmen ihrer Klosterausbildung auseinandersetzen müssen, unterteilen sich in drei Bereiche:

* Sie müssen sich zunächst einige der zentralen Sūtras ihrer Klostertradition einprägen. Dazu zählt das Śūraṅgama-Sūtra (vietn.: *Kinh Thủ Lăng Nghiêm*), das Amitābha-Sūtra (vietn.: *Kinh A Di Đà Tiểu Bổn*) und das Ullambana-Sūtra (vietn.: *Kinh Vu Lan Bổn*). Das Memorieren dieser Texte gilt als Geistesschulung und Charakterschulung gleichermaßen: „Als Novizenanwärter oder davor schon, muss er schon verschiedene Texte auswendig lernen, als Prüfung und auch als Beweis für seine Hingabe für diesen Job, weil diese Texte sind schwierig auswendig zu lernen, wenn man da nicht wirklich rein steigt, dann kann man das nicht, [ohne] die Zeit und die Energie auf[zu]bringen" (Vietnamesisch-buddhistischer Abt). Wenn man bedenkt, dass bereits das Śūraṅgama-Mantra (vietn.: *Lăng Nghiêm Chú*) innerhalb des vietnamesischen Śūraṅgama-Sūtras Hunderte von aus dem Sanskrit übertragene, nicht verständliche Silben umfasst, deren Rezitation allein gut 25 Minuten in Anspruch nimmt, kann man einschätzen, dass das Memorieren der Texte höchste Anforderungen an die Merkfähigkeit der Novizen stellt.
* Die Novizen müssen sich eingehend mit tradierten Kommentaren zu den Sūtras befassen, die Erläuterungen und Interpretationen der Texte und Textpassagen anbieten.
* Sie müssen sich mit den zehn Ordensverpflichtungen der Novizen und den dazugehörigen 24 Verhaltensbereichen sowie den Erläuterungen auseinandersetzen und versuchen, diese zu habitualisieren, um im Klosteralltag keine Verfehlungen zu begehen. Zu diesen Verhaltensregeln gehört, wie man im Kloster spricht, sitzt oder geht, wie man sich bei Tisch mit den anderen Mönchen zu benehmen hat, wie man seine Toilette verrichtet oder wie man schläft. Auch die 250 Regeln der vollordinierten Mönche bzw. die 348 Regeln der vollordinierten Nonnen bauen auf diesen zehn Ordensregeln der Novizen mit ihren 24 Verhaltensbereichen auf. Es wird aber als abträglich erachtet, diese Regeln öffentlich zu diskutieren oder Außenstehenden zugänglich zu machen. Sie seien für die Praxis, nicht um über sie zu diskutieren, da dies letztlich nur zu Geschwätz führe. Verstöße gegen die Regeln – gleich, ob beabsichtigt oder nicht – führen zu Sanktionen. Es gibt Verfehlungen, die nur getadelt werden, und solche, die die Auferlegung einer Buße nach sich ziehen. Bei bestimmten Verfehlungen ist vorgesehen, dass die betreffenden Ordinierten als Buße für eine Weile ihre Robe ablegen, das Gewand eines Laienbuddhisten tragen und verschiedene körperliche Arbeiten im Kloster zu übernehmen haben. Zumeist aber werden Verwarnungen ausgesprochen, wobei eine dritte Verwarnung gleichbedeutend mit dem Ausschluss aus der Ordensgemeinschaft ist.

Bei dem klösterlichen Lernpensum der Jungnovizen, die noch zur Schule gehen, machen die Ausbildermönche einige Abstriche. Im Zweifelsfall wird den Anforderungen der Schule Priorität zugesprochen, weil man erwartet, dass jeder, der sich in Deutschland ordinieren lässt, über die Hochschulreife verfügt und studieren kann. Dennoch ließe sich erwarten, dass die doppelte Lernbelastung und der ausgeprägte Kontrast zwischen einem streng regulierten Klosterleben und der Sozialisation in der öffentlichen Schule mit ihren spezifischen Leistungsanforderungen und den jugendkulturellen Einflüssen nicht unproblematisch ist. Die Jungnovizen leben diesen Kontrast indes mit einer erstaunlichen Selbstverständlichkeit:

> „Das klappt gut(, Schule und Klosterleben zu verbinden). Es ist ja auch beides gut für mich. Ich sag mal, das ist auch nicht so schlimm. Ich komm auch gut klar. Also, zum Beispiel in den Ferien / Also, wenn wir Schultag haben, dann konzentrieren wir uns mehr auf die Schule. Auch nicht so verstärkt. Doch die Mönche drängen uns auch nicht, was anderes zu unternehmen als Lernen. Und wenn wir Ferien haben oder so, dann können wir in Ruhe zum Beispiel auf Vietnamesisch lernen." (Jungnovize eines vietnamesisch-buddhistischen Klosters)

Buddhistische Novizen, die noch zur Schule gehen, fallen ihren Klassenkameraden zweifelsohne auf: Die jugendlichen Novizen etwa tragen hellgraue Ordenskleidung, scheren sich die Haare bis auf eine Locke oberhalb der Stirn und haben bestimmte Verhaltensweisen (etwa bezüglich der Ernährung) einzuhalten. Generell wird dies im Schulkontext aber als unproblematisch bewertet:

> „Hier in Deutschland haben wir keine Probleme damit. Die [jungen Novizen] sehen zwar ein bisschen fremdartig aus, aber sie haben so viele Fremde hier, dass das nicht mehr so tragisch ist. Und sie benehmen sich auch so natürlich wie möglich in der Schule, dass es nicht so auffällt, auch wenn sie ihre Locken haben und ihre Kleidung haben [...]." (Abt eines vietnamesisch-buddhistischen Klosters)

Die befragten jugendlichen Novizen teilten diese Einschätzung, fügten aber ein nicht uninteressantes Detail hinzu: Die Aufnahme ihres Status als buddhistische Novizen durch die Mitschüler sei eben deshalb „ganz normal", *weil* sie unterschiedlich ist:

> „Manche [meiner Mitschüler] finden es richtig klasse, oder ganz cool. Manche, denen ist das egal. Also, auch den Lehrern. Die haben die Erfahrung gar nicht. Manche Lehrer interessieren sich dafür. Und vielleicht andere finden es ein bisschen komisch. So, aber ich komme eigentlich gut aus. Ganz normal. Ganz geteilt einfach." (Jugendlicher Novize in einem vietnamesisch-buddhistischen Kloster)

Abschluss

In diesem Beitrag wurden einige ausgewählte Aspekte religiöser Sozialisation und Erziehung in vietnamesisch-buddhistischen Familien, in den örtlichen Gemeinden und auf den ersten Stufen der Ordenslaufbahn in den Klöstern dargestellt. In der familialen Sozialisation begegnet man einem breiten Spektrum unterschiedlicher Einflüsse. Einerseits verfügen Familien häufig über einen kleinen Altar oder einer Vitrine mit Buddha-Figuren und häusliche buddhistische Praxisformen ermöglichen sehr frühe religiöse Lernprozesse. Manche Eltern erklären ihren Kindern auch ausdrücklich bestimmte Aspekte des Buddhismus, vor allem, wenn dies zur lebensweltlichen Problembewältigung nützlich erscheint, und hoffen, ihren Kindern buddhistische Tugenden wie die Gewaltfreiheit und gutes Benehmen vermitteln zu können. Andererseits finden sich auch Eltern, bei denen der Buddhismus kaum noch eine Rolle spielt oder die verunsichert sind, ob sie kompetent genug sind, ihren Kindern etwas über den Buddhismus nahezubringen. Buddhistisches im häuslichen Sozialisations- und Erziehungsgeschehen ist zudem oft beiläufig und unterschwellig und vermischt sich mit volksreligiösen-synkretistische und v.a. anzestralen Traditionen. Ein ähnliches Spektrum findet sich auch hinsichtlich der individuellen Orientierung an buddhistische Leittugenden. Man versucht, im Rahmen seiner individuellen Möglichkeiten und seines sozialen Umfeldes, das Leben an buddhistischen Prinzipien oder Idealen auszurichten. Das können die Fünf Regeln der Laienbuddhisten sein, die man versucht einzuhalten und innerhalb derer es zudem Abstufungen gibt, wie streng sie interpretiert werden. Wenn man es nicht schafft, die Fünf Regeln einzuhalten, besteht auch die Möglichkeit, nur eines zu beachten. Die Befolgung der Regeln wirke so, „als ob man sein Hemd, das vom Karma befleckt ist, Tag für Tag wäscht und dieses Hemd langsam immer sauberer wird".[9] Es besteht aber auch die Möglichkeit für Laien, acht Regeln einzuhalten, die „wie Tore, die zur Reinheit führen"[10] wirken und mit denen man sich den zehn Regeln der Novizen nähert. Die 250 bzw. 348 Regeln der vollordinierten Mönche bzw. Nonnen bringen schließlich ein hierarchisches Element in diese Tugenden. Letztendliches Ziel der individuellen Kultivierung buddhistischer Tugenden liegt aber in der Erleuchtung. Die Regeln als ein Beispiel buddhistischer Praxis gelten als „Netz", die das Karma auffangen können. Wer es aber nicht schafft, sie einzuhalten, muss die Verantwortung selber tragen, so wie Menschen nach vietnamesisch-buddhistischer Sicht ohnehin für ihr Tun verantwortlich sind.

Auch wenn vieles in der buddhistischen Sozialisation in den Familien beiläufig abzulaufen scheint und auch von Seiten der Mönche oder Nonnen kaum Druck ausgeübt wird, findet sich eine zunehmende Zahl junger Menschen vietnamesischer Herkunft, die ernsthaft mit dem Gedanken spielen, Mönch oder Nonne zu werden. Damit greifen sie aus eigenem Antrieb eine Tradition ihres Herkunftslandes auf und versuchen, den Pfad der Kultivierung buddhistischer Tugenden, der aus religiöser Sicht zur Erlösung führt, konsequent weiter zu gehen. Dass ein Diskurs innerhalb der normativen Parameter von „Integration" und „Desintegration" diese Lebendigkeit einer buddhistischen Tradition in der Diaspora in Deutschland nicht gerecht wird, liegt auf der Hand.

---

9   Thích Như Điển. 1996, S. 478f.
10 Thích Như Điển. 1996, S. 523.

Literatur

Baumann, M. 2000. *Migration – Religion – Integration. Buddhistische Vietnamesen und hinduistische Tamilen in Deutschland.* Marburg: diagonal-Verlag.

Beuchling, O. [im Erscheinen]. Vietnamese Refugees in Western, Central, and Northern Europe since the 1970s: the examples of France, Great Britain, and Germany, in: K. J. Bade et al. (Hrsg.). *The Encyclopedia of European Migration and Minorities.* Cambridge: Cambridge University Press.

Beuchling, O. 2003. *Vom Bootsflüchtling zum Bundesbürger. Migration, Integration und schulischer Erfolg in einer vietnamesischen Exilgemeinschaft.* Münster: Waxmann.

Beuchling, O. 2005. Der Jade-Kaiser ist im Exil in Deutschland! Aspekte religiöser Sozialisation in der vietnamesisch-buddhistischen Diaspora, in: U. Günther et al. (Hrsg.). *Theologie – Pädagogik – Kontext. Zukunftsperspektiven der Religionspädagogik.* Münster: Waxmann. 255-267.

Beuchling, O. 2008. Zur Bedeutung des Buddhismus für Jugendliche mit Migrationshintergrund, in: W. Weiße (Hrsg.). *Dialogischer Religionsunterricht in Hamburg. Positionen, Analysen und Perspektiven im Kontext Europas.* Münster: Waxmann. 117-124.

Cole, P. M. & Tan, P. Z. 2007. Emotion Socialization from a Cultural Perspective, in: J. E. Grusec & P. D. Hastings (Hrsg.). *Handbook of Socialization. Theory and Research.* New York: The Guilford Press. 516-542.

Feige, A. 2002. Jugend und Religion, in: H.-H. Krüger & C. Grunert (Hrsg.). *Handbuch Kindheits- und Jugendforschung.* Opladen: Leske + Budrich. 805-818.

Low, K. E.Y. 2007. „Olfactive Frames of Remembering: Notes on the Smells of Memories." Department of Sociology Working Paper No. 179. Singapore: National University of Singapore.

Newell, C. 2010. Approaches to the Study of Buddhism, in: B. S. Turner (Hrsg.). *The New Blackwell Companion to the Sociology of Religion,* Chichester: Blackwell. 388-406.

Ream, G. L. & R. C. Savin-Williams. 2006. Religious Development in Adolescence, in: G. R. Adams & M. D. Berzonsky (Hrsg.). *Blackwell Handbook of Adolescence.* Oxford: Blackwell. 51-59.

Rogoff, B. et al. 2007. Children's Development of Cultural Repertoires through Participation in Everyday Routines, in: J. E. Grusec & P. D. Hastings (Hrsg.). *Handbook of Socialization. Theory and Research.* New York: The Guilford Press. 490-515.

Roloff, C. 2002. Vortragsmanuskript: Bhikṣuṇī-Ordination. *Buddhismus in Geschichte und Gegenwart.* Band 8. Universität Hamburg, Asien-Afrika-Institut, Abteilung für Kultur und Geschichte Indiens und Tibets. (Weiterbildendes Studium). URL: http://www.buddhismuskunde.uni-hamburg.de/fileadmin/pdf/digitale_texte/Bd8-K02Roloff.pdf (Aufgerufen am 24.3.2011).

Scherr, A. 2000. Sozialisation, Person, Individuum, in: H. Korte & B. Schäfer (Hrsg.). *Einführung in Hauptbegriffe der Soziologie.* Opladen: Leske + Budrich. 45-64.

Sherkat, D. E. 2003. Religious Socialization. Sources of Influence and Influences of Agency, in: M. Dillon (Hrsg.). *Handbook of the Sociology of Religion.* Cambridge: Cambridge University Press. 151-163.

Thích Như Điển. 1996. *Phật Giáo và con người* (Der Buddhismus und die Menschen). Hannover: Chùa Viên Giác.

Möglichkeiten der Rezeption des Buddhismus im Westen

Wolfram Weiße und Michael Zimmermann

Buddhismus in der Moderne

Perspektiven eines Gespräches mit Michael von Brück, Ulrich Dehn, Eva Maria Koch, Oliver Petersen, Carola Roloff, Perry Schmidt-Leukel und Christof Spitz

Wolfram Weiße: Wir wollen uns im Wesentlichen mit drei Themenkreisen auseinandersetzen. Zum einen mit dem Themenbereich, ob der Buddhismus stärker auf die Seele oder auf den Verstand gerichtet ist und ob er auch eine Psychologie darstellt. Zum zweiten mit der Frage, wie die Bereiche Religion und Spiritualität voneinander abgrenzt werden können. Und zum dritten mit der Frage, welche Rolle der Glaube im Buddhismus spielt. Fangen wir mit dem ersten Themenbereich an und mit der speziellen Frage, welche Rolle der Begriff der Seele im Buddhismus spielt.

Buddhismus: Eher auf die Seele oder eher auf den Verstand gerichtet?

Christof Spitz: Der Begriff der Seele ist ein schwieriger Begriff. Die buddhistische Philosophie oder Sicht geht in gewisser Weise von der Seelenlosigkeit aus, einem Nicht-Selbst. Ist der Buddhismus für die Vernunft oder für die Seele? Vielleicht kann man anstatt Seele im Buddhismus Herz sagen. In diesem Sinne ist er natürlich auf beides ausgerichtet, auf das Herz und den Verstand. Mir fällt dazu spontan eine Aussage des Dalai Lama ein, der häufig sagt, im Grunde geht es im Buddhismus darum, die emotionale Seite zu verändern, in Ihrem Sinne wäre das die seelische Seite. Im Buddhismus geht es um eine Veränderung unseres Bewusstseins. Bewusstsein meint im Buddhismus nicht nur den Verstand, sondern auch das Herz, die Emotionen. Der Buddhismus nimmt an, dass die Vernunft und Philosophie Mittel sind, um die emotionale oder eben die seelische Komponente des Menschen positiv zu beeinflussen. Vielleicht noch ein Beispiel: Mitgefühl ist sicher etwas für unsere Seele, nicht nur für den Verstand. Wir üben uns darin, Mitgefühl zu entwickeln, indem wir uns z.B. vernunftmäßig vor Augen führen, dass der andere ein Mensch ist. Die anderen sind Menschen wie ich, die nach Glück streben, kein Leiden möchten und das gleiche Recht dazu haben wie ich. Die Übung des Gleichsetzens und Austauschens von ich und anderen, eine buddhistische Praxismethode, Mitgefühl zu üben, ist eine sehr vernunftmäßig ausgerichtete Übung. Sie dient dazu, im Herzen etwas zu verändern, nämlich ein Gefühl der engeren Verbundenheit und des Mitgefühls mit den anderen Menschen zu erzeugen. Es gibt viele weitere solcher Beispiele.

Wolfram Weiße: Herzlichen Dank. Und nun Michael von Brück:

Michael von Brück: Ich möchte unterstreichen, dass auch Philosophie – selbst in der westlichen Tradition – etwas außerordentlich Schillerndes ist und in unterschiedlichen Epochen der Geschichte und dann noch einmal in modernen Universitätssystemen verschieden verortet wird. Es liegt also an solchen historischen

Entwicklungen und nicht in der Sache oder gar in der Substanz begründeten Differenzen. Dass dabei in unserem gesamten Kultursystem die patriarchalische Struktur eine Rolle spielt, ist völlig klar. Das betrifft aber nicht nur die Philosophie oder die Religion. Das betrifft Alles: die Kunst, die Wissenschaft, die Art wie wir Familienleben beschreiben.

Die Begriffe Seele und Verstand sind beide vage. Wir haben viele Begriffe dafür etwa im Lateinischen. Sie müssten also z.B. *ratio, intellectus* usw. unterscheiden, und das ist auch in der Geschichte unseres Denkens verschieden bestimmt worden. Psychologie ist noch schwieriger. Das ist, wenn man es wörtlich übersetzt, der *logos*, also die Vernunft von der *psyche*. Die Psyche ist im griechischen Denken nur eine Schicht des seelischen Lebens und irgend so etwas gibt es natürlich auch in der buddhistischen Tradition. Das, was wir unter dem Begriff Psyche zu fassen gewohnt sind, sind einzelne Aspekte einzelner Vermögensbewusstseinszustände, die wir studieren können. Die moderne Psychologie hat mit dem allem nichts zu tun. Denn die moderne Psychologie ist im wesentlichen Verhaltensforschung. Jedenfalls im universitären Bereich. Im therapeutischen Bereich ist es etwas anders.

Wolfram Weiße: Danke für diese Erläuterungen und nun bitte Michael Zimmermann.

Michael Zimmermann: Zunächst zum Thema Seele und Verstand: Lassen Sie mich einfach von Gemüt und Verstand sprechen. Klar, beide Dinge sind genau gleich wichtig. Sie sehen das u.a. im buddhistischen Erlösungsweg, wo es eben nicht nur um die Beseitigung von emotionalen, gemütsmäßigen Störfaktoren geht, sondern auch um die Beseitigung von Unwissen, von Nichtwissen. Und hier hätten Sie eben eher die, wenn Sie so wollen, verstandesmäßige oder intellektuelle Dimension angesprochen. Diese beiden Gruppierungen stehen im buddhistischen Erlösungspfad immer zusammen. Es ist natürlich klar, dass die Beseitigung solcher Störfaktoren im Bereich der emotionalen Störungen nicht rein durch einen intellektuellen Akt passieren kann, sondern dass dies vor allem durch Übung und nur durch beständige Kultivation der gefühlsmäßigen Voraussetzungen passieren muss.

Buddhismus: eine Psychologie?

Michael Zimmermann: Und nun zur Frage, ob Buddhismus auch eine Psychologie ist. Auch hier, wie Sie wissen, gab es bereits in frühbuddhistischen Schulen den Ansatz eines Versuches, die Geisteszustände von Lebewesen zu kategorisieren. Das war enorm wichtig, nämlich im Zusammenhang mit der Karma-Lehre. Denn man wollte sehr früh wissen, was denn nun eigentlich karmisch heilsam ist und was karmisch unheilsam ist. Zum einen für die anstehende nächste Wiedergeburt, aber natürlich auch für die Erlösung überhaupt. Und da war es ganz wichtig, den menschlichen Geist näher zu analysieren und zu fragen, wie bestimmte Gemütsregungen zu bewerten seien: Zorn, Hass, Scham u.a. Sind diese karmisch potent und haben eben positive oder negative Wirkungen, oder sind sie vielleicht karmisch neutral und haben somit keine Wirkung? Das heißt, Sie können bereits im Ausgangspunkt des Buddhismus so etwas wie eine Psychologie des Buddhismus erkennen. Ja man könnte sogar so weit gehen zu sagen, dass der gesamte buddhistische Erlösungsweg von einer psychologischen Analyse des menschlichen Geistes ausgeht. Hinter dem Versuch, diese einzelnen Geistesfaktoren in heilsam und unheilsam zu kategorisieren, steht letztlich diese eine Grundfrage, die für die Wiedergeburt und Erlösung von großer Relevanz ist.

Wolfram Weiße: Danke. Und nun Carola Roloff bitte.

Carola Roloff: Ich denke, es ist schon wichtig zu verstehen, dass der Buddhismus – zumindest wie ich ihn vor allem aus der tibetischen Interpretation kenne – davon ausgeht, dass diese Erlösungslehre zu einem Zustand der Befreiung führt, der Befreiung aus den Leidenschaften, zu der Befreiung von Karma. Was man zu erlangen sucht, ist ein Zustand, der mit einem Begriff verbunden ist, den man heute kaum noch nennen darf, ohne nicht ein mitleidiges Lächeln zu bekommen: Tugend. Es geht um einen Zustand, in dem man alle Fehler aufgegeben hat, und alle Tugenden in sich selbst verwirklicht hat. Was tugendhaft ist, definiert jede Religion für sich. Aber dort werden sie gelehrt. In der Pädagogik spricht man heute eher von Werte-Erziehung. Inwieweit der Buddhismus auch für die Erziehung hier einen Beitrag leisten kann oder schon leistet, dazu werden wir dann noch kommen. Dies ist eine zunehmend wichtige Frage, wenn wir z.B. die wachsende Bereitschaft zur Gewalt heutzutage beobachten. Wie werden religiöse Werte, insoweit sie überhaupt noch vermittelt werden, in der modernen Gesellschaft und Erziehung mitgeteilt? Und können die Religionen da überhaupt helfen? Oder hat die Pädagogik für sich inzwischen einen eigenen Wertekatalog entwickelt, der sich ganz losgelöst von den Religionen bewährt hat? Oder haben die hier kommunizierten Werte historisch doch immer noch einen eher ausschließlich christlich geprägten Hintergrund? Ich habe ehrlich gestanden in diesem Kontext bereits begonnen, an einem Konzept für eine Folgeveranstaltung zu arbeiten, zum Thema Buddhismus als Psychologie. Auch hier gibt es meines Erachtens dringenden Bedarf zum Dialog zwischen Wissenschaft und Religion. Ich denke, dies wäre ein sehr spannendes, wenn auch sehr schwieriges Thema. Ob wir es aufgreifen, hängt auch ein bisschen von Ihnen ab, ob Sie Interesse haben an dieser Form des Dialogs. Für Buddhisten, die eine moderne Erziehung durchlaufen haben, tun sich hier viele Fragen auf. Es gibt die moderne Psychologie, von der wir in unserer Gesellschaft durch die Erziehung geprägt sind, und dann kommt die buddhistische Psychologie hinzu mit den verschiedenen Geistesfaktoren wie Sie bereits angeklungen ist. Praktizierende Buddhisten, die durch ihre Kultur jüdisch-christlich geprägt sind, müssen für sich herausfinden, wie sie diese beiden Welten zusammen bekommen. Da kann es zu so manchem Missverständnis kommen, da gleiche Begriffe verwendet werden, die aber anders definiert sind.

Wolfram Weiße: Vielen Dank! Zum Abschluss dieses ersten Themenbereichs nun noch einmal Michael von Brück.

Michael von Brück: Ich möchte zur Psychologie noch etwas sagen und zur Differenz dessen, was wir als Grundstruktur europäischer psychologischer Tradition und buddhistischer differenzierend darstellen können. Nicht jüdisch-christlich, sondern griechisch. Ausgehend von Aristoteles bis heute sind europäische Psychologien, also Versuche des Verstehens von mentalen Zuständen daran orientiert, Kognition und Emotion oder Erkennen und Fühlen streng auseinander zu halten. In der buddhistischen Psychologie ist das anders. Dort wird die wechselseitige Beeinflussung von Kognitionen und Emotionen von vornherein als formatives Element mentaler Zustände begriffen und entsprechend ausgeführt. Daraus folgt der dritte Satz, nämlich, dass in der modernen und nun eben auch in der Wissenschaft von der modernen Psychologie wie der Hirnforschung usw. bestätigten experimentellen Situation diese enge Verknüpfung offensichtlich da ist und uns von vornherein hilft, ein adäquateres Beschreiben von mentalen Zuständen zu erreichen, wenn wir versuchen, das, was in den mentalen Ketten oder in den Begriffsketten aufgereiht ist, nicht nur als Systematisierung zu begreifen, sondern vielleicht auch als Versuch, mentale Taxonomien aufzustellen. Und genau das wäre jetzt die Aufgabe, die zu leisten ist, d.h. also diese Begriffsketten tatsächlich zu übersetzen in heutige Sprache, die also diese enge Verknüpfung, von der ich sprach, herstellt.

Wolfram Weiße: Ganz herzlichen Dank. Und nun übergebe ich die Moderation an Michael Zimmermann.

Buddhismus: Religiosität und Spiritualität

Michael Zimmermann: Wie gesagt geht es nun um die folgenden beiden Fragen: Können im Buddhismus die Bereiche Religion und Spiritualität voneinander abgegrenzt werden? Und: Welche Rolle spielt der Glaube im Buddhismus? Vielleicht gehen wir zunächst auf die erstgenannte Frage ein.

Michael von Brück: Der Begriff „Spiritualität" unterliegt einem sehr starken Wandel, der mit dem Religionswandel zusammenhängt. Ich definiere Spiritualität ganz nüchtern und knapp: Die kontrollierte Beschäftigung des Bewusstseins mit sich selbst. Das kann sehr unterschiedliche Facetten haben. Spiritualität ist, und das möchte ich betonen, in allen Kulturen im Zusammenhang mit religiöser Praxis und religiösen Vorstellungen entwickelt worden. Ich vermute auch, dass sie aus diesem Kontext nicht zu lösen ist, obwohl dies noch einmal eine Selbstreflexivität der Religionen erfordert. Spiritualität hängt im Wesentlichen damit zusammen, dass ich erkenne, wie mein Bewusstsein funktioniert. Also nicht, dass ich mit meinem Bewusstsein, mit meiner Wahrnehmung, mit meinem Denken, meinem Fühlen und meinen Willensimpulsen Objekte versuche zu beschreiben und zu einem konsistenten System zu entwickeln, sondern ich frage und bekomme heraus, wie funktioniert dieser ganze Apparat. Die Methoden dazu sind die vielfältigen Methoden der Meditation, z.B. analytische, synthetische und auf Achtsamkeit basierende Meditation. Und genau das ist das Interessante: Es gibt wohl keine kulturelle Tradition der Menschheit, die das so differenziert und gleichzeitig über Jahrhunderte hinweg durch empirische Verfahren ausgearbeitet hat wie der Buddhismus mit seinen verschiedenen Strömungen.

Dazu gehört auch das, was als Glauben bezeichnet wird. Im Sanskrit heißt es *śraddhā*, was mit Vertrauen übersetzt werden kann. Dieses spielt im Buddhismus eine ganz entscheidende Rolle. Es wird oft angenommen, der Buddhismus beruht auf Kognition und andere Religionen beruhen auf Glauben. Dies ist ein großer Irrtum, den derjenige sofort begreift, der nicht nur Theorie betreibt, sondern Praxis. Glaube ist ja im Wesentlichen – ich übersetze den deutschen Begriff jetzt mal in die europäische Tradition zurück, ins Griechische, wo er herkommt – *pistis*, Vertrauen. Glaube ist nicht das *sacrificium intellectus* (lat. „Opfer des Verstandes"), also das Annehmen von etwas, was man nicht annehmen kann, also eines unsinnigen Satzes, sondern Glauben ist das Vertrauen in etwas, dem ich mich anvertraue, von dem ich hoffe, dass es mich trägt und verändert. Dieses Vertrauen – es entspricht dem Begriff von der Zuflucht (skt. *śaraṇa*) – brauche ich, um mich mit meiner gesamten Intention, mit meinem gesamten Wesen, mit Körper, Rede und Bewusstsein auf die Sache einzulassen. Denn genauso wie beim Erlernen eines Musikinstrumentes kann ich nicht einfach mal ein bisschen herumspielen. Dann bringe ich es vielleicht mal gerade bis zu „Hänschen klein" oder „Ein Jäger aus Kurpfalz", aber wenn ich wirklich die musikalische Welt ergründen will, muss ich mich ganz darauf einlassen. Das wiederum braucht Vertrauen in den Lehrer oder die Lehrerin. Alles wirkliche Lernen ist nicht einfach ein objektbezogenes Lernen, sondern hängt an der personalen Beziehung. Ich nehme an, dass die Pädagogen das gar nicht anders sehen. Es hängt an der Beziehung zwischen Lehrer und Schüler. Das wissen wir heute auch aus Untersuchungen, und es ist natürlich auch das Erfahrungswissen der Traditionen. Im Zen, dessen Praxis ich selbst lehre, spielt sowohl das Vertrauen als auch der Zweifel eine ganz entscheidende Rolle. Beim Rinzai-Zen, in dessen Schule ich in Japan geschult worden bin, spielen beide die entscheidende Rolle, um die Schüler „auf die Spur" zu bringen und sie auf ihr zu halten. Der Zweifel ist ein ganz wichtiges Element dabei, ist notwendig, und zwar sowohl der kognitiv intellektuelle Zweifel als auch der existentielle Gefühlszweifel, um Anhaftungen, z.B. festgefügte Gewohnheiten, überwinden zu können. Richtig zweifeln, tief zweifeln, radikal zweifeln kann ich aber nur, wenn ich ein noch tieferes Vertrauen habe. Ich nehme an, die Psychoanalytiker werden das in einer ganz ähnlichen Weise sehen. Das jedenfalls ist die Praxis, wie sie im Zen selbstverständlich ist.

Und jetzt möchte ich, weil Sie mir das erlaubt hatten, noch etwas zum Schluss sagen, was jetzt nicht in der Frage lag, mir aber noch sehr am Herzen liegt. Wenn wir einander begegnen, können wir viel Gemeinsames entdecken und voneinander lernen. Begegnung bedeutet aber auch immer nicht nur die Fähigkeit zu, sondern die Praxis der Selbstkritik. Traditionen entwickeln sich nicht weiter, der Mensch entwickelt sich nicht weiter, wenn er nicht auch Konzepte, Ideen und Verhaltensmuster aufgibt, die er dann doch als schwach begründet oder gar schädlich empfindet. Und mir erscheint nun tatsächlich ein solches Element in der Anthropologie zu liegen. Wir haben viel über Gott und Nichtgott geredet – gut. Ein wesentlicher Punkt, in dem sich nach meiner Erfahrung bestimmte Praxen des Buddhismus und bestimmte Praxen und Vorstellungswelten der europäischen christlichen Entwicklungen ausschließen, liegt in der Anthropologie. Ich meine, dass hier die christliche Seite etwas aufzugeben und neu zu lernen hat. Und das hängt mit dem Sündenbewusstsein und dem Sündenbegriff, besonders dem Erbsündenbegriff zusammen. Nun kann man sagen, dass spätestens seit Ende des 19. Jahrhunderts, spätestens seit Sigmund Freud, dieses Bewusstsein in der christlichen Tradition schon ein wenig abgebaut worden ist. Wenn der Mensch ein fest geprägtes und dann noch als sündig bezeichnetes Wesen hat, kann er sich prinzipiell nicht verändern, sondern muss darauf hoffen, dass er verändert wird. Das aber ist der direkte Widerspruch zur buddhistischen Erfahrung und Praxis der Veränderung, die Fähigkeit tatsächlich sich selbst zu verändern, und zwar im kognitiven, im emotionalen wie auch im sozialen Bereich. Wie das geschieht, ist hoch interessant. Es ist ja keine Selbsterlösung oder Selbstveränderung, denn im Buddhismus ist gerade das Selbst aufzugeben, damit die vernetzte Wirklichkeit mit allen Lebewesen erfahren wird.

Die tieferen Erfahrungen in der Meditation gelingen nicht, sondern sie geschehen nur dann, wenn ich Vorstellungen aufgeben kann, wenn ich Begriffe, Gefühle und Erwartungen entleeren kann. Die grundsätzliche Erfahrung ist die der Veränderungsfähigkeit. Selbst wenn wir heute sagen können, dass im Christentum dieses Sündenbewusstsein und das Schlechtreden des Menschen in Mitteleuropa nicht mehr so an der Tagesordnung sind, ist diese Haltung in säkularen Kontexten präsent, z.B. in dem ständigen Verweis auf so genannte Sachzwänge. Das erfinden wir im Politischen, im Ökonomischen, in Bildungs- und in anderen Bereichen. Diese Vorstellung von der Unvermeidlichkeit der Dinge, die so seien wie sie nun gerade sind, widerspricht dem Impuls und der Möglichkeit zur Veränderung, zunächst zur Selbstveränderung und dann auch zur Gesellschaftsveränderung von so genannten Zwängen. Ich glaube, ein ganz wesentliches Element, das der Buddhismus hier beitragen kann, aber natürlich auch selbst zu lernen hat, ist die Überwindung solcher fixierten Vorstellungen. Wir gestalten die Wirklichkeit, die wir selbst sind, und sie gestaltet uns. Wir sind in einem dynamischen Prozess, der in einem großen Strom von Freiheit, in der Freiheit des Bewusstseins seine Wurzel hat. Ich glaube, das ist ein ganz wesentlicher Punkt für die Anthropologie, und hier muss auch gestritten werden.

Glaube im Buddhismus

Michael Zimmermann: Herr von Brück, ich danke Ihnen. Ich leite jetzt über zur Frage: Spielt der Glaube eine Rolle oder hat er eine deutlich niedrigere Stellung als z.B. im Christentum?

Carola Roloff: Ich denke, das ist schon in dem Beitrag von Christof Spitz deutlich angeklungen. Er wies darauf hin, dass wir zwar das Offensichtliche mit direkter Wahrnehmung erkennen können, aber die tiefer gehenden Schichten unserer Existenz und Wirklichkeit sich zunächst unserer unmittelbaren Anschauung entziehen und in diesem Kontext von der Ebene der „verborgenen Erkenntnisgegenstände" gesprochen wird. Diese werden durch begriffliches Denken erkannt. Der tibetische Buddhismus lehrt drei verschiedene Ebenen von Erkenntnisgegenständen, denen drei verschiedene Arten von Bewusstsein zugeordnet sind. Die drei Gegenstände der Erkenntnis sind offensichtliche Phänomene (skt. *abhimukhī*), leicht verborgene Phänomene (skt. **kimcidparokṣa*) und äußerst verborgene Phänomene (skt. *atyarthaparokṣa*). Diese werden von drei Arten von Bewusstsein wahrgenommen: Offensichtliches wie Farben usw. kann durch unmittelbare Wahrnehmung (skt. *pratyakṣajñāna*), ein Sinnesbewusstsein wie z.B. das

Sehbewusstsein erkannt werden. Dagegen können die leicht verborgenen Phänomene nur mit Hilfe einer logischen Beweisführung (skt. *anumāna*) erschlossen werden. Zum Beispiel ist – zumindest nach Ansicht der Gelugpas – die Leerheit (skt. *śunyatā*) ein leicht verborgener Erkenntnisgegenstand, der zunächst auch durch Logik erfasst werden kann. Bei dem Erfassen von äußerst verborgenen Phänomenen sind wir jedoch von der Aussage einer anderen Person abhängig, müssen uns auf unser Vertrauen stützen, und zwar auf das so genannte überzeugte Vertrauen, nach Asaṅga das zweite der drei Arten von Vertrauen. Dies kommt zum Beispiel zum Tragen, wenn es um Karma und seine entsprechenden Wirkungen geht. Ein anderes Beispiel für ein äußerst verborgenes Phänomen ist, dass das Karma ethischen Verhaltens zu einer Wiedergeburt als Mensch führt. Solche Aussagen finden sich in den Reden des Buddha und in späteren indischen Kommentaren. Diesen soll man nicht blind glauben. Vielmehr sollte man überprüfen, ob das, was dort steht, den Sinneswahrnehmungen oder dem logischen Denken widerspricht. Wenn nicht, schaut man, ob die jeweilige Aussage in Widerspruch zu anderen Aussagen an anderer Stelle in den autoritativen Texten steht. Wenn ja, sind weitere logische Analysen nötig. So wächst das Vertrauen, bis man zu der Überzeugung kommt, dass es genau so sein muss, wie der Buddha es gelehrt haben soll. Man kann aber auch zu einem gegenteiligen Schluss kommen, z.B. wenn man auf eine frauenfeindliche Aussage stößt, die im Widerspruch zu anderen Aussagen des Buddha steht. Die Tradition ermutigt durchaus dazu, die Texte miteinander zu vergleichen und zu schauen, ob sie einander widersprechen. Allerdings geht die Tradition wohl auch davon aus, dass vermeintliche Widersprüche in der Regel keine echten Widersprüche sind, sondern es nur eine Frage der Interpretation ist, und sie sich letztlich alle gut miteinander vereinbaren lassen. Wie wir dagegen aus der Textkritik wissen, gibt es doch z.B im Hinblick auf die Frau viele unvereinbare Aussagen. Wie geht man mit solchen Textpassagen um, wenn z.B. respektlos über Frauen gesprochen wird? Wie kann man als Buddhistin trotzdem sein Vertrauen in den Buddhismus aufrechterhalten, wenn man mit solchen Quellen konfrontiert wird, oder Vertrauen entwickeln, sich überhaupt weiter mit dem Buddhismus zu beschäftigen? Ich denke, dass hier der Buddhismus noch viele neue Antworten finden muss und sich weiterentwickeln wird. Auf den Punkt gebracht: Glaube oder Vertrauen gibt es auch im Buddhismus. Sie sind nötig für den geistigen Fortschritt. Vertrauen wirkt läuternd. Buddhismus ist in diesem Sinne also durchaus eine Religion, allerdings ist das Selbstverständnis im Hinblick auf Vertrauen ein anderes. Das ist ein sehr komplexes Thema, das weitergehende Studien erfordert. Auch lässt sich die Frage nicht so einfach für alle Traditionen beantworten. Zum Beispiel trifft das, was ich gerade aus der Sicht des tibetischen Buddhismus erklärt habe, vermutlich nicht auf die Reine-Land-Schule zu, in der das Vertrauen auf Buddha Amitabha einen sehr hohen Stellenwert einnimmt.

Michael Zimmermann: Gibt es weitere Voten zur Frage des Glaubens?

Oliver Petersen: Ja, das Wort „Glaube" ist sehr problematisch. Aber wenn wir stattdessen von „Vertrauen" sprechen, können wir als Buddhisten sicherlich eher etwas dazu sagen. Der Dalai Lama meint, dass der Buddhismus von seinem Schwergewicht her weniger ein Glaube ist und es dort mehr auf Selbstverantwortung ankommt als in theistischen Religionen. Was aber nicht heißt, dass es im Buddhismus keinen Glauben gibt. Vertrauen ist auf jeden Fall vorhanden. Der tibetische Meister Tsongkhapa (1357–1419) sagt sogar, dass Vertrauen die Grundlage aller Vortrefflichkeit ist. Das würde man dem Buddhismus gar nicht zutrauen, nicht wahr? Eine Art des Vertrauens wird so definiert, dass man um bestimmte Qualitäten anstreben und erlangen zu können, zunächst einmal erkennen bzw. anerkennen muss, dass sie tatsächlich existieren. Ich meine damit die dritte Art des Vertrauens, die im Buddhismus aufbauend auf das läuternde und überzeugte Vertrauen erklärt wird, nämlich das anstrebende Vertrauen. Diese Art des Vertrauens sieht nicht nur die Vorzüge in dem Objekt des Vertrauens, sondern ist darüber hinaus mit dem starken Wunsch verbunden, selbst diese Vorzüge zu erreichen. Aus diesem Grund spricht man von anstrebendem Vertrauen. Die Gelugpa-Tradition des Buddhismus lehrt, dass man zwar skeptisch sein darf und es sogar sein sollte, um Fortschritte auf dem Pfad zu machen. Aber andererseits, wenn man wirklich an nichts, an keine Person, keine Inhalte, was auch immer glauben kann, wie soll man sich dann überhaupt weiterentwickeln? Ist dann der Weg nicht abgeschnitten? An solch einer Art Vertrauen kann man arbeiten, damit es anwächst. Dazu werden sogar Argumente gebildet. Anfangs ist es wahrscheinlich noch eine Art Willensakt. Es ist einem frei überlassen zu meinen, dass es keine Vorzüge gibt und alles in der Welt schlecht ist, aber was hätte man davon? Ist es nicht besser, sich zu öffnen, Vertrauen zu haben? Ähnlich wie man sich der Sonne öffnet, um etwas Farbe zu bekommen? Wenn das nicht geht, wird es meiner Meinung nach schwer, sich im Geist weiter zu entwickeln.

Perry Schmidt-Leukel: Es scheint mir wichtig, darauf hinzuweisen, dass auch im Christentum das, was als Glaube bezeichnet wird, traditionell kein Glaube im Sinne des Glaubens an abstruse Lehren ist. Die ursprüngliche Bedeutung des griechischen Wortes *pistis* ist auch: Vertrauen, Treue, sich anvertrauen. Das ist auch im Christentum die Grundbedeutung. Dass Glaube im Sinne des Für-wahr-Haltens von irgendwas oder gar des Für-wahr-Haltens unvernünftiger Aussagen verstanden wird, ist eigentlich eine späte, neuzeitliche Entwicklung, die aus der nichtreligiösen Ecke kommt und polemischen Charakter trägt. Von daher sollten wir vorsichtig sein, wenn wir die Stellung von Glaube und Vertrauen in Christentum und Buddhismus vergleichen. Wir sollten aufpassen, dass wir nicht polemischen Strategien aufsitzen. Auch möchte ich noch einmal darauf hinweisen, dass natürlich der tibetische Buddhismus nicht die einzige Form von Buddhismus ist. Zwar hat Vertrauen in allen Formen des Buddhismus einen Stellenwert, aber gleichwohl einen unterschiedlich starken Stellenwert. Es gibt Traditionen des Buddhismus wie etwa der Reines-Land-Buddhismus, der eine sehr lange und alte Tradition ist. In Indien beginnend, ist er in China stark geworden und ebenfalls in Japan sehr stark vertreten, viel stärker als der Zen-Buddhismus. Dort ist Vertrauen sozusagen die primäre Haltung. Es ist die primäre Grundform von Erkennen, weil dort, gerade als Konsequenz aus der Nicht-Ich-Lehre, die Einsicht ausschlaggebend ist, dass die Grundübel wie Gier, Hass und Verblendung immer aus dem Ich-Gedanken kommen, mit dem Ich-Gedanken zusammenhängen. Deswegen kann das Ich sich nicht selber davon befreien. Die Befreiung kann nur durch die Durchbrechung der Ich-Zentriertheit kommen. Dies geschieht im Akt des Vertrauens. Insofern ist Vertrauen im Reines-Land-Buddhismus der Kern der Erleuchtung.

Vertrauen aus buddhistischer Sicht

Christof Spitz: Es ist nicht mehr viel hinzuzufügen. Es gibt Vertrauen auf sehr verschiedenen Ebenen und vor allen Dingen in verschiedenen Kontexten. Mir fällt dabei spontan Paul Tillich ein. Sein Werk *Der Mut zum Sein* hat mich nachhaltig geprägt. Das Sein beinhaltet, wie er es ausdrückt, auch immer das Nichtsein. Das bedeutet, unser Sein, unser Leben, hat immer auch die Komponente der Veränderung, des Scheiterns oder der moralischen Verfehlung. Radikal drückt sich das für mich im Buddhismus in der Lehre von der Leerheit aus. Das Sein ist kein letztlich aus sich bestehendes, greifbares Objekt oder Absolutes, das sich uns quasi von sich her aufdrängen könnte. Insofern ist es immer unsere letztliche Freiheit, uns zu entscheiden, z.B. für etwas wie eine religiöse Praxis. Auch haben wir die Freiheit, uns selbst zu bejahen, wie Paul Tillich es nennt, unser Leben, unser Sein anzunehmen, zu akzeptieren und in eine bestimmte Richtung zu lenken. Existenzialisten wie Sartre sprechen von der totalen Freiheit des Menschen. Wir sind „verdammt zur Freiheit", meint Sartre, d.h., wenn wir es ernst meinen, stehen wir stets an einem Punkt, an dem wir uns individuell entscheiden müssen. In jedem Akt der Wahrnehmung, in jedem Akt meines Erfassens, Erkennens der Welt, treffe ich im Grunde eine Entscheidung. Ein kleines Beispiel aus der buddhistischen Tradition: Es gab in unserer Tradition einen Lehrer in Tibet, der nach der Invasion durch China in den 1950er Jahren im Gefängnis, einem Arbeitslager einsaß. Von dort hat er einen Brief an seine Schüler geschrieben. Darin heißt es sinngemäß: „Die Menschen sagen, das ist ein Gefängnis. Für mich aber ist es eine Einsiedelei. Dies ist der Ort, an dem ich Dharma praktizieren kann. Ganz gleich, wie die Situation von jemand anderem gesehen wird. Ich bin der chinesischen Partei dankbar, dass sie mir die Möglichkeit gegeben hat, hier Religion in einer ganz anderen Form zu praktizieren."

Letztlich ist es doch sein eigenes Vertrauen in sein Urteil, in seine Wahrnehmung, diese Situation so wahrzunehmen, sich dem Dharma anzuvertrauen, dem Buddha, dieser Lehre, und zu sagen: Ich folge hier einer bestimmten Sichtweise der Geistesschulung, mich selber nicht in dieser Situation als Opfer zu fühlen, sondern mich in dieser Situation als jemand zu fühlen, der geistig daran wachsen kann. Meines Erachtens bietet nicht nur der Buddhismus, sondern jede religiöse Tradition oder spirituelle Übung diese Möglichkeit, selbst eine innere Entscheidung zu treffen, mich einzulassen, etwas anzunehmen oder auch immer wieder zu hinterfragen. Der Zweifel spielt dabei eine wichtige Rolle. In einer ernsthaften, spirituellen Übung wird er sich sowieso einstellen, ob man will oder nicht. Und stets habe ich die Möglichkeit, trotz des Zweifels, trotz der Unsicherheiten, oder vielleicht gerade dadurch, mich für eine bestimmte geistige Haltung zu entscheiden, für einen bestimmten Weg, dem ich folgen möchte, für das Mitgefühl und nicht für den Hass. Ähnlich wie wir die Freiheit haben, an diesem Dialog teilzunehmen, können wir uns innerlich, im inneren Dialog mit uns selbst, entscheiden, welche eigene innere Haltung wir einnehmen wollen. Wir können uns überlegen, wozu wir Vertrauen haben und uns sagen: „Ja, das ist für mich der Weg. Ich möchte nicht den Weg der Ausgrenzung gehen, sondern den Weg des Dialogs und des Gemeinsamen." Letztlich ist es, basierend auf vielen Erwägungen und

Argumentationen, eine Frage der eigenen inneren Entscheidung und des Vertrauens, ob dies der richtige Weg für mich ist.

Eigene Formen des Buddhismus im Westen?

Michael Zimmermann: Vielen Dank. Ich denke, wir können die Frage des Glaubens oder besser gesagt des Vertrauens nun hinter uns lassen und wenden uns der Frage zu: Inwiefern können den westlichen Buddhismus Praktizierende diese Religion, nämlich den Buddhismus, so wie er hier in den Westen kommt, auf der Grundlage ihrer eigenen Kultur formen?

Das ist die entscheidende Frage nach einer vielleicht eigenen Form des Buddhismus, wie er sich hier im Westen entwickelt. Es ist die Frage nach der Anpassungsfähigkeit, aber auch den Anpassungsnotwendigkeiten. Also Fragen, wie sie immer öfter diskutiert werden, z.B. die Frage, wie es um das Verhältnis von Laien zu Ordinierten und ähnliche Punkte hier im Westen bei der Adaption des Buddhismus bestellt ist.

Ulrich Dehn: Auf die Frage könnte man eine ganze Reihe von Antworten geben. Zunächst formuliere ich einen Eindruck, den ich vom langjährigen Leben in Japan und dem Buddhismus dort gewonnen habe. Ich möchte das, was in Japan an Buddhismus vorhanden ist mit dem, was ich in Deutschland an buddhistischem Leben beobachtet habe, vergleichen. Es gibt im Westen – auch unter westlichen Buddhisten – eine weit verbreitete Meinung, dass der Buddhismus im Westen wieder zu seiner Eigentlichkeit gekommen ist, während er in Asien zu weiten Teilen ritualisiert und quasi einer Verfallserscheinung unterworfen ist. Der japanische Buddhismus wird oft etwas ironisch als Beerdigungsbuddhismus bezeichnet, d.h., dass viele Tempel in Japan eigentlich nur noch davon leben, dass sie gebührenpflichtige Beerdigungsriten anbieten und davon quasi auch ihr Personal, ihren Lebensunterhalt bestreiten. Man hört, das sei im Westen anders. Im Westen werde, so wird z.B. von einigen amerikanischen Buddhisten behauptet, wirklich noch buddhistische Praxis in ihrer Eigentlichkeit betrieben. Buddhistische Praxis meint dann in der Regel Meditation. Es ist immer so, dass Religionen, wenn sie sich gerade im Zuge der Immigration und der Globalisierung in alle Länder der Welt verbreiten, überall auf irgendeine Weise heimisch werden müssen. Den gleichen Prozess hat das Christentum erlebt, als es in den letzten Jahrhunderten in anderen Ländern, im außereuropäischen Raum heimisch wurde. Zum Teil auch jetzt noch einmal, in den letzten Jahrzehnten. Das ist ein Prozess, der immer und überall von neuem stattfindet und der sich auch für den Buddhismus schon sehr früh hat abspielen müssen.

Der Buddhismus in Deutschland ist kein Phänomen der letzten Jahrzehnte, sondern ein Jahrhunderte altes Phänomen. In den USA ist es nicht sehr viel anders. Die Verbreitung des Buddhismus ist seit der zweiten Hälfte des 19. Jahrhunderts sehr stark intensiviert worden. Aber die Einheimischwerdung des Buddhismus im Westen hat dafür gesorgt, dass es einen spezifischen westlichen Buddhismus gibt, der sich sehr deutlich vom asiatischen Buddhismus – sei es der südasiatische Theravāda-Buddhismus oder der ostasiatischen Mahāyāna-

Buddhismus – unterscheidet. Und zwar durch eine deutlichere Betonung des Studiums der Schriften. Das war eine ganz wichtige Aktivität früher deutscher und auch anderer westlicher Buddhisten. In den letzten 50-60 Jahren gibt es eine ganz starke Betonung von meditativer Praxis. Und ich denke, diese Form des Buddhismus, die deutlich anders ist als das, was wir heute in vielen asiatischen Ländern vorfinden, ist eine spezifisch schöne und gut nachvollziehbare Form des Buddhismus, die gerade unter diesem Aspekt sehr viel Zulauf gefunden hat. Ich pflege deshalb religiöse Formen, wenn sie noch einmal neu eingepflanzt werden in einer bestimmten Kultur, die möglicherweise ihnen vorher fremd gewesen ist, auch als neue religiöse Bewegung zu bezeichnen. Genauso wie das Christentum, als es etwa in den letzten Jahrzehnten des 19. Jahrhunderts als protestantisches Christentum in Japan oder in anderen asiatischen Ländern noch einmal heimisch wurde, sich dort auch als neue religiöse Bewegung etabliert hat. Das ist ein Vorgang, den man, glaube ich, religionswissenschaftlich guten Gewissens so bezeichnen kann.

Michael Zimmermann: Vielen Dank. Nun Frau Koch.

Eva-Maria Koch: Ich glaube diese Frage hängt auch damit zusammen, dass bei uns Buddhisten häufig konvertierte Christen sind. Wenn ich jetzt von der christlichen Religion fürchterlich enttäuscht bin, sei es von der Theorie, sei es aber auch, dass ich mit Vertretern der christlichen Religion menschlich schlechte Erfahrungen gemacht habe, greife ich gern gierig nach einer anderen Religion. Dann werden sich die Wege teilen. Entweder ich greife danach in einem folkloristischen Sinne, indem ich die Riten und Rituale übernehme oder indem ich denke, da ist alles besser, und den Buddhismus idealisiere. Ich habe immer wieder erlebt, dass Menschen irgendwann an einen Punkt kommen, wo sie unglaublich enttäuscht sind. Entweder dadurch, dass sie merken, dass es in der Religion, zu der sie übergetreten sind, auch Probleme gibt, oder weil sie merken: Aha, da muss ich mich ja auch wieder verändern. Da kommen dann plötzlich – sozusagen durch die Hintertür – Themen wie die Hölle herein. So führt m.E. der Weg des Konvertierens früher oder später zu einer gewissen Ernüchterung. Und ich glaube, dieser Ernüchterung kann man nur dann begegnen, wenn man es nicht zulässt, dass die innere Spannung zwischen dem eigenen Kulturkreis – einschließlich der Wissenschaft – und der religiösen Sicht zu groß wird. Ich denke dabei auch an Phänomene wie sie jetzt in Amerika auftreten. Dort habe ich einmal erlebt, dass eine fundamentalistische christliche Predigt gehalten wurde, bei der auf Darwin gewettert wurde. Ich denke, man muss unbedingt die eigene Tradition mit dieser neuen religiösen Anschauung in eine Verbindung bringen, weil man sonst innerlich in gewisser Weise zerfällt. Aber ich glaube auch, dass man sehr aufpassen muss, dass man das nicht vorschnell tut und sich nicht gleich alles schönredet. Vielmehr ist es ein langer Prozess, an dem man arbeitet, mit sich und mit anderen und vor allen Dingen im Austausch und im Dialog. Ich habe einmal einen buddhistischen Lehrer gehört, der es ganz pfiffig formuliert hat. Er sagte: Ja, die Leute im Westen, die sind alle sehr schnell. Die Autos sind schnell und die Wissenschaft usw., das geht rasant ab wie eine Rakete. Also ich denke mal, die Westler werden ihre eigene Form des Buddhismus vielleicht in 400 Jahren gefunden haben. Und das auf dem Hintergrund, dass der Buddhismus sich ja auch in der

Tradition, ausgehend von Indien in die anderen Länder verbreitet und dort jeweils mit anderen Traditionen verbunden hat.

Buddhismus und Religionsunterricht

Michael Zimmermann: Danke schön. Jetzt eine Frage direkt an Herrn Prof. Weiße. Was leistet denn der Hamburger Weg des „Religionsunterricht für Alle" anderes als eine Religionskunde im herkömmlichen Sinne und wo liegen die Vorteile eines nicht konfessionsgebundenen Religionsunterrichtes im Vergleich zu einem konfessionsgebundenen Religionsunterricht?

Wolfram Weiße: Wir machen keine Religionskunde so wie z.B. bei dem Modell Lebensgestaltung/Ethik/Religionskunde (LER), weil wir sagen, Religion ist nicht interessant, wenn man sie so wie die Nebenflüsse des Amazonas auswendig lernt. Das macht man selbst im Erdkundeunterricht auch nicht mehr, sondern geht heutzutage auf interessantere Themen zu. Deswegen halten wir einen ausschließlich religionskundlichen Ansatz für wenig geeignet, um Schülerinnen und Schüler für die großen Fragen der Religionen zu interessieren. Über Religionen muss in der Schule auch gelernt werden – womit auch religionswissenschaftliche Elemente verbunden sind –, aber der Hamburger Ansatz eines Religionsunterrichts für alle geht noch einen Schritt weiter. Wir möchten, dass über den Wissenserwerb auch die eigenen Ansichten, die eigenen religiösen Positionen geäußert und entwickelt werden können. Dies wird – und daher rührt der Name – in einem „Religionsunterricht für alle" möglich, in dem Schülerinnen und Schüler mit unterschiedlichen religiösen Vorstellungen und Zugehörigkeiten sowie auch ohne religiöse Bindungen lernen und sich austauschen. Der im Klassenzimmer mögliche Dialog bezieht damit zusätzlich zu Texten auch die religiösen und weltanschaulichen Positionen der Lernenden mit ein. Dies wird als interessant empfunden und es dient einem interreligiösen Dialog im Klassenzimmer, der Verstehen, Verständnis und Toleranz einübt. Solch ein Unterricht ist also nicht konfessionell getrennt und ist u.E. die geeignete Form für die Beschäftigung mit großen Religionen – auch mit dem Buddhismus – im Bereich Schule. Die Aufgaben, in das religiöse Leben mit Riten so einzuführen, dass Glauben eingeübt werden kann, sind u.E. besser in der Familie und in den heiligen Stätten der Religionsgemeinschaften aufgehoben. Die Schule soll und muss ja nicht alles machen, zumal wenn Familie und Religionsgemeinschaft die geeigneteren Orte für die Einübung in den Glauben darstellen. Aber der Religionsunterricht in der Schule kann unterschiedliche Religionen und unterschiedliche Positionen auf dem religiösen Feld so bearbeiten, dass man Gemeinsames erkennt und gleichzeitig Respekt vor den Unterschieden in den Religionen und den unterschiedlichen Auffassungen von Menschen mit verschiedenem religiösem Hintergrund entwickelt. Nur die Kunde in abständiger Form über Religionen zu betreiben ist kein gangbarer Weg, weil er nur einen Ausschnitt aus den Religionen wiedergibt. Oft werden dabei auch die wichtigen Unterschiede innerhalb von Religionen vernachlässigt und gerade die sollten im Religionsunterricht auch angesprochen werden. Kurz: Wir haben in Hamburg einen Religionsunterricht und wollen diesen auch, der dialogorientiert ist und ein

Einübungsfeld in interreligiöse Toleranz und ein Lernen der Vielfältigkeit und der Lebendigkeit von Religionen darstellt.

Ist Religion ohne Philosophie möglich?

Michael Zimmermann: Danke schön. Die letzte Frage führt wieder zurück zur ersten Sitzung des heutigen Tages: Kann eine funktionierende Religion ohne Philosophie auskommen?

Oder muss sie selber eine Erklärung der Welt bzw. eine Antwort auf alle Fragen enthalten, speziell auch auf die heutige Zeit hier in Europa bezogen?

Carola Roloff: Ich möchte gerne zwei Sätze von Herrn Prof. Schmidt-Leukel aufgreifen. Zum ersten betont er, dass die persönliche Religion immer Patchwork-Religion ist und niemand wirklich eine gesamte religiöse Tradition verinnerlicht oder repräsentiert. Es gibt durchaus Menschen, auch im Buddhismus, die einfach nur Vertrauen in die eigene Religion oder in die Drei Juwelen haben. Vielleicht haben sie sogar nie eine Möglichkeit bekommen haben, Philosophie zu studieren. Trotzdem nehmen sie von ganzem Herzen Zuflucht, haben eine tiefe innere religiöse Bindung und leben diese auch. Und offensichtlich können sie Religion weitestgehend ohne Philosophie leben. Also: Auf individueller Ebene kann Religion ohne Philosophie auskommen, zumindest im Einzelfall. Das setzt jedoch voraus, dass die betreffende Person großes Vertrauen hat. Je mehr man studiert hat, desto mehr neigt man vielleicht dazu, die Dinge zu hinterfragen. Ich denke, dass der tibetische Buddhismus im Westen so gut ankommt, weil er Antworten auf so viele Fragen hat. Und der Zen-Buddhismus und der tantrische Buddhismus sind vielleicht gerade deshalb so reizvoll, weil sie über das Konzeptuelle hinausgehen, deutlich machen, dass Konzepte ihre Grenzen haben und letztlich für die Befreiung aufzugeben sind. Die Frage ist nur, wann dafür der rechte Zeitpunkt ist.

Hinzu kommt aber noch eine andere Ebene, die ich sehr wichtig finde: Wie gehen wir konkret damit um, dass sich unter den heutigen veränderten Gesellschaftsstrukturen die Religionen, auch im täglichen Leben immer mehr miteinander vermischen? Wie gehen wir theologisch – und ich schließe hier buddhistisch-theologisch bzw. „buddhologisch" ausdrücklich mit ein – mit diesem Phänomen um?

Perry Schmidt-Leukel fragt zudem, ob Integration theologisch gesehen so weit gehen darf, dass nicht mehr eindeutig zu entscheiden ist, aus welcher Quelle sich die religiöse Identität primär speist. Leider habe ich da für mich noch keine endgültige Antwort gefunden. Als Nonne, nicht als Wissenschaftlerin, sehe ich mich da einem Problem gegenübergestellt: die verschiedenen Religionen unterscheiden sich in ihren kanonischen Texten. Ich trage nicht nur als Philologin mit Verantwortung dafür, diese alten Texte zu bewahren, sondern habe darüber hinaus als buddhistische Nonne die Aufgabe, dazu beizutragen, eine religiöse Tradition lebendig zu halten. Z.B. wurde uns nach unserer Ordination in Taiwan 1985 gesagt, dass wir ab jetzt, für unsere Generation, die Aufgabe haben, den Dharma möglichst komplett zu erhalten und ihn an zukünftige Generationen weiterzugeben. Wenn sich alle für ihre Praxis nur das Wenige herausnehmen würden, was sie für das eigene tägliche Leben brauchen und auch nur das weitergeben, stellt sich mir die Frage, was dann wohl nach einigen Generationen noch übrig wäre. Wie wird Religion dann noch weiter tradiert? Anders ausgedrückt: Ich frage mich, wenn wir bereits jetzt wissen, welche Entwicklung unsere Gesellschaft nehmen wird, nämlich dass die Vermischung der Religionen immer weiter zunehmen wird und dieser Prozess sich nicht mehr aufhalten lässt, heißt das dann auch, dass es die Weltreligionen schon bald gar nicht mehr geben wird? Der Buddhismus ist bekanntlich eine Lehre von Ursache und Wirkung. Deshalb sollte man vielleicht besser möglichst früh darüber nachdenken, welche Wirkungen die Ursachen, die jetzt gesetzt werden, langfristig haben. Was kommt dabei heraus, und wollen wir das? In gewisser Weise lassen sich Prozesse ja durchaus in gewissem Maße sinnvoll steuern. Ich denke, wir sollten uns daher besser vorher Gedanken machen, und die Dinge nicht einfach nur geschehen lassen.

Michael Zimmermann: Vielen Dank. Ich würde vorschlagen, dass Sie zum Schluss die Fragen aufgreifen, die Ihnen besonders wichtig sind.

Ulrich Dehn: Ich denke, dass es sicherlich nicht eine Trennbarkeit zwischen Religion und Religionsphilosophie gibt. Wenn wir z.B. die christliche Theologie bzw. das Christentum nehmen und die Heiligen Schriften ansehen, so sind dies keine Dinge, die man streng von der Philosophie scheiden kann. Auch die Theologie des Paulus ist in enger Auseinandersetzung und in Begegnung mit der Philosophie entstanden. Ebenso deutlich verhält es sich mit dem Johannes-Evangelium. Dieses ist ein ganz stark philosophisch geprägtes Evangelium. Das Christentum wie auch andere Religionen haben immer im Zusammenhang und in der Auseinandersetzung mit der Sozial- und der Geistesgeschichte gestanden; d.h. die Entwicklung einer Religion ist immer schon – und das besonders stark im Buddhismus – eine philosophisch geprägte und in der Philosophiegeschichte stehende und damit in Auseinandersetzung mit der Geschichte stehend, gewesen. So hat es eigentlich nie eine Phase religiöser Entwicklung gegeben, in der die philosophischen Bestandteile quasi etwas Separates gewesen wären. Diese beiden Bereiche sind nicht trennbar. Das eine kann ohne das andere nicht existieren. Philosophie geht eventuell ohne Religion, aber auf jeden Fall Religion nicht ohne Philosophie.

Oliver Petersen: Ich sehe die große Gefahr, dass wir Buddhisten meinen, wir könnten alles beantworten. Ich erinnere mich, dass ich einmal für Geshe Thubten Ngawang einen Vortrag im Göttinger Rathaus übersetzt habe. Danach kamen einige junge Leute auf uns zu. Sie fragten etwas, wir gaben eine Antwort usw. Da sagten sie: Ihr könnt aber auch alles beantworten. Das klang eher entmutigt und irgendwie auch ein bisschen aggressiv. Wenn jemand meint, er kann alles beantworten, hat er immer schon Unrecht. Der Buddhismus hat von manchen Sachen keine Ahnung. Er hat sich hauptsächlich auf einen Aspekt des Lebens beschränkt, und das ist die Geistesschulung. Davon können wir hier im Westen sicher ganz viel lernen. Vom Gehirn wussten die Buddhisten früher gar nichts. Es ist also klar, dass wir nicht alles wissen. Konvertiten nehmen manchmal eine übertrieben selbstbewusste Haltung an und denken: „Jetzt können wir den anderen zeigen, worum es wirklich geht." Zumindest war es bei mir so, als ich mit dem Buddhismus angefangen habe. Ich weiß also, wovon ich rede. Aber wenn man Andere trifft und mit der Zeit auch andere Perspektiven kennenlernt, merkt man, dass ihre Sicht auch Sinn macht und es in der eigenen, neu angenommenen Tradition Probleme gibt, wie sie vorhin Eva-Maria Koch beschrieb. Rein erkenntnistheoretisch ist es völliger Unsinn zu glauben, man könnte alles wissen. Darauf kommt es auch nicht an.

Es gibt Religionen ohne Philosophie. Es gibt sehr einfache Menschen, die offenbar sehr religiös und fromm sind. Es gibt aus buddhistischer Sicht verschiedene Ebenen der Praxis. Der Dalai Lama sagt, immer wenn man sich entscheiden soll zwischen Kopf und Herz, soll man sich fürs Herz entscheiden. Das ist wichtiger. Wenn die Philosophie so verquer ist, dass man meint, man könne Anderen schaden, dann sollte man sich lieber um sein Herz kümmern. Aber wenn man auch einen guten Kopf bzw. einen klaren Verstand hat, nützt es, diesen auch einzusetzen. Wenn beides zusammenkommt, entspricht dies dem Ideal des Buddhismus. Und nach Gelugpa-Auslegung ist so etwas wie Nirvāṇa, zumindest auf viele Leben betrachtet, wohl ganz ohne Philosophie nicht zu haben. Das ist die Tradition, aber immer auf der Grundlage eines guten Herzens. Also man muss sich erfreulicher Weise nicht entscheiden, sondern beides ist möglich. Aber man sollte Leuten, die nicht sehr philosophisch gesinnt sind, keinesfalls absprechen, dass sie gute religiöse Menschen sind. In Tibet gab es viele Analphabeten und viele waren äußerst fromm. Das sieht man sogar noch heute, wenn man ihnen direkt begegnet. Früher war das sicherlich auch so. Es ist ein Vorurteil mancher westlicher Menschen, dass alle Buddhisten gebildet sind. Das ist nicht zwangsläufig der Fall. Also: Auch ich kann mir Religion ohne besondere Philosophie vorstellen, halte es allerdings gerade in unserer Situation für wichtig, auch den Verstand zu gebrauchen, weil wir sonst fundamentalistische Probleme bekommen und dies wiederum zu Auseinandersetzungen zwischen den Religionen führen könnte. Aus meiner Sicht kommt Toleranz über den Kopf, nicht aus dem Bauch. Ich glaube nicht, dass unser Gefühl, gerade wenn jemand anders aussieht als wir, sofort sagt: das ist toll, was der Andere macht. Der Schluss, dass der Andere vielleicht auch Recht hat, muss über den Verstand kommen. In unserer Situation hier im Westen ist es meines Erachtens doch sehr wichtig, auch rational an Religion heranzugehen.

Michael Zimmermann: Perry Schmidt-Leukel, ein kurzes Abschluss-Statement?

Buddhismus und der interreligiöse Dialog

Perry Schmidt-Leukel: Mich hat es sehr beeindruckt, was ich hier heute über das interreligiöse Leben in Hamburg gehört habe. Es war mir nicht bewusst, dass es das in diesem Umfang gibt. Insbesondere fand ich beeindruckend, dass Freundschaften wachsen. Ich habe neun Jahre lang an der Universität Glasgow gelehrt und dort gelebt. Die interreligiösen Beziehungen waren dort so fortgeschritten, dass sich ein Freundeskreis der „religious leaders" entwickelt hatte. Da ist beispielsweise der Leiter des Hindu-Tempels mit dem Erzbischof von Glasgow und den Buddhisten am Wochenende Bergsteigen gegangen. Bergsteigen ist natürlich schwierig hier in Hamburg. Aber wenn sich solche Freundschaften entwickeln, so ist das Gold wert. Das ist fantastisch. Meine Frage zu dem Hamburger Modell des Religionsunterrichtes ist: Es müsste dann auch zu einer entsprechenden Ausbildung der Religionslehrer kommen. Es würde nicht zu dem Modell passen, wenn diese weiter nach wie vor primär oder gar alleine in christlicher Theologie ausgebildet werden. Da muss sich dann Entscheidendes ändern.

Wolfram Weiße: Ich will nur eine kleine Anmerkung zur Frage der Religionslehrerausbildung formulieren. Die Akademie der Weltreligionen soll auch zu einer Pluralisierung der Ausbildung bei Religionslehrern und Religionslehrerinnen beitragen. Die akademischen Ressourcen an der Akademie der Weltreligionen sollen über das Christentum hinaus erweitert werden auf die Theologien der großen Religionen Judentum, Islam, Buddhismus, Hinduismus und Alevitentum. Wir haben mit dem Aufbau dieser Ressourcen begonnen und werden dabei auch dem Buddhismus eine große Aufmerksamkeit schenken. Vor diesem Hintergrund kann die Ausbildung von Religionslehrerinnen und Religionslehrern der Pluralisierung der Religionen und dem Dialogansatz des Hamburger Religionsunterrichts für alle entsprechen.

Michael Zimmermann: Danke schön. Und nun Frau Koch bitte.

Eva-Maria Koch: Ich hatte ja am Anfang darauf hingewiesen, dass ich durch einen Nennonkel sehr frühzeitig mit buddhistischem Gedankengut in Berührung gekommen bin. Ich habe dann versucht, in der Literatur nachzulesen, auch in der wissenschaftlichen Literatur, und gefunden, dass der Buddhismus immer sehr phänomenologisch abgehandelt wurde. Das war schon ein Fortschritt gegenüber den missionarischen Versuchen, sich dem Buddhismus zu nähern. Doch beides war für mich unbefriedigend und auch unglücklich machend. Umgekehrt ist jetzt meine Freude wirklich sehr groß, dass versucht wird, von innen heraus und im Dialog und mittels Verständnis und Einfühlungsvermögen einen echten Dialog zustande zu bringen. Das macht mich richtig glücklich.

Michael Zimmermann: Vielen Dank. Nun zum Abschluss Christof Spitz.

Christof Spitz: Ich wünsche uns allen, dass wir mit Herz und Verstand noch einmal die Dinge, die wir heute gehört haben, Revue passieren lassen und uns fragen, was das Gesagte für uns bedeutet, für uns selbst und vielleicht auch für unsere Spiritualität, Religiosität, im Umgang mit anderen Menschen und im Umgang mit anderen Religionen oder Weltanschauungen. Wir haben viele Anregungen bekommen. Ich bedanke mich auch bei allen Beteiligten, bei allen, die an diesem Symposium teilgenommen und diese vielen Beiträge über so lange Zeit so aufmerksam verfolgt haben. Das ist durchaus nicht so einfach. Ich finde, dass dieses Symposium ein sehr schönes Ereignis war. Ich finde, dass es eine so wunderbare Entwicklung hier in Hamburg gibt, dass ich mir wünsche und sehr zuversichtlich bin, dass diese Entwicklung so weiter wachsen und blühen wird.

Wolfram Weiße und Michael Zimmermann: Wir sagen allen, die am Gespräch aktiv mitgewirkt haben, großen Dank. Ihre Beiträge haben zu notwendigen Klärungen, zu Differenzierungen und zu weiteren Fragen und Perspektiven geführt.

Transkription des Schlussplenums: Silvia Schüttler

Autorinnen und Autoren

Stephen Batchelor. Britischer Buddhismus-Lehrer und Autor.

Dr. Olaf Beuchling, Erziehungswissenschaftler, Ethnologe und Religionswissenschaftler, hat Vergleichende Erziehungswissenschaft an Universitäten in Hamburg, Magdeburg, Leipzig und Barcelona unterrichtet.

Prof. Dr. Michael von Brück. Professor für Religionswissenschaft an der Ludwig-Maximilians-Universität München. Zen- und Yogalehrer.

Prof. Dr. Ulrich Dehn. Professor für Missions-, Ökumene- und Religionswissenschaft an der Universität Hamburg.

Dr. Rose Drew. Wissenschaftliche Mitarbeiterin für Christentum und Interreligiöse Studien an der Universität Uppsala. Lehrbeauftragte an der Universität Glasgow.

Eva-Maria Koch. Fachärztin für Psychosomatische Medizin, Psychotherapie in eigener Praxis in Hamburg.

Dr. Carola Roloff. Wissenschaftliche Mitarbeiterin in der Abteilung Indien und Tibet und Lehrbeauftragte am Asien-Afrika-Institut und am Fachbereich Erziehungswissenschaft an der Universität Hamburg. Buddhismus-Lehrerin am Tibetischen Zentrum Hamburg.

Prof. Dr. Perry Schmidt-Leukel. Universitätsprofessor und Direktor des Seminars für Religionswissenschaft und Interkulturelle Theologie an der Evangelisch-Theologischen Fakultät der Westfälischen Wilhelms-Universität Münster. Principal Investigator im „Exzellenzcluster Religion und Politik in den Kulturen der Vormoderne und Moderne".

Christof Spitz. Geschäftsführer und Leiter des „Systematischen Studiums des Buddhismus" im Tibetischen Zentrum Hamburg, Tibetisch-Dolmetscher u.a. für S.H. den Dalai Lama.

Oliver Petersen. M.A. Magister der Tibetologie, Religionswissenschaft und Philosophie. Buddhismuslehrer und Referent für den interreligiösen Dialog im Tibetischen Zentrum Hamburg.

Prof. Dr. Wolfram Weiße. Professor für Religionspädagogik und ökumenische Theologie mit Schwerpunkt interreligiöser Dialog an der Universität Hamburg. Direktor der Akademie der Weltreligionen der Universität Hamburg.

Prof. Dr. Michael Zimmermann. Professor für indischen Buddhismus am Asien-Afrika-Institut der Universität Hamburg. Direktor des Zentrums für Buddhismuskunde der Universität Hamburg.

Kooperationspartner

Akademie der Weltreligionen

Die Hauptziele der Akademie der Weltreligionen der Universität Hamburg bestehen darin, die wissenschaftliche Forschung und Lehre im Bereich der Weltreligionen im Kontext westlicher Gesellschaften zu etablieren und zu intensivieren. Der Binnenperspektive der jeweiligen Religionen sowie dem interreligiösen und interkulturellen Dialog soll dabei besondere Aufmerksamkeit verliehen werden.

Die Akademie der Weltreligionen wurde 2010 gegründet und baut auf der Arbeit des Interdisziplinären Zentrums Weltreligionen im Dialog (ZWiD) auf. Ab Wintersemester 2011/2012 wird eine Professur für Islamische Studien an der Akademie der Weltreligionen angesiedelt. Forschung und Lehre insbesondere aus den Perspektiven des Alevitentums, Buddhismus, Judentums, Hinduismus werden durch Gastprofessuren gestärkt. Einen Transfer interreligiöser und interkultureller Thematiken in die Gesellschaft leistet die Akademie der Weltreligionen mittels öffentlicher Ringvorlesungen, Vortragsveranstaltungen und Kooperationen u.a. mit dem Thalia Theater Hamburg und der Hamburger Kunsthalle.

Akademie der Weltreligionen der Universität Hamburg
www.awr.uni-hamburg.de

Postadresse:
Von-Melle-Park 8
20146 Hamburg

Tibetisches Zentrum e.V.

Das Tibetische Zentrum, 1977 in Hamburg gegründet, vermittelt den Buddhismus nach der tibetischen Überlieferung. Die Hauptaktivitäten sind Studium und Meditation. Es steht seit der Gründung unter der Schirmherrschaft S.H. des Dalai Lama.

Renommee erlangte das Tibetische Zentrum durch das in Deutschland einmalige „Systematische Studium des Buddhismus", das 1988 erstmals an den Start ging. Der Studiengang wird neben dem Beruf absolviert und kann auch als Fernkurs belegt werden. Die Teilnehmer erlangen ein vertieftes Verständnis des Buddhismus.

Seit 1996 betreibt das Tibetische Zentrum ein Meditationshaus in der Lüneburger Heide, in dem Meditation für Anfänger und Fortgeschrittene unter qualifizierter Anleitung angeboten wird.

Das umfangreiche Veranstaltungsprogramm des Tibetischen Zentrums bietet Neuinteressenten, Nicht-Buddhisten sowie Buddhisten auf verschiedenen Ebenen der Praxis zeitgemäßen authentischen Buddhismus. Für die qualifizierte Anleitung sorgen tibetische und westliche Lehrer.

Kontakt:
Tibetisches Zentrum e.V.
Hermann-Balk-Str. 106
22147 Hamburg
Email: tz@tibet.de
www.tibet.de

Zentrum für Buddhismuskunde der Universität Hamburg

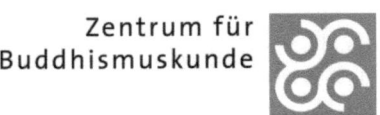

Das Zentrum für Buddhismuskunde der Universität Hamburg wurde 2007 u.a. mit dem Ziel gegründet, die Buddhismuskunde in seiner akademischen Ausrichtung und den Dialog mit anderen Fachdisziplinen, der Öffentlichkeit und den Vertretern der Traditionen des Buddhismus zu stärken. Es führt neben Workshops, Symposien und der Sommeruniversität regelmäßig Veranstaltungen zum Thema Buddhismus durch: Menschenrechte, Ökologie, Moralität, buddhistische Stifter, Buddhismus als soziale Kraft, Buddhismus und die Naturwissenschaften u.a.

Kontakt:
Zentrum für Buddhismuskunde
Universität Hamburg
Alsterterrasse 1
20354 Hamburg
Email: buddhismuskunde@uni-hamburg.de
www.buddhismuskunde.uni-hamburg.de

Religionen im Dialog

Eine Schriftenreihe der
Akademie der Weltreligionen der Universität Hamburg

Band 1

Wolfram Weiße (Hrsg.)
Unter Mitarbeit von Dorothea Grießbach

Theologie im Plural
Eine akademische Herausforderung

2009, 214 Seiten, br., 19,90 €,
ISBN 978-3-8309-2084-7

Das Thema Religion hat Konjunktur: Es wird verstärkt darüber nachgedacht, wie Religionen sich in ihrem Beitrag für den Dialog zwischen Menschen, innerhalb von Gesellschaften und zwischen Nationen denken und gestalten lassen. Hierbei wird deutlich, dass unsere gewachsenen Voraussetzungen im Blick auf Religion sich dynamisch gestalten müssen. Dies betrifft gegenwärtig die Notwendigkeit, über die wissenschaftlichen Ansätze in der evangelischen und katholischen Theologie hinaus auch auf diskursfähige Theologien in den Weltreligionen zuzugehen.

Hiermit befasst sich dieses Buch. Initiativen für die Einrichtung von akademischer Forschung und Lehre sind vor allem auf die drei abrahamischen Religionen Judentum, Christentum und Islam gerichtet, beziehen aber auch z.B. den Buddhismus mit ein. Hierzu wird eine Reihe von bemerkenswerten Ansätzen an europäischen Universitäten vor, vorgestellt und analysiert.

Die Entwicklung von theologischen Ressourcen an europäischen Universitäten ist in den Anfängen begriffen, hat aber bereits nach wenigen Jahren eine große Dynamik entfaltet. Internationale Perspektiven weisen auf die Notwendigkeit des Dialogs der Religionen aus theologischer Sicht, beziehen neue Entwicklungen aus China mit ein und klären, wie religiöser Pluralismus im Kontext von Globalisierung verstanden werden kann, ohne religiöse und kulturelle Werte grenzenlos zu relativieren.

Waxmann

MÜNSTER · NEW YORK · MÜNCHEN · BERLIN

Band 2

Wolfram Weiße (Hrsg.)

Dialogischer Religionsunterricht in Hamburg

Positionen, Analysen und Perspektiven im Kontext Europas

2008, 260 Seiten, br., 19,90 €
ISBN 978-3-8309-2051-9

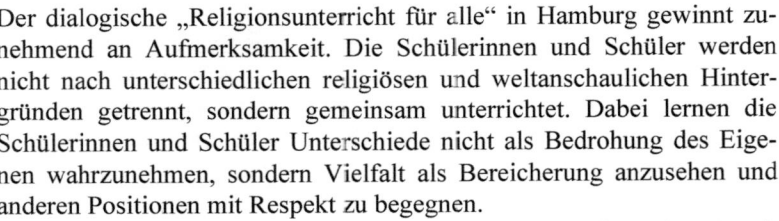

Der dialogische „Religionsunterricht für alle" in Hamburg gewinnt zunehmend an Aufmerksamkeit. Die Schülerinnen und Schüler werden nicht nach unterschiedlichen religiösen und weltanschaulichen Hintergründen getrennt, sondern gemeinsam unterrichtet. Dabei lernen die Schülerinnen und Schüler Unterschiede nicht als Bedrohung des Eigenen wahrzunehmen, sondern Vielfalt als Bereicherung anzusehen und anderen Positionen mit Respekt zu begegnen.

In Hamburg selbst hat es in den vergangenen Jahren intensive Auseinandersetzungen über den Religionsunterricht gegeben. In diesem Buch werden Stellungnahmen dazu aus den Religionsgemeinschaften und aus der Politik vorgelegt. Ebenso kommen rechtliche Erwägungen von Experten zum Tragen. Schließlich werden neue empirische Studien und Analysen aus dem Praxisfeld vorgestellt.

Band 3

Wolfram Weiße
Hans-Martin Gutmann (Hrsg.)

Religiöse Differenz als Chance?

Positionen, Kontroversen, Perspektiven

2010, 244 Seiten, br., 24,90 €
ISBN 978-3-8309-2342-8

Waxmann

Bei aller Dynamik in der Wertschätzung von Religionen sind indes mögliche Probleme nicht zu unterschätzen. Grundlegende Analysen und neue Antworten sind notwendig, damit die religiös-kulturelle Vielfalt eine Ressource für menschliches Zusammenleben und nicht einen Faktor für Missverständnisse, Spaltung und Feindschaft bildet.

In diesem Zusammenhang ergeben sich zwei Fragen: Zum einen ist eine Wahl darüber zu treffen, welches Verständnis von Religion und religiös inspirierter Identität leitend ist. Die zweite Frage richtet sich darauf, inwieweit „religiöse Differenz eine Chance" darstellt. Dieser Frage wird in diesem Buch aus ganz unterschiedlichen Perspektiven nachgegangen.

Band 4

Ephraim Meir

Differenz und Dialog

Übersetzt von Elke Morlok

2011, 248 Seiten, br., 27,90 €
ISBN 978-3-8309-2511-8

Dieses Buch veranschaulicht die Ansätze der großen jüdischen Philosophen, Theologen, Bildungswissenschaftler und Psychologen der letzten Jahrhunderte. Namen wie Hermann Cohen, Sigmund Freud, Franz Rosenzweig, Martin Buber, Emmanuel Lévinas und Abraham Joshua Heschel gewinnen in einem großen Überblick und in faszinierenden Einzelanalysen Kontur und Gestalt. Die Schätze in diesen Ansätzen werden gehoben und bilden eine Ressource und Herausforderung für weiteres Nachdenken.

Ephraim Meir arbeitet in dieser Publikation mit der Dialektik von Differenz und Dialog. Damit vermeidet er, dass der Dialog als eine uniformierende, auf einebnende Harmonie ausgerichtete Denkbewegung verstanden wird, und damit erreicht er, dass dem Dialog in seiner grundlegenden Verwurzelung in der Differenz eine umso größere Urkraft zugetraut werden kann.

Die Publikation verbindet wissenschaftliche Theorie mit einem leicht verständlichen Stil und wendet sich sowohl an eine allgemeine Leserschaft als auch an ein wissenschaftliches Publikum.

MÜNSTER · NEW YORK · MÜNCHEN · BERLIN

Band 5

Abdulkader Tayob, Inga Niehaus, Wolfram Weisse (Eds.)

Muslim Schools and Education in Europe and South Africa

2011, 192 pages, br., 24,90 €, ISBN 978-3-8309-2554-5

This edited collection presents Islamic education in South Africa and a number of countries in Europe. It brings together general concerns of education among Muslims, together with current and unique developments in each country. Given the place of Islamic education in public debate, the collection includes a variety of contributions that respond to the goals and future of Islamic education, the context of terrorism and counter-terrorism, the place of religious education in the context of secular education and the role religious education plays in promoting or hindering social cohesion. It includes reflections on where Muslims should be directing education in the next few years to make it socially relevant and contribute to the democratization of society, as well as some comments on the unfortunate but real crosscurrents in educational policy and counter-terrorist initiatives. In between, it contains some reflective essays on the uniqueness and commonalities of Islamic education in various countries, on unexpected and unknown outcomes, and on new philosophies of education. In fact, the essays may be seen as critical contributions on a number of themes that are debated in the public sphere and within these schools.

Waxmann

MÜNSTER · NEW YORK · MÜNCHEN · BERLIN